云南信息工业发展技术创新研究

余正涛　蒋兴明　赵泽宽　著

科学出版社

北　京

内 容 简 介

信息工业是一个全新的概念，主要指利用先进技术对信息进行制造和加工，并创造经济价值的过程，是一种提供信息产品和服务的工业形态。信息工业既包括与硬技术相关的信息设备制造，又包括与软技术相关的信息数据制造。本书对信息工业基础理论、信息设备制造与信息数据制造技术、云南省信息技术创新的技术选择，以及如何推动云南信息工业的关键新技术应用与产业化进行全面梳理，旨在对云南信息工业的发展抛砖引玉。

本书理论联系实际，可为关注云南省信息工业发展的政府决策者、行业决策者提供参考，也可为从事信息工业科研、生产的有关人员提供借鉴。

图书在版编目(CIP)数据

云南信息工业发展技术创新研究 / 余正涛，蒋兴明，赵泽宽著. — 北京：科学出版社，2018.7
ISBN 978-7-03-058773-2

Ⅰ.①云… Ⅱ.①余… ②蒋… ③赵… Ⅲ.①信息产业–产业发展–研究–云南 Ⅳ.①F492

中国版本图书馆 CIP 数据核字 (2018) 第 208154 号

责任编辑：张 展 孟 锐 / 责任校对：王 翔
封面设计：墨创文化 / 责任印制：罗 科

科 学 出 版 社 出版
北京东黄城根北街16号
邮政编码：100717
http://www.sciencep.com

*成都锦瑞印刷有限责任公司*印刷
科学出版社发行 各地新华书店经销

*

2018 年 7 月第 一 版 开本：787×1092 1/16
2018 年 7 月第一次印刷 印张：14 1/4
字数：335 千字
定价：99.00 元
（如有印装质量问题，我社负责调换）

前　言

信息工业是一个全新的概念，包括信息设备制造和信息数据制造两个方面。信息设备制造指各种信息设备及其制造技术，信息数据制造指有关信息获取与处理的各种知识、方法与技术。信息工业既包括与硬技术相关的信息设备制造，又包括与软技术相关的信息数据制造。伴随着国内经济发展方式的转变、产业结构的转型升级和经济驱动要素的转变，信息工业无论从独立性，还是从与其他产业的关联性上看，都将成为新常态下我国经济可持续发展的主力军。"十二五"规划期间，云南省电子信息工业发展迅速，并取得了令人瞩目的成绩，但与国内发达地区相比，在核心技术、产业结构、管理水平和综合效益等方面还存在较大差距。"十三五"国家战略性新兴产业发展规划指出，要推动信息技术产业跨越式发展，拓展网络经济新空间。因此，如何顺应信息工业网络化、智能化、融合化等发展趋势，培育建立应用牵引、开放兼容的核心技术自主生态体系，推动云南信息工业转型升级取得突破性进展，是本书研究的主要内容。

本书对信息工业基础理论、信息设备制造与信息数据制造技术、云南省信息技术创新的技术选择，以及如何推动云南信息工业的关键新技术应用与产业化进行全面梳理，旨在对云南信息工业的发展抛砖引玉。第1章介绍信息工业的定义、分类、特点及信息工业的发展现状。第2章介绍与信息设备制造相关联的技术，包括电子、光电子信息制造技术、网络传输与通信设备制造技术、智能终端制造技术、高端装备制造技术等。第3章介绍信息数据制造技术，包括大数据与云计算技术、物联网技术、人工智能与机器学习、媒体信息处理技术、网络空间安全技术、生物信息技术、量子信息技术、虚拟现实技术等。第4章和第5章是本书的重点内容，阐述云南省如何有选择地在信息工业设备制造和数据制造两个方面进行技术创新与应用。信息工业设备制造方面，建议重点进行第三代半导体材料与器件技术、物联网技术、智能高端装备技术、机器人技术、通用终端设备技术、智能电力装备技术、医疗设备技术、通信设备技术的创新与应用。信息工业数据制造方面，建议重点进行小语种软件技术、智能电网技术、轨道交通信号与控制技术、通信技术、虚拟现实技术、多媒体信息技术、生物信息技术、医疗信息技术的创新与应用，并发展智慧"云上云"技术。附录介绍部分信息工业技术创新企业及机构，供读者参考。

本书由昆明理工大学信息工程与自动化学院院长、国家"万人计划(科技创新领军人才)"入选者、国家百千万人才、国家有突出贡献专家、云南省科技领军人才入选者余正涛教授和云南省人民政府发展研究中心原主任蒋兴明进行课题策划、指导、设计和研究，云南省政府发展研究中心赵泽宽副主任进行课题筹划、研究，昆明理工大学信息工程与自动化学院相艳、王红斌、杨令省、王蒙、邵党国、张亚飞、汪淑娟、邢孟江、洪旭东、马磊等参与编写。

因编著者的知识水平和能力有限，书中难免有疏漏之处，敬请读者批评指正。

目　　录

第1章　信息工业基础理论

1.1　概　　论

1.1.1　信息工业定义

信息是通信系统传输和处理的对象，泛指人类社会传播的一切内容。工业是指采集原料，并将其加工成产品的过程。信息工业作为一个全新的概念，主要指利用先进信息技术对信息进行制造和加工，并创造经济价值的过程，是一种提供信息产品和服务的工业形态。

信息工业的核心是信息技术。按工作流程中基本环节的不同，信息技术可分为信息的产生、收集、交换、存储、传输、显示、识别、提取、控制、加工和利用等技术；按表现形态的不同，信息技术可分为硬技术(物化技术)与软技术(非物化技术)。因此，信息工业既包括与硬技术相关的信息设备制造，又包括与软技术相关的信息数据制造。信息设备制造指各种信息设备及制造技术，信息数据制造指有关信息获取与处理的各种知识、方法与技术。

1.1.2　信息工业分类

本书所指的信息工业包含两个方面，即信息设备制造和信息数据制造。

信息设备指在现代信息系统中获取、加工、存储、变换、显示、传输信息的物理器件、装置和机械设备。信息设备制造主要包括：①电子、光电子信息制造技术；②网络传输与通信设备制造；③智能终端制造；④高端装备制造等。

电子、光电子信息制造技术包括第三代半导体材料与器件技术、电子元器件制造技术、光电子技术以及传感器技术。网络传输与通信设备制造的重点产品包括交换机、路由器、无线产品、网络安全与 VPN(virtual private network，虚拟专用网络)产品、云设备等。光交换是目前正在研制的下一代交换技术。智能终端是具备开放操作系统平台、PC(personal computer，个人计算机)级计算能力、多样的人机交互界面和快速接入功能的一类设备总称。智能终端制造的重点产品包括可穿戴设备、智能家居、手持设备、车载智能终端等。高端装备制造产品主要有数控机床、无人驾驶、智慧物流和先进机器人等。

信息数据制造是以定性和定量研究方法为手段，通过对信息进行收集、存储、传输、整理、分析及挖掘利用等一系列加工过程，形成新的、增值的信息，最终为不同层次的科学决策服务。目前，信息数据制造技术研究领域不再局限于常规信息处理，而转向智能信息处理。智能信息处理涉及信息科学的多个领域，是现代信号处理、分布式计算、深度机器学习、智能科学等理论和方法的综合应用。信息数据制造前沿技术主要包括以下几方面。

(1) 大数据与云计算方面的前沿技术：大数据的收集技术、预处理技术、分布式数据存储技术、并行计算技术、分析技术、可视化技术、用户交互技术、安全管理技术、运营支撑管理技术。

(2) 人工智能与深度学习方面的前沿技术：知识表达与推理技术、分布式搜索技术、深度学习技术、类脑计算技术、语音及文本(图像)理解技术、机器视觉技术、无人驾驶技术、全息显示技术。

(3) 媒体信息处理方面的前沿技术：语音识别技术、语音合成技术、机器翻译技术、图像检索技术、目标检测与识别技术、视频内容挖掘技术、多模态媒体理解技术、音视频分析与识别技术、裸眼 3D 技术、多媒体大数据的分析和挖掘技术。

(4) 网络空间安全方面的前沿技术：密码技术、云计算安全的关键技术、物联网安全关键技术以及网络内容监控技术。

(5) 生物信息方面的前沿技术：基因测序技术、基因编辑技术、生物计算机以及基因芯片技术。

(6) 量子信息方面的前沿技术：量子密码技术、量子隐形传送技术、远距离量子通信技术、量子计算机技术和适合于量子计算机的量子算法。

(7) 虚拟现实方面的前沿技术：动态环境建模技术、实时三维图形生成技术、全息成像技术、网络分布式虚拟现实技术。

1.1.3 信息工业特点

随着经济发展和科学技术的进步，信息工业已成为国民经济的重要组成部分，是国民经济的战略性、基础性、先导性产业，发挥着经济增长"倍增器"、发展方式"转换器"、产业升级"助推器"等重大作用。现代信息工业不仅直接服务于人类生产和生活的各个方面，而且缩短了人类活动的空间距离，具有以下三大特点。

1. 信息工业是知识、技术、智力密集型工业

信息工业的核心是信息技术，而信息技术的实质就是知识、技术、智力的投入与应用。信息工业的关键技术，如计算机技术、通信技术、软件开发技术，既是信息工业本身依靠的技术，又是服务和应用于国民经济各个领域的信息技术。因此，信息工业不仅是知识、技术、智力密集型工业，也是生产、创造知识的最大工业群。例如，信息服务业中的信息咨询、计算机服务业、软件业、新闻出版业等，不仅以知识和智力为依托，同时也在创造、传播知识和技术。信息工业中所需要投入的知识、技术、智力远高于传统工业。无论是农业还是工业，都以物质、能源为主要投入要素，是资本、劳动密集型工业，信息工业则是知识密集型、劳动密集型和资本密集型工业的统一。

2. 信息工业是高研发性、高创新性的工业

信息技术的出现和发展，不仅创造了计算机、通信设备、集成电路等电子信息产品，而且使机械、冶金、电力、化工等制造业的生产方式和经营理念发生了革命性的变化。信息技术就是通过对知识、智力的投入，依靠企业和科研机构的研发和创新活动而产生的。伴随着信息技术的发展，信息由工业经济时代的以模拟形式传递，发展到信息时代的以数字形式传递，传递的速度和质量都大幅提高，既提高了信息产品的更新速度，也缩短了产品的生命周期。可以说，信息工业的发展升级，取决于是否具有高水平的信息技术，而研发能力和创新能力则是信息技术产生和发展的源泉。

3. 信息工业是高收益、高竞争、高风险的工业

由于信息工业的投资回报率高于其他传统工业，谁拥有信息技术的创新研发能力，谁就对信息技术拥有了专用权和垄断权，在市场中就会获得高额的收益，这足以吸引众多实力雄厚的企业和高素质的人才积极参与到信息技术的研究开发中来，使信息工业中企业之间的竞争更加白热化。但是，由于信息技术研究开发的结果存在不确定性和失败的风险，研发的成果需要接受市场需求的考验，在商业转化中也存在风险，信息企业面临的信息技术更新速度快于一般传统工业，伴随着竞争的日趋激烈，信息工业的参与者也会面临更大的投资风险和被淘汰的风险。

1.2　全球信息工业发展状况

1.2.1　全球信息工业发展现状及态势

近年来，世界信息工业结构发生了明显变化，电子信息产品制造业和通信业的比例在不断下降，而包含数字内容产业的比例在大幅度上升，这预示着包含数字内容产业地位的提高。

信息工业结构成长可划分为三个阶段，即信息工业结构成长的初级阶段、中级阶段和高级阶段。目前，美国、日本等发达国家开始进入以信息开发为主的阶段，其他发达国家和个别发展中国家处于以信息服务为主的阶段。

信息工业结构成长的初级阶段是信息经济结构成长的基础性阶段，主要以信息工业的成长、发展为主要特征。在这个阶段，信息工业飞速发展，信息化指数不断提高，有形资本和劳动效率上升，水平逐渐提高，在生产要素投入中，有形投入产出所占的比例较大，但无形投入已逐渐出现，现代信息工业部门的产值比例、就业比例不断加大。此时，产业增长的关键要素是资金与需求的有力拉动，资本密集型占据主导地位，规模效应明显，竞争力靠规模和市场份额来体现，技术创新明显，对信息技术的需求量加大，但此时信息工业的增长总体呈收益递减趋势。

在信息工业结构成长的中级阶段，信息工业得到较大发展，国家或地区信息工业发展的基础得到大幅提高。信息服务业逐渐占据主导地位。按照国际惯例,信息服务业主要包括信息提供、咨询服务、通信网络增值服务以及信息系统集成和技术支持等。此阶段,产业增长的关键因素在于技术水平与无形资产投入两个方面。技术要素投入占较大比例,技术密集型特征突出。信息服务业占比和就业人员数量迅速增加,产业的增长特征逐渐由收益递减向收益递增过渡。随着消费水平的提高,社会信息工业的消费走向个性化、多样化。

在信息工业结构成长的高级阶段,信息工业得到充分发展,国民经济中的信息工业占比超过 80%,整个信息工业结构成长表现为一种智能经济的特征,经济增长的关键要素为知识传播和国家创新系统的建立。此阶段,信息经济成长的基础性条件已经很好,创新性条件达到前所未有的水平,信息工业成长所需的机制性条件,包括信息工业成长的体制、市场等很完善、很发达。无形资产的投入上升至首位。在信息工业的总产出中,贡献最大的是知识投入。其经济的竞争力体现为知识及由知识决定的未来潜力,对创新具有空前的要求,而且强调的是持续不断的链式网络的立体创新,经济增长特征为收益递增,而且整个经济无疑更加开放、更具全球化的特征。此时,人力资源系数达到很高水平,从事信息工业人员的文化程度也达到很高的水平,大部分受过高等教育,能够满足智能经济时代的要求。这个阶段要求大众从信息消费者变为知识生产者,为创新和科学发展贡献自己的力量。

新的信息工业技术层出不穷,技术驱动与应用驱动相结合的模式转变成为发展趋势。信息技术推广应用的显著成效,促使世界各国致力于信息化,而信息化的巨大需求又驱使信息技术高速发展。信息通信技术的变革创新,在推动通信业自身向宽带化、移动化、智能化和泛在化加速演进的同时,更与产品制造、软件开发、数字内容、信息技术服务等深入交融,不断产生新服务和新业态,促使其内涵和边界急剧扩展,蕴含新的巨大市场空间。宽带接入技术的广泛应用为信息服务市场发展提供了良好条件,宽带网络的普及、提速能够为流媒体业务提供强大的网络基础,使基于宽带有线网络的流媒体技术应用获得长足发展,基于移动通信网络的流媒体技术也日益走向成熟。新一代宽带无线移动通信技术由试验渐渐走向商用,也不断催生新的业态和模式,物联网、云计算等新一代信息技术的全面推广为信息服务市场提供了更广阔的市场前景。物联网在公共安全、城市管理、交通运输等多个领域的应用将持续广泛深入,云计算应用在广度和深度上将不断扩张,公有云、私有云和混合云的应用形态各有发展。

1.2.2   全球信息工业的分布情况

由于全球信息化不断发展,信息工业近年来呈现爆发式增长,主要产品经历了贸易上的快速增长。若从贸易额来看,信息工业中贸易量最大的是"办公和通信设备",在制造品贸易中排名第二,出口额占世界制造品出口总额的 14.57%,典型的表现为产业内贸易。进口国或地区占据进口总额的 90% 左右(美国进口的一半来源于中国;欧盟进口的一半来源于内部,还有部分来源于中国),其中,中国、欧盟、美国、新加坡、日本等占 70% 以上。进一步分析发现,中国是该类产品最大的净出口国,而美国和欧盟是最大净进口国(地区)(因此是最大消费国)。此外,差异还体现在其进出口产品结构方面。

欧盟作为发达经济联合体,在制造业领域始终占据重要地位。尤其是拥有强大的制造业实体经济的德国,至今仍然是发达国家中工业和制造业占比最高的国家,在耐用资本品的生产,如机械产品、大型医疗设备、电机和电气产品等方面拥有世界领先的技术水平,在全球市场上保持强大的竞争优势。有评论认为,重视发展实体经济和制造业并及时升级制造业结构,正是德国在金融危机和欧债危机期间不仅没有倒下,反而对欧洲的稳定发挥重要作用的原因所在。多年来,中欧贸易的约 30%发生在中德之间。欧盟在办公和通信设备产品方面是仅次于美国的第二大净进口经济体,但欧盟内部贸易仍占了该类产品总贸易额的约 60%,其中成员国间出口占比约为 70%,进口占比约为 51.7%,这也是其此类产品贸易上的世界占比始终保持着较大比例且波动不大的重要原因。就其贸易对象来看,其出口目的地主要是欧洲,而对外进口又有约一半来自中国。就其进出口结构来看,欧盟对非成员国的有限贸易额中,通信设备的进出口占比最大、增长最快,其他产品的进出口相对稳定,只有集成电路和电子元器件的进口近两年有较大比例的波动。

日本和韩国是当前在世界制造业(尤其是先进制造业方面)占据重要地位的两个亚洲国家,与德国一起成为在研发密集型制造部门(研发支出大于销售额的 3%)创造的制造业增加值份额超过美国的国家。日本和韩国同样在电子信息产品的国际贸易中占有一席之地,但二者又有所不同:日本在电子信息产品的国际贸易中呈现日趋下降的趋势,而韩国正相反。有媒体认为,日本向信息社会的发展速度太慢,技术更新无法跟上世界步伐,或许是其电子信息产业发展停滞的最重要原因。支持此论断的一个重要行业现象是,以日本品牌为主的相机市场近几年萎缩殆尽,被智能手机取代,佳能、索尼等相机品牌基本只剩下需求规模有限的专业相机市场。与此同时,交通运输设备在制造业中的比例显著提高,其制造业对交通运输设备制造的依赖度已相当高。20 世纪 90 年代以后,韩国办公和通信设备类产品的出口占比显著提高,这与其国内产业结构调整方向是一致的。21 世纪以来,韩国传统经济受到挑战,开始寻求新的经济增长点,其中信息产业受到业界重视,政府也出台了一系列支持政策。韩国半导体行业出口额超过 200 亿美元,世界市场占有率超过 13%,位列美国、日本之后,居世界第三,在存储器世界市场上占有率排名第一,形成了现代、三星和 LG 三家世界著名企业。这三家企业生产的存储芯片、液晶面板、电视机和移动电话均在世界上占据相当大的份额。在近几年世界经济不景气、贸易保护盛行的情况下,韩国通信设备和集成电路与电子元器件的出口仍保持稳定,这是其他国家所不能相比的。

1.2.3 中国在全球信息工业中的地位

我国在信息工业所取得的成就有目共睹。我国信息工业的显著特点主要有:①集中于部分电子产业,且呈现出典型的出口导向性;②以加工贸易为主;③外资及合资企业比例高。就出口来说,产品主要为通信设备、计算机产品、电子元器件、家用电子产品等,这区别于发达国家信息工业的贸易绝大部分是一般贸易的状况。

总体来看,中国信息工业已经确立了在国际产业链中的重要地位。为了实现全面、协调、可持续发展,必须发挥政府、企业、社会的协同作用,着力提升中国信息工业的核心竞争力，强化核心基础产业和科技创新能力，提升企业经营规模和国际化运营水平，促进中国信息工业往更高层次发展。

1.3 中国信息工业发展状况

1.3.1 信息工业在中国经济发展中的地位

我国仍处于发展重要战略机遇期，当前中国经济的新常态已经对全球经济形势产生重要影响。不容置疑的是，伴随着国内经济发展方式的转变、产业结构的转型升级和经济驱动要素的转变，信息工业无论是从独立性，还是与其他产业的关联性上看，都将成为新常态下我国经济可持续发展的主力军。

在我国，对信息工业战略地位的认识经历了一个逐渐调整并深化的过程。信息技术的突破性发展以及由此引起的信息化浪潮，使得"新经济"在世界范围内兴起。因此，我们应认真思考如何实现跨越式发展，如何充分发挥我国的优势，以提升信息工业的国际竞争力。

这一系列问题涉及的内容都关乎 21 世纪的国家竞争战略和工业化道路，其中最难把握且具有挑战性的问题是工业化进程中的阶段性特征与信息化相互影响、相互促进的关系，具体来说，就是如何发挥信息工业的体系性效应来解决工业化中期的结构性矛盾，如何借助信息化走出一条超越传统工业化模式的新型工业化道路。这就意味着我国的信息化发展与处在后工业社会的国家有根本区别，并体现在两个方面：①"阶段性"特征；②更注重发挥信息工业对整个工业结构升级的体系性效应。所谓"阶段性"特征，就是要从我国的现实基础出发，充分发挥比较优势，着眼于产业的结构升级和技术进步，使信息工业的国际竞争力体现"阶段"升级的轨迹。这就需要对信息工业的当前地位与现实作用进行客观评价，并发现主要矛盾。

1.3.2 中国信息工业的机遇与挑战

信息工业成为我国经济最具活力、最具创新的行业之一。自 20 世纪 90 年代开始，信息工业的增速就超前于国民经济，拉动了国民经济的发展，成为国民经济基础性、先导性、战略性、支柱性产业，成为我国抢占国际经济制高点的重要引擎。随后，信息工业在全球互联网发展浪潮的推动下，依靠科技进步走出了一条由市场主导，政府推动、引进、消化、吸收、不断创新之路，取得跨越式发展。信息工业发展还促进了新兴产业及部门的形成，加速了产业结构的转型。通过对我国信息工业现状分析发现，到 2013 年，我国信息工业的产业规模稳步扩大，销售收入总规模达到 12.4 万亿元，同比增长 12.7%。就发展现状而言，我国已经成为全球较大的信息产品制造基地。在通信、高性能计算机、数字电视等领域也取得一系列重大技术突破，产生/涌现出一批国际知名的信息技术企业，如联想、华为、阿里巴巴等，成为推动我国经济转型、结构优化的中坚力量。

但是，与发达国家信息工业的发展相比，我国的信息工业虽然规模很大，但在创新上仍存在不足。一方面，"以市场换技术"的战略使得我国在原始创新方面能力不足。由于我国采取"以市场换技术"的战略，在信息工业核心技术、应用等方面，创新能力落后于发达国家，缺乏核心技术和标准。在产业发展中，信息设备制造业强，软件和信息服务业弱；资金、劳动和管理密集型的产品强，技术和知识密集型的产品弱，信息工业内部结构处于低级水平。另一方面，因信息工业的规模经济特点渐渐形成了"强者越强、强者通吃"的局面，削弱了创新积极性。高新技术、高新企业在发达国家的集聚，形成经济发展的路径依赖，发展中国家的技术总是落后于发达国家，从而造成发展中国家的跟随式创新和模仿式创新，削弱了创新积极性。此外，我国信息工业发展的创新驱动政策和西方国家相比仍然存在较大差距。不仅存在投入方面的差距，而且存在由创新到市场的支持服务差距。

当前，我国经济正在由传统态势转入新常态，这预示着新的变化、新的趋势、新的机遇。要适应新常态的经济发展，信息工业就要逐步拓展新的经济增长方式，勇于探索创新驱动产业发展的有效途径，从根本上解决信息工业的创新问题，建立适应中国经济新常态的创新体系，使信息工业迸发新活力。

1.3.3　中国信息工业的相关政策规划

全面贯彻党的十八大(中国共产党第十八次全国代表大会)及十八届三中、四中全会(中国共产党第十八届中央委员会第三次全体会议和第四次全体会议)精神和习近平总书记系列讲话精神，按照云南省委、省政府工作部署，围绕建设经济文化强省的总目标，以"互联网+"发展为抓手，坚持新型工业化、信息化、城镇化、农业现代化同步协调发展，坚持信息化和工业化深度融合，大力实施创新驱动，致力融合应用，着力激发"大众创业、万众创新"，突破新技术、研发新产品，开发新服务、创造新业态，改造传统产业、发展新兴产业，推动云南省经济社会全面转型升级。

《中华人民共和国国民经济和社会发展第十三个五年规划纲要》《2006—2020 年国家信息化发展战略》确定了我国信息化发展目标。①下一代国家信息基础设施初步建成。因地制宜，统筹城乡和区域宽带协调发展。②国民经济信息化水平再上新台阶。制造业主要行业的大中型企业关键工序数(自)控化率达到 70%以上，工业企业信息技术综合集成应用达到中等收入国家领先水平，中小企业信息化应用水平显著提升。③电子政务促进政府职能转变和服务型政府建设的作用更加显著。④社会事业信息化水平明显提升。⑤信息安全保障能力显著增强。

中国版工业 4.0 规划——《中国制造业发展纲要(2015～2025)》是我国实施制造强国战略第一个十年行动纲领。围绕重点行业转型升级和新一代信息技术、智能制造、增材制造、新材料、生物医药等领域创新发展的重大共性需求，形成一批制造业创新中心(工业技术研究基地)，重点开展行业基础和共性关键技术研发、成果产业化、人才培训等工作。制定了完善制造业创新中心遴选、考核、管理的标准和程序。改革标准体系和标准化管理体制，组织实施制造业标准化提升计划，在智能制造等重点领域开展综合标准化工作。加强制造业重点领域关键核心技术知识产权储备，构建以产业化为导向的专利组合和战略布局。鼓励和支持企业运用知识产权参与市场竞争，培育一批具备知识产权综合实力的优势企业，支持组建知识产权联盟，推动市场主体开展知识产权协同运用。建立健全知识产权评议机制，鼓励和支持行业骨干企业与专业机构在重点领域合作开展专利评估、收购、运营、风险预警与应对。构建知识产权综合运用公共服务平台，鼓励开展跨国知识产权许可，研究制定降低中小企业知识产权申请、保护及维权等成本的政策措施。

1.3.4　区域信息工业发展状况

就目前形势来看，我国信息工业产业集中分布在沿海、沿江地区和中西部一些产业基础比较好的地区，区域化特征十分明显，产业集群逐步显现，初步形成以深圳为龙头的珠江三角洲地区、以上海为龙头的长江三角洲地区和以北京为龙头的京津环渤海地区的产业集群。

(1)珠江三角洲地区：消费类电子产品生产基地。据统计，珠江三角洲地区的信息工业产业覆盖通信设备、计算机、家用电器、视听产品和基础元器件，其产值占全国总产值的30%。其中，新型陶瓷电子元器件基片产量占全国产量的一半，智能化、节能环保型家电产量占全国产量的六成(统计数据来源于国家信息产业部)。

(2)长江三角洲地区：集成电路制造基地。长江三角洲地区的吸引世界各地信息工业企业2000余家，占外商投资企业的15%左右，长江三角洲地区已成为中国IC(integrated circuit，集成电路)产业投入和产出最密集的地区。产业成熟期过后，这一地区有望成为世界级IC产业基地。目前，江苏、浙江和上海三地IC产业产值在100亿元左右，全国占比为60%。20世纪90年代中期以后，8英寸芯片生产线大部分都落户在长江三角洲地区，集中了全国近六成的集成电路制造企业。在7个国家级IC设计产业化基地中，有3个位于长江三角洲地区，集中了全国近一半的设计产业。

(3)京津环渤海地区：软件生产基地。京津环渤海地区是中国科研实力最强的地区，仅北京的重点高校就占全国的1/4，天津也拥有30多所高等院校和国家级研究中心。目前，全球80多家跨国公司在华设立的研发机构有40%以上在北京，享誉全国的北京中关村地区，集中了软件开发及信息技术的各类优秀人才。天津开发区已进驻摩托罗拉、三星等跨国企业，形成相当大的生产规模，其辐射作用在不断扩大。同时，北京独有的信息、金融、技术、人才方面的优势，和作为北方沿海开放中心和老工业基地的天津所拥有的完善通信网络基础和产业传统，对IT(information technology，互联网技术)业发展有极大的助推作用。在中国软件产业新的发展阶段，科技成果产业化，京津地区具备天时地利，在未来IT业创新发展中，京津地区的潜力不可估量。

1.4　云南省信息工业发展状况

1.4.1　云南省信息工业发展的现状

云南省具有较好的信息工业基础和资源优势，有面向南亚、东南亚的独特地理位置优势。经过多年的发展与积淀,云南信息化基础已初具规模,拥有一批技术领先的骨干企业和科研院所,人才结构相对合理,这些都为云南省信息工业的发展奠定了坚实的基础。目前,云南省信息工业的优势主要集中在金融电子、光电子、物流信息,以及电子元器件的加工组装和配套等领域。然而,信息产品类型较为单一,自主研发能力偏弱,缺乏有国际竞争力的大公司和信息工业集群。企业经营管理、服务水平等与发达地区的先进企业相比,仍有较大的差距。此外,企业和研究机构间的合作不够紧密,存在研发与产业、市场脱节的问题。

当前,云南省信息工业发展面临有利的国际国内形势,大数据、云计算、移动互联网等技术和应用的兴起,为云南省信息工业实现"弯道超车"提供了难得的历史机遇。同时,伴随着世界经济新一轮结构调整,信息工业转移的主流是发达地区电子制造基地外迁,云南省具有劳动力成本低廉,面向南亚、东南亚市场等优势,对信息工业企业极具吸引力。

近年来,云南省信息工业发展取得明显进步,已具备一定的基础和实力。"十二五"规划以来,云南省大力推进网络基础设施建设,建成五条出省光纤,汇入国家八纵八横光缆网,全省光纤总长度达到 41.75 万 km,建成了基本完善的信息网络,网络接入和传输能力显著增强,已有一批信息技术与设备制造企业,形成了网络设备、通信电缆、计算机、外部设备和电子产品的生产能力,部分产品已占有一定的市场份额。围绕工控软件、系统集成软件及信息服务,形成了以微电子光学、红外探测及微光产品、LED(light emitting diode,发光二极管)及 OLED(organic light-emitting diode,有机发光二极管)显示屏等重点信息工业为主要特色的系统集成和信息服务体系。全省信息服务业发展迅猛,保持了 30% 以上的平均增长速度,拥有像南天集团公司等一批信息服务企业。此外,省政府以开拓创新、奋发有为的精神推进信息化,成立了信息化工作领导小组,结合"一带一路"倡议,加快对外开放和桥头堡建设,积极开展信息化专题研究工作,为全省信息化和信息工业发展提供了制度保障,奠定了良好的信息工业发展的环境基础。

但同时也应该充分认识到,云南省的信息工业基本还处于产业链的底端,大部分核心及高端技术依赖进口。此外,关键技术尤其是核心技术受制于人,在超大规模集成电路、平台软件、新型元器件等技术领域的自主化能力仍较薄弱,在专利、标准方面往往受制于发达国家的大企业,对全球信息工业巨头的依赖程度比较高。"十二五"规划期间,虽然云南省信息工业发展迅速,取得了令人瞩目的成绩,但与国内发达地区相比,在核心技术、产业结构、管理水平和综合效益等方面,还存在较大差距。根据"十二五"规划期间全国 31 个省区市信息化水平评价结果来看,云南省的信息化水平为 0.175,远远低于全国水平 0.234,在全国排名为第 18 名,在西部地区排名为第 3 名,低于四川省的 0.326、广西壮族自治区的 0.204。因此,云南省信息化建设不仅落后于全国水平,同时也和西部地区的先进省市存在明显差距。

1.4.2　云南省信息工业在经济发展中的地位与作用

信息工业关系云南省未来经济社会发展全局,是云南省着力打造、培育和发展的重点。云南省信息工业的发展定位是:把云南省建设成为中国面向南亚、东南亚的信息辐射中心和信息工业发展新高地。其战略目标是：到 2020 年，基本建成"中国面向南亚、东南亚的国际通信枢纽，区域信息汇集中心，区域软件和信息服务产业发展新高地，区域电子产品制造及出口加工中心，国家新一代信息技术产业集聚区和发展信息经济先行试验区"。

据《2014 中国信息工业年鉴》相关数据显示，2013 年云南全省电子信息制造业主营业务收入为 81.56 亿元，软件与信息技术服务业收入为 55.28 亿元，新兴业态收入尚未统计。2014 年通信业收入总量约为 330 亿元。据此计算，电子信息制造业按照年均 10% 的增速，软件与信息服务业按照年均 20% 的增速，电信业务按照年均 15% 的增速，到 2020 年，电子信息制造业规模约为 160 亿元，软件及信息服务业为 200 亿元，电信业务收入为 760 亿元。新兴业态从无到有，考虑到新兴业态将成为未来一段时间云南信息工业的增长动力，结合全国发展情况以及发展趋势，将 2020 年云南省信息工业的新兴业态规模确定为 400 亿元，其中云计算为 200 亿元、大数据为 100 亿元、物联网应用为 100 亿元。因此，总体规模约为 1520 亿元。

1.4.3 云南省信息工业发展面临的问题

云南省具有较好的电子信息工业基础和资源优势，是中国西南地区开放的前沿和窗口，内接西藏、四川、贵州、广西等地，外邻缅甸、老挝、越南等国，是我国通往东南亚、南亚最便捷的陆路通道，具有沟通太平洋、印度洋，连接东亚、东南亚和南亚的独特优势。目前，云南省信息优势产业主要集中在金融电子、光电子、通信服务、物流信息服务以及电子元器件的加工组装及配套等领域，经过多年的发展与积累，云南省信息基础设施建设成效显著，信息工业得到发展，已初具规模。但云南省信息工业的发展也面临如下诸多问题。

（1）未形成具有竞争力的关键技术成果，核心技术受制于人，与国内发达地区相比，在核心技术、产业结构、管理水平和综合效益等方面还存在较大差距。

（2）电子信息产品制造水平落后，超大规模集成电路、平台软件、新型元器件等技术领域的自主创新能力薄弱。

（3）云南省具有面向南亚、东南亚的区位、成本、物流优势，面向南亚、东南亚的电子产品生产的独特区位优势和环境优势没得到充分发挥。

（4）先进智能装备制造产业面临规模小、市场竞争力弱、产值低等问题。

（5）在信息工业方面的创新创业数量少、质量低，缺乏创业咨询与指导服务和成果转化激励机制。

（6）信息化企业数量少、规模小，缺乏具有竞争力的核心技术和产品，无法形成参与国际、国内信息工业竞争的优势。

（7）缺乏高层次人才和掌握核心技术的创新人才。

1.4.4 云南省信息工业面临的发展机遇

在信息技术高速发展的今天，全球信息工业加快了发展的步伐，信息工业已经成为发达国家乃至世界经济的基础产业，成为国民经济发展的动力和增强综合国力的基础。随着新一代信息技术的快速发展，云南省在国家"互联网+""中国制造 2025"战略和"一带一路"倡议中发挥着区域合作的高地作用，区域经济的发展对信息工业发展的需求迫在眉睫。国家将云南省确定为中国面向南亚、东南亚的辐射中心，国家统筹国内发展和全方位对外开放，深入实施西部大开发战略，促进区域协调发展和边疆长治久安的重大部署，是云南省进一步加快发展、实现科学发展面临的难得历史机遇。此外，云南省传统产业企业数量众多，传统产业的改造升级需要信息技术的助推，"十三五"规划时期，以信息经济、智能工业、网络社会、在线政府、数字生活为主要特征的信息化社会将引领我国迈入产业转型升级的新时代。因此，云南省信息工业发展面临大好的发展形势。

在此大背景下，需要梳理云南省信息工业发展历程，总结经验和现实条件，在对国内外主流信息设备和信息产品的原材料、核心技术、工艺流程及市场状况进行调查分析的基础上，研究如何抓住新一代信息技术与应用兴起机遇，推动信息工业与特色产业的深度融合，催生新一代信息技术群和新产业增长点，充分发挥信息工业在新常态经济下的引领和带动作用；研究在经济结构调整中，云南如何选择和吸引规模较大、资本密集、技术含量高的前沿信息工业企业入驻，推动云南新型工业化实现跨越式发展。

第2章 信息设备制造技术

2.1 信息设备制造技术概述

2.1.1 信息设备制造技术定义

信息设备是指在现代信息系统中获取、加工、存储、变换、显示、传输信息的物理器件、装置和机械设备，而信息设备制造技术是指与信息设备制造相关联的技术。

常用信息设备制造技术包括数据输入、输出、存储、通信、运算处理和保护等技术。数据输入设备的功能是将数据信息以计算机可以接受的形式输入计算机或其他信息设备。数据存储设备的功能是存储数据、程序和指令等。数据传输设备的作用是实现用户间各种数据信息方便、快速及低成本的传输，达到数据信息共享的目的。数据加工处理设备的作用是将数据信息按照一定的要求或规则进行加工，得到用户需要的数据。数据输出设备的作用是将处理得到的信息转换成符合输出要求的格式，然后输出到指定的设备中供用户使用。数据保护设备的作用是对存储的数据提供一个安全的存储环境，以防因为操作不当或电源故障造成数据的破坏或丢失。

本书重点阐述的信息设备制造技术主要包括：①电子、光电子信息制造技术；②网络传输与通信设备制造技术；③智能终端制造技术；④高端装备制造技术等。

2.1.2 信息设备制造技术特点

现代信息设备制造技术已经越来越复杂，设备性能随着技术的进步不断提升，总的来说，具有以下特点。

（1）应用范围广。随着全球信息化进程的逐步推进和深入，以计算机技术为核心的信息设备制造技术的应用领域已经渗透到社会的各行各业。

（2）处理速度快，精度和可靠性高。随着集成电路技术的高速发展，计算机的运行速度、计算精度及可靠性已经得到大幅度的提高，从而使信息处理的速度、精度和可靠性也得到相应的提高。

（3）高度自动化。信息设备采用了先进的 CPU（central processing unit，中央处理器）控制技术，不需要计算机的协助，也能够独立地自动完成相应的操作，提高了系统的处理效率。

2.1.3　信息设备制造技术的发展趋势

目前，各科研院所、企业的科技管理部门对信息设备制造技术保持了较高的关注度，特别是近 5 年来，与信息设备制造技术有关的文献、专利等成倍增长。利用万方创新助手系统，对信息设备制造技术进行科研主题现状的评估和趋势分析，得到相关主题的文献总体产出统计。信息设备制造基金主题热词包括：

(1)随机潮流、配电网、特殊负荷、时段解耦、故障率、多种群遗传算法、多媒体教室、动态无功优化、ASP.NET(2016 年)。

(2)面板数据、集聚效应、磁存储设备、洛伦兹曲线、云数据中心、高智图书馆、高级语言程序设计、高压开关柜、高压变电站(2015 年)；

(3)马鞍型、防雷设计、量子秘密共享、量子保密通信、透明传输、输变电设备、资源调度(2014 年)。

(4)智能变电站、R&D (research and development，研究与开发)投入、高压脉冲探测器、隶属可靠度、队列端口(2013 年)。

(5)齿轮箱监测、预防性维护、面发射激光器、量子点激光器、车载接口设备、谷歌地图、诊疗设备(2012 年)。

以上热词也代表了研究信息设备制造技术需要关注的方向。

现代社会的信息种类越来越多，有常见的数值、字母和汉字信息，还有多媒体信息(包括声音、图片和图像等)。所有这些信息都将会成为信息设备制造技术的处理对象。计算机技术和网络通信技术的发展推动了信息设备制造技术的高速发展，具体体现在以下五个方面。

(1)处理速度更快。计算机运算速度的提高必将推动以计算机为中心的其他信息设备处理速度的提高，如打印速度、扫描速度、网络数据传输速度等。为了进一步提高计算机的处理速度，人们已经在研制光计算机。目前，光计算机的关键技术(光存储技术、光互联技术、光集成器件等)的研究都已取得突破性进展。

(2)处理精度更高。未来的信息设备制造技术应着力提高信息设备的计算精度、图像处理效果、打印(或显示)输出效果等。

(3)具有自然语言识别功能。未来的信息设备制造技术将能使信息设备正确识别用户通过自然语言发出的操作指令，自动完成用户需要的操作。

(4)网络化。网络技术的发展在很大程度上改变了人们的生活方式，同样也给信息设备制造技术的发展提供了一个可行的发展方向，未来的信息设备将向网络化方向发展。

(5)小型化。随着现代交通和通信的高速发展，人们的工作和生活范围会越来越大，移动办公将是未来的一个发展方向，所以小型化将是信息设备发展的一个趋势。

2.2　电子、光电子信息制造技术

2.2.1　电子、光电子信息制造技术发展现状

我国电子信息产品制造业的发展起源于改革开放，共经历了三个明显的发展阶段：市场转型阶段、规模化发展阶段、代工跟随阶段。

1978 年到 20 世纪 90 年代初期，我国电子信息产品制造业的性质发生了一次重大的转变，即把当时以生产军工产品为主的电子信息产品制造业转变成以生产军工产品与民用产品相结合的电子信息产品制造业，让电子信息产品制造业积极地满足当时经济发展的需求，促进我国电子信息产品制造业的市场经济进一步"活跃"起来，同时积极支持引进国外先进技术，鼓励电子信息产品制造业加入国际市场合作，为我国电子信息产品制造业的规模化、产业化打下坚实的基础。

20 世纪 90 年代，我国积极推动国民经济与社会向信息时代迈进，而信息时代离不开电子信息产品制造业的发展。为此，政府部门为了促进我国电子信息产品制造业迅速、健康、可持续的发展，特对我国电子信息产品制造业实施了一系列的重大工程，例如，"金系列"工程(包括金关、金税以及金卡)以及"909"工程，这些工程的实施，极大地推动了我国电子信息产品制造业的发展，也改变了我国电子信息产品制造业长期从事单一产品加工制造的现状，开始逐步向软硬件开发、制造以及信息服务业等一起发展的阶段转变。在这个时期，我国电子信息产业的伟大转型成就了我国电子信息产品制造业历史的跨越，使我国电子信息产品制造业由传统的制造业逐步迈进现代电子信息产品制造业的行列。

2000 年至今，我国电子信息产品制造业开始进入新的发展阶段，既要继续做大产业规模，通过代工进入全球电子产业链分工体系，同时也要在技术研发、产品创新等方面紧紧跟随国际一流企业，产业的发展从注重规模、速度向注重质量、效益，鼓励自主创新、提高产业的国际竞争力的方向转变。

2.2.2　电子、光电子信息制造技术重点技术分析

1. 第三代半导体材料与器件

第三代半导体是继第一代半导体(Si、Ge)和第二代半导体(GaAs、InP)之后迅速发展起来的宽禁带半导体与微电子学新领域，涉及材料科学、半导体科学、电子学、物理学、化学、机械学等多个学科门类。

美国自 20 世纪 80 年代起便开始对宽禁带半导体进行研究，美国国防部先进研究项目局通过实施"宽禁带半导体技术创新计划""氮化物电子下一代技术计划"等，有力地推动了 GaN 和 SiC 宽禁带半导体技术的发展。欧洲防卫机构资助开展了面向国防和商业应用的"KORRIGAN"计划，欧洲航天局资助开展了面向高可靠航天应用的"GREAT2"计

划，日本则通过"移动通信和传感器领域 GaN 半导体器件应用开发区域性联合项目""氮化镓半导体低功耗高频器件开发"等计划，推动宽禁带半导体在未来通信系统中的应用。经过多年的发展，发达国家在宽禁带半导体材料、器件及系统的研究中取得了丰硕的成果，实现了在军事国防领域的广泛应用，并对中国实行严格禁运管控。

在市场化方面，基于宽禁带半导体的广阔应用前景、巨大的市场需求和经济效益，美国、日本、欧洲等已将宽禁带半导体器件应用提升到国家战略的高度，宽禁带半导体器件在民用市场的商业化进程开始加速，美国的 Cree、RFMD、Nitronex、TriQuint 等公司，日本的 SEDI、Toshiba、Fujitsu 等公司，德国的 IAF、MicroGaN 等公司，荷兰的 IMEC Epi GaN 等公司均已推出高性能的宽禁带半导体材料和器件相关产品，预计其潜在市场容量超过 300 亿美元。

我国在 SiC、GaN、金刚石和 AlN 等宽禁带半导体材料及器件方面的研究基本与国际同步，自 2000 年开始，西安电子科技大学、中国科学院微电子研究所、中国电子科技集团公司第十三研究所、昆明理工大学等率先开展了 SiC 和金刚石宽禁带半导体材料和器件研究，并在国家重大工程中得到成功应用。

得益于宽禁带半导体材料的优异特性，基于 GaN、AlN 等异质结制备的 GaN 基微波功率器件和 GaN 基电力电子器件，被誉为理想的微波毫米波功率器件以及良好的高压电子器件技术。特别是在固态微波毫米波器件、高压大功率器件、高温耐辐射电子器件等领域，宽禁带半导体材料引发了半导体器件性能的巨大跃升，进而推动电力能源、通信导航、武器装备等行业的快速发展。基于宽禁带半导体材料的宽禁带半导体器件具有工作频率高、输出功率大、可靠性高、能量效率高等优点，能满足我国下一代电子装备对器件更大功率、更高频率、更小体积和更恶劣工作环境等要求，在我国民用和军事领域中具有广阔和特殊的应用前景。

在民用领域，GaN 基微波功率器件是目前无线通信系统中最理想的功率放大器，其工作频率可覆盖当前无线通信的主流频段，且功率密度是现有 GaAs 基器件的 10 倍，效率更高、带宽更大，可减少基站的体积和重量，降低系统损耗，满足多模无线系统的需求。GaN 基电力电子器件具有耐高温性能好、开关速度快、通态电阻低、高耐压特性好等特点，因此对冷却系统要求低，且电容电感小、能量损耗少、输出功率高，可在工业用电机、电气铁路驱动、消费电子产品、新能源等领域发挥重要作用。

在军事领域，GaN 基微波功率器件具有输出功率大、功率密度高、工作频率高、工作频带宽、热稳定性好、结温高以及抗辐射能力强等优势，可应用于高功率微波武器，以及雷达、通信与制导等无线电系统，尤其适用于机载雷达、空间通信以及导弹制导等移动式无线电系统，以提升我军武器装备整体性能，并解决当前武器装备耗电多、体积大、重量大等突出问题。

2. 电子元器件制造技术

电子元器件是元件和器件的总称。电子元件指在工厂生产加工时不改变分子成分的成品，如电阻器、电容器、电感器。因为电子元件本身不产生电子，它对电压、电流无控制和变换作用，所以又称无源器件。电子器件指在工厂生产加工时改变了分子结构的成品，如晶体管、电子管、集成电路。因为电子器件本身能产生电子，对电压、电流有控制、变换作用（放大、开关、整流、检波、振荡和调制等），所以又称有源器件。按分类标准，电子器件可分为 12 类，还可分为真空电子器件和半导体器件两大类。

集成电路是一种微型电子器件，采用一定的工艺，把一个电路中所需的晶体管、电阻、电容和电感等元件及布线进行互连，制作在一小块或几小块半导体晶片或介质基片上，然后封装在一个管壳内，成为具有电路功能的微型结构。其中，所有元件在结构上已组成一个整体，使电子元件向着微小型化、低功耗、智能化和高可靠性方面迈进了一大步。

集成电路在各行各业中发挥着非常重要的作用，是现代信息社会的基石。硅集成电路是发展主流，把实现某种功能的电路所需的各种元件都放在一块硅片上，所形成的整体被称作集成电路。

集成电路又称微电路(microcircuit)、微芯片(microchip)、芯片(chip)，在电子学中是一种把电路(主要包括半导体装置，也包括被动元件等)小型化的方式，通常制造在半导体晶圆表面上。将电路制造在半导体芯片上的集成电路又称薄膜(thin-film)集成电路。另有一种厚膜(thick-film)混成集成电路(hybrid integrated circuit)，是把独立半导体设备和被动元件集成到衬底或线路板所构成的小型化电路。

集成电路具有体积小、重量轻、引出线和焊接点少、寿命长、可靠性高以及性能好等优点，同时成本低，便于大规模生产。它不仅在工业用及民用电子设备(如收录机、电视机、计算机)等方面得到广泛的应用，同时在军事、通信、遥控等方面也得到广泛的应用。用集成电路来装配电子设备，其装配密度比晶体管可提高几十倍至几千倍，设备的稳定工作时间也大大提高。

3. 光电子技术

光电子技术是现代信息技术的"基石"和"制高点"，光电子的发展水平不仅体现一个国家的科技实力，更反映了一个国家的综合实力。光电子技术是一个比较庞大的体系，它包括信息传输(如光纤通信、空间和海底光通信等)、信息处理(如计算机光互连、光计算、光交换等)、信息获取(如光学传感和遥感、光纤传感等)、信息存储(如光盘、全息存储技术等)、信息显示(如大屏幕平板显示、激光打印和印刷)等。其中，信息光电子技术是光电子学领域中最活跃的分支。在信息技术发展过程中，电子作为信息的载体做出了巨大的贡献，但也在速率、容量和空间相容性等方面受到严峻的挑战。采用光子作为信息的载体，其响应速度可达到飞秒量级，比电子快 3 个数量级以上，加之光子的高度并行处理能力以及不存在电磁串扰和路径延迟等，具有超出电子的信息容量与处理速度的潜力。综合利用电子和光子两大微观信息载体各自的优点，必将大大改善电子通信设备、电子计算机和电子仪器的性能。

光电子器件由六个部分组成。

(1)光敏电阻。制作光电传感器用到最多的当属光敏电阻，光敏电阻在无光照的情况下电阻值比较高，当它受到光照，电阻值大幅度下降，导电性能明显增强。光敏电阻的主要参数有暗电阻、暗电流，与之对应的是亮电阻、亮电流，其分别是在有光和无光条件下所测得的数值。亮电阻与暗电阻的差值越大越好。在选择光敏电阻的时候，还要注意其光照特性和光谱特性。

(2) 光电二极管。光电二极管在无光照的条件下，其工作在截止状态跟一般的二极管特性差不多，都具有单向导通性能。当受到光照时，PN 区载流子浓度大大增加，载流子流动形成光电流。

(3) 光电三极管。光电三极管跟普通三极管的区别在于发射极的尺寸做得比较小，当光照的时候，光电流差不多等于普通三极管的基极电流，光电三极管与光电二极管相比，灵敏度更高。

(4) 光电池。实际用得比较多的光电池是硅光电池。它能够把光能直接转化成电能，光电池的一个重要特点是短路时的电流与光照基本成线性比例。在运用中，一般选择负载电阻尽可能小。负载电阻越小，其线形度越好。

(5) 光电管。光电管一般分为真空光电管和充气光电管。充气光电管一般充氩气或氩氖混合气体，它们都属于惰性气体，且原子量比较小。充气光电管的不足之处在于灵敏度衰减快。

(6) 光电倍增管。光电倍增管主要由阴极室跟二次发射倍增系统构成。光电倍增管的光电特性在光通量小的时候呈线性关系。由于光电倍增管暗电流的存在，限定了其测量时的最小范围。

4. 传感器技术

传感器的发展与传感器制造的工艺有着密切的联系。在近现代科技发展中，制造工艺的进步也促进了传感器制造业的进步。传感器主要的制造工艺有四种，分别是集成传感器、薄膜传感器、厚膜传感器和陶瓷传感器。

(1) 集成传感器。集成传感器的生产工艺和生产标准与硅基半导体集成电路工艺是基本相同的。传感器通过集成方式进行制造后，可以获得更小的体积并集成更多的功能，部分集成传感器可以具备一部分处理功能，以处理被测量信号。

(2) 薄膜传感器。薄膜传感器的制造涉及纳米技术等先进技术。薄膜传感器的制作方法是在介质衬底，即基板上，用敏感材料形成一层薄膜。薄膜传感器在制作时也可以复合一些电路系统，这需要使用混合工艺。薄膜传感器的生产必须有一个很干净的工作环境，避免受尘埃、手指模和其他污染引起生产上的问题。生产步骤大概为：机械生产、磨光、溅射、构造、测试和组装。

(3) 厚膜传感器。厚膜传感器和薄膜传感器相对应，也是在基片上形成膜来进行制造。厚膜传感器的制造材料多是氧化铝，涂层形成后进行热处理，厚膜即可成型。

(4) 陶瓷传感器。陶瓷传感器既是新工艺的应用，也是传统材料的应用。陶瓷传感器所使用的陶瓷材料是精细陶瓷，也被称为高科技陶瓷。陶瓷传感器的制造主要是依靠标准的陶瓷工艺或变种的溶胶工艺，完成适当的预备性操作之后，将成形的元件在高温中进行烧结。

2.2.3 电子、光电子信息制造技术的发展趋势

未来光电子的发展趋势会从单元器件向集成化芯片发展，其中 40Gb/s 将成为光接入的核心，TWDM-PON (基于时分和波分复用的 PON 技术) 将是未来发展的主流技术，而高速激光器的研发也将成为焦点。高速光电子器件是实现高速光信息产生、传输、放大、探测、处理等功能的器件。随着光网络和光通信技术向大容量、低功耗和智能化的方向发展，速率和能耗成为制约通信技术发展的两大技术瓶颈。为了突破这两大瓶颈，新型高速光电子器件在光传输、光信息处理与交换、光接入以及光与无线融合等领域的关键环节发挥着越来越重要的作用。光电子集成、光电子与微电子的融合以及多维调制与复用将成为通信用光电子器件的三大发展趋势。

此外，现代传感器技术的发展趋势可以从四个方面进行分析与概括：①开发新材料、新工艺和开发新型传感器；②实现传感器的多功能、高精度、集成化和智能化发展；③实现传感技术硬件系统与元器件的微小型化；④通过传感器相关技术与其他学科的交叉整合，实现无线网络化。

2.3 网络传输与通信设备制造技术

2.3.1 网络传输与通信设备制造技术发展现状

通信设备主要分为无线产品、网络产品和终端产品三大系列，但在通信设备制造现场，将主要部件组装成为线路、网络设备等一系列组装活动，均被视为通信设备的制造活动，而从事这种制造活动的行业就是通信设备制造业。通信设备制造业的具体产品主要有交换设备、传输设备、接入设备、移动通信设备、微波通信设备、固定通信终端、数据通信设备和移动通信终端等。通信运营业的飞速发展不仅为通信制造业带来巨大的市场需求，更推动着制造业的技术进步，为我国制造业的发展打下良好的产业基础。从 20 世纪 80 年代开始，通信制造业就已步入高速发展时期。

通信制造业的高速发展成就了一大批产业骨干企业，虽然西门子、三星、思科等跨国公司凭借其先进技术和管理模式在市场竞争中具备很大的优势，但是仍有一些勇于进取并且积极创新的民族企业正在激烈的市场竞争中崭露头角，并迅速发展壮大。在国内的通信制造业市场中，中兴和华为表现非常突出，已成为我国高端通信设备制造业的引领者，在世界市场也占有很大的市场份额。尤其是华为，在交换机、路由器等通信设备方面，市场销量在 2015 年已超越全球排名第一的思科。

从目前来看，全球范围内传统的通信设备制造企业正面临着产能下降、增长放缓的局面。原因是传统通信设备制造业中的前向应用较为单一，下游客户往往集中在通信运营企业，无法实现有效转移，通信设备制造业面临的有效客户需求难以得到满足，最终导致生产的产品难以进行有效交易，生产规模不能够实现有效扩大。虽然，2016 年随着

通信客户端的不断升级，市场在不断扩大，但是传统通信运营业依然难以实现有效的突破，对于市场的开发存在着一定的困难，这直接导致全球电信设备市场急剧萎缩，使全球几大主要的通信设备企业利润呈现下滑态势，中小企业也严重受限，发展缓慢，甚至出现了企业经营危机。这些都在一定程度上对传统通信设备制造企业的可持续发展和盈利带来很大困难。

目前，从国际市场来看，我国的通信设备制造业在国际市场上占有一定份额，但更多是停留在基础层面，对于一些关键技术和核心环节的把握仍然处于低层次。在发达国家的市场中，其份额还远远不够，甚至还没有达到世界通信设备制造业的平均水平。显然，发达国家的市场是非常优质的市场。据相关统计，发达国家的通信设备制造市场已占全球市场的一半，而且拥有超过 90%的国际一流运营商客户。因为技术、意识形态、商务、知识产权等因素的存在，中国通信设备制造企业在扩大全球市场范围的过程中，必然受到很大的限制。如何扩大发达国家的通信市场，同西方国家先进的生产技术相竞争，积极发挥自己的优势，已成为我国通信设备制造业重大且亟待解决问题。

从目前我国通信设备制造企业的内部管理方面来看，随着市场规模的快速扩张，在相关企业的技术实力得到明显提升的同时，通信设备企业的内部管理和发展却存在很多组织结构性问题，企业群体的坚固性与强壮度也远远不够。这其中最突出的问题在于，我国通信设备制造企业在关键装备和核心技术的研发方面不能实现整体性突破，在通信设备制造过程中，关键元器件(如半导体以及集成电路成品设备等)基本上都需要从国外购买，一些核心的关键技术或者软件依然需要从国外相关机构购买对应专利。这些对我国通信设备制造企业的发展及整体获得质的突破都造成了很大限制。

从全球范围内来看，通信设备制造业已开始进入成熟阶段，产品同质化的特征逐渐明显，价格竞争已成为企业竞争的主要手段。同欧美国家的主流设备制造企业相比较，我国的设备制造企业在成本控制方面具有很大的优势。但是，随着人民币升值以及人力劳动成本日益增长，我国通信设备制造企业的劳动力成本优势会逐渐丧失，在成本价格优势之外积极寻找新的优势已成为我国每个通信设备制造企业所必须面对的问题。

2.3.2　网络传输与通信设备制造技术重点产品分析

1. 交换机

交换机(switch)意为"开关"，是一种用于电(光)信号转发的网络设备。它可以为接入交换机的任意两个网络节点提供独享的电信号通路。最常见的交换机是以太网交换机。其他常见的还有电话语音交换机、光纤交换机等。交换机根据工作位置的不同，可以分为广域网交换机和局域网交换机。广域网交换机就是一种在通信系统中完成信息交换功能的设备，它应用在数据链路层。交换机有多个端口，每个端口都具有桥接功能，可以连接一个局域网或一台高性能服务器或工作站。实际上，交换机有时被称为多端口网桥。

交换机工作于 OSI(open system interconnection，开放系统互联) 参考模型的第二层，即数据链路层。交换机内部的 CPU 在每个端口成功连接时，通过将 MAC(media access control，媒体访问控制)地址和端口对应，形成一张 MAC 表。在今后的通信中，发往该 MAC 地址的数据包将仅送往其对应的端口，而不是所有的端口。因此，交换机可用于划分数据链路层广播，即冲突域，但它不能划分网络层广播，即广播域。

交换机拥有一条很高带宽的背部总线和内部交换矩阵。交换机的所有端口都挂接在这条背部总线上，控制电路收到数据包以后，处理端口会查找内存中的地址对照表以确定目的 MAC 的 NIC(network interface card，网络适配器)挂接在哪个端口上，通过内部交换矩阵迅速将数据包传送到目的端口，目的 MAC 若不存在，广播到所有的端口，接收端口回应后交换机会"学习"新的 MAC 地址，并把它加入内部 MAC 地址表中。使用交换机也可以把网络"分段"，通过对照 IP(internet protocol，网络协议)地址表，交换机只允许必要的网络流量通过交换机。通过交换机的过滤和转发，可以有效减少冲突域。

随着计算机及其互联技术(即网络技术)的迅速发展，以太网成为迄今为止普及率最高的短距离二层计算机网络。而以太网的核心部件就是以太网交换机。无论是人工交换还是程控交换，都是为了传输语音信号，是需要独占线路的"电路交换"。而以太网是一种计算机网络，需要传输的是数据，因此采用的是"分组交换"。但无论采取哪种交换方式，交换机为两点间提供"独享通路"的特性不会改变。就以太网设备而言，交换机和集线器的本质区别就在于：当 A 发信息给 B 时，如果通过集线器，则接入集线器的所有网络节点都会收到这条信息(也就是以广播形式发送)，只是网卡在硬件层面就会过滤掉不是发给本机的信息；而如果通过交换机，除非 A 通知交换机广播，否则发给 B 的信息 C 绝对不会收到(获取交换机控制权限从而监听的情况除外)。以太网交换机厂商根据市场需求，推出了三层甚至四层交换机。但无论如何，其核心功能仍是二层的以太网数据包交换，只是具备一定的处理 IP 层甚至更高层数据包的能力。网络交换机是一个扩大网络的器材，能为子网络提供更多的连接端口，以便连接更多的计算机。随着通信业的发展以及国民经济信息化的推进，网络交换机市场呈稳步上升态势，网络交换机具有性价比高、高度灵活、相对简单、易于实现等特点。

2. 路由器

路由器(router)是连接因特网中各局域网、广域网的设备，它会根据信道的情况自动选择和设定路由，以最佳路径按前后顺序发送信号。目前，路由器已经广泛应用于各行各业，各种不同档次的产品已成为实现各种骨干网内部连接、骨干网间互联和骨干网与互联网互联互通业务的主力军。路由器和交换机之间的主要区别就是交换机作用于 OSI 参考模型第二层(数据链路层)，而路由器作用于第三层，即网络层。这一区别决定了路由器和交换机在信息移动的过程中需使用不同的控制信息，所以说两者实现各自功能的方式是不同的。

路由器分本地路由器和远程路由器，本地路由器是用来连接网络传输介质的，如光纤、同轴电缆、双绞线；远程路由器是用来连接远程传输介质，并要求配给相应的设备，如电话线要配调制解调器，无线要通过无线接收机、发射机。路由器是互联网的主要结点设备。路由器通过路由决定数据的转发。转发策略称为路由选择(routing)，这也是路由器名称的由来。作为不同网络之间互相连接的枢纽，路由器系统构成了基于 TCP/IP(transmission control protocol/internet protocol，网络通信协议)的国际互联网的主体脉络，也可以说，路由器构成了因特网的骨架。它的处理速度是网络通信的主要瓶颈之一，它的可靠性则直接影响网络互连的质量。因此，在园区网、地区网，乃至整个因特网研究领域中，路由器技术始终处于核心地位，其发展历程和方向成为整个因特网研究的一个缩影。

路由器的工作原理如下所述。

(1)工作站 A 将工作站 B 的地址(如 12.0.0.5)连同数据信息以数据包的形式发送给路由器 1。

(2)路由器 1 收到工作站 A 的数据包后，先从包头中取出地址 12.0.0.5，并根据路径表计算出发往工作站 B 的最佳路径：R1→R2→R5→B；并将数据包发往路由器 2。

(3)路由器 2 重复路由器 1 的工作，并将数据包转发给路由器 5。

(4)路由器 5 同样取出目的地址，发现 12.0.0.5 就在该路由器所连接的网段上，于是将该数据包直接交给工作站 B。

(5)工作站 B 收到工作站 A 的数据包，一次通信过程宣告结束。

从过滤网络流量的角度来看，路由器的作用与交换机和网桥非常相似。但是与工作在网络物理层，从物理上划分网段的交换机不同，路由器使用专门的软件协议从逻辑上对整个网络进行划分。例如，一台支持 IP 协议的路由器可以把网络划分成多个子网段，只有指向特殊 IP 地址的网络流量才可以通过路由器。对于每一个接收到的数据包，路由器都会重新计算其校验值，并写入新的物理地址。因此，使用路由器转发和过滤数据的速度往往要比只查看数据包物理地址的交换机慢。但是，对于那些结构复杂的网络，使用路由器可以提高网络的整体效率。路由器的另外一个明显优势就是可以自动过滤网络广播。总体来说，在网络中添加路由器的整个安装过程要比即插即用的交换机复杂很多。

3. 无线产品

无线通信(wireless communication)是利用电磁波信号可以在自由空间中传播的特性进行信息交换的一种通信方式。近些年，在信息通信领域中，发展最快、应用最广的就是无线通信技术。在移动中实现的无线通信又通称为移动通信，人们把二者合称为无线移动通信。无线通信这一技术已深入人们生活和工作的各个方面，包括卫星、无线电台、无线电视(公交车或地铁上)、无线局域网、移动电话(手机)、手机 GPRS(general packet radio service，通用分组无线服务)上网等，其中 4G(the 4th generation moblile communication technology，第四代移动电话行动通信标准)、WLAN(wireless local area networks，无线局域网)、UWB(ultra wide band，无载波通信技术)、蓝牙、宽带卫星系统、数字电视都是 21 世纪最热门的无线通信技术的应用。无线通信设备主要是无线 AP(access point，访问接入点)、无线网桥、无线网卡、无线避雷器、天线等设备。无线通信设备的最大优点就是环境不需要受线的限制，具有一定的移动性，可以在移动状态下通过无线连接进行通信，施工难度低，成本低；但无线通信设备抗干扰能力较弱，传输速率较慢，带宽有限，传输距离也有限制。但是，无线通信正在改变相应的技术让传输速率更高(802.11n 的速率能到达 100Mbps）、更稳定方便，所以无线通信设备将是主要发展趋势。

4. 网络安全与 VPN 产品

网络安全是指网络系统的硬件、软件及其系统中的数据受到保护，不因偶然或者恶意的原因而遭受破坏、更改、泄露，系统连续、可靠、正常地运行，网络服务不中断。网络安全可以分为以下几种类型。

（1）运行系统安全，即保证信息处理和传输系统的安全。它侧重于保证系统正常运行，避免因为系统的崩溃和损坏而对系统存储、处理和传输的信息造成破坏和损失，避免由于电磁泄漏产生信息泄露，从而干扰他人或受他人干扰。

（2）网络上系统信息的安全，包括用户口令鉴别、用户存取权限控制、数据存取权限、方式控制、安全审计、安全问题跟踪、计算机病毒防治、数据加密等。

（3）网络上信息传播安全，包括信息过滤等。它侧重于防止非法、有害的信息传播，控制非法、有害信息传播的后果，避免公用网络上大量自由传输的信息失控。

（4）网络上信息内容的安全。它侧重于保护信息的保密性、真实性和完整性。避免攻击者利用系统的安全漏洞进行窃听、冒充、诈骗等有损于合法用户的行为。本质上是保护用户的利益和隐私。

网络安全相关产品和技术包括：利用不间断稳压电源对存有重要数据库且有实时性服务要求的服务器保证服务；利用防火墙技术实现内部、外部网或不同信任域网络间的隔离，达到有效地控制对网络访问的作用；利用支持 VPN 的路由设备实现电信级的加密传输功能；配备网络安全扫描系统和系统安全扫描系统，检测网络中存在的安全漏洞，并且要经常使用，对扫描结果进行分析审计，及时采取相应的措施填补系统漏洞，对网络设备存在的不安全配置重新进行安全配置；配备入侵检测系统，对透过防火墙的攻击进行检测并做出相应反应（记录、报警、阻断）；配备从服务器到单机的整套防病毒软件，防止病毒入侵主机并扩散到全网，实现全网的病毒安全防护；通过网络备份与灾难恢复系统进行定时自动备份数据信息到本地或远程的磁带上，并把磁带与机房隔离保存于安全位置。如果遇到系统严重受损时，可以利用灾难恢复系统进行快速恢复。

5. 云设备

1）云终端机

云终端机（cloud computer），即利用云计算的模式，通过有线或无线网络和通信协议，共享服务器或普通 PC 机上的操作系统、所安装的软件以及硬件资源的终端设备，每个终端上配备了丰富的显示器、键盘、鼠标、网络以及 U 盘等外设接口，从而替代从前贵重繁杂、维护性差的电脑主机，每个终端匹配一个用户，每个用户之间互相独立，操作互不影响，让多名用户得以共享同一台 PC。

云终端具备低功耗、低维护、低噪音、高性能、高稳定、无病毒的特性，受到 IT 界的极大欢迎，现在的房地产中介、证券行业以及银行等对稳定性要求高的行业，80%使用的都是终端机设备。随着 ARM(advanced RISC machines，RISC 微处理器)架构成本的极大降低，云终端设备开始大量走向商用，真正云终端的时代正在到来。

2. 云服务器

云服务器是一种简单高效、安全可靠、处理能力可弹性伸缩的计算服务。其管理方式比物理服务器更简单高效。用户无须提前购买硬件，即可迅速创建或释放任意多台云服务器。云服务器帮助用户快速构建更稳定、安全的应用，降低开发运维的难度和整体 IT 成本，使用户能够更专注于核心业务的创新。云服务器是云计算服务的重要组成部分，是面向各类互联网用户提供综合业务能力的服务平台。平台整合了传统意义上的互联网应用三大核心要素：计算、存储、网络。面向用户提供公用的互联网基础设施服务。

云服务器的服务包括两个核心产品：面向中小企业用户与高端用户的云服务器租用服务；面向大中型互联网用户的弹性计算平台服务。

云服务器平台的每个集群节点被部署在互联网的骨干数据中心，可独立提供计算、存储、在线备份、托管、带宽等互联网基础设施服务。集群节点由以下硬件构成。

(1)管理服务器：采取双机热备的方式，对整个节点的所有计算服务器、共享存储、网络进行管理，同时对外提供管理整个节点的 API(application programming interface，应用程序编程接口)。管理服务器上提供：管理服务(管理节点的计算服务器，对外提供管理接口)、DHCP(dynamic host configuration protocol，动态主机配置协议)服务(为计算服务器的网络启动分配管理网段的 IP)、TFTP(trivial transfer protocol，简单文件传输协议)服务(为计算服务器的网络启动提供远程启动映象)、NBD 服务(为计算服务器提供网络块设备服务)。管理服务器上还会运行一个数据采集程序，定时将各种性能数据采集下来，并发送到中央数据采集服务器上的存储服务器群：存储服务器可以是 ISCSI(internet small computer system interface，互联网小型计算机系统接口)或内置存储容量比较大的 X86 服务器，通过集群文件系统组成一个统一的存储池，为节点内的虚拟机提供逻辑磁盘存储、非结构数据存储以及整合备份服务。

(2)云计算服务器群：计算服务器是高配置的八核以上服务器，计算服务器无须安装操作系统，但必须具备网络引导功能，其上运行一个 Linux 微内核、云计算机软件、一个与管理服务器进行通信的 Agent 代理。

2.3.3　网络传输与通信设备制造技术的发展趋势

光交换是人们正在研制的下一代交换技术。所有的交换技术都是基于电信号的，即使是光纤交换机，也是先将光信号转换为电信号，经过交换处理后，再转换回光信号发到另一根光纤。光电转换速率较低，同时电路的处理速度存在物理学上的瓶颈，因此人们希望设计出一种无须经过光电转换的"光交换机"，其内部不是电路而是光路，逻辑原件不是开关电路而是开关光路。这样将大大提高交换机的处理速率。

在云计算数据中心中，空调系统的核心理念是注重 IT 设备的温度要求，高效解决区域化的制冷，在云时代，IT 设备在适应温度方面变得更强壮。目前的通用服务器设计标准为 35℃进风温度，IT 设备的优化工作直接导致数据中心空调温度标准的改变。ASHRAE（American Society of Heating Refrigerating and Airconditioning Engineers，美国暖通空调协会）在其数据中心标准中发布了 2008 版本和 2011 版本。在 2008 版本中，数据中心的温度推荐标准是温度范围为 18～27℃；而在 2011 版本中，对高温 IT 设备则扩展到了 A1-A2 框体，温度范围为 0～35℃。所以，云服务器需要不断提高环境温度的适应能力，耐高温、节能成为云服务器的一个发展方向。

当前，不计成本的高性能计算时代已经一去不复返了，解决尖端问题的高端系统同样也必须降低成本。为了避免由于服务器爆炸性增加而造成机房面积过快扩大，以及随之剧增的各种运行维护费用，数据中心要求大幅度缩小服务器的占地面积、提高计算密度、发展高密度计算。

随着云计算和大数据时代的来临，传统的数据中心将逐渐被云计算数据中心所代替，云计算数据中心具有大规模、低成本、高效率、智能化等特点，而这些特点要求云服务器朝着高温、高密度方向发展，在这一方面，致力于云计算服务器研发和生产的百度开放云走在了行业前列。

2.4　智能终端制造技术

2.4.1　智能终端制造技术发展现状

自 2007 年开始，终端智能化快速发展，从根本上改变了终端作为移动网络末梢的传统定位。移动智能终端转变为互联网业务的关键入口和主要创新平台，成为新型媒体、电子商务和信息服务平台，以及互联网资源与环境交互资源的最重要枢纽，其操作系统和芯片已成为当今整个信息通信技术产业的战略制高点。移动智能终端引发的颠覆性变革揭开了移动互联网发展的序幕，开启了一个新的技术产业周期。随着移动智能终端的持续发展，其影响力将比肩收音机、电视和 PC 端互联网，成为人类历史上第四个渗透广泛、普及迅速、影响巨大、深入人类社会生活方方面面的终端产品。

作为移动应用服务的重要承载体，移动智能终端的产品界定和种类随着技术的不断发展而进步。从具备开放的操作系统平台、PC 级处理能力、高速数据网络接入能力和丰富的人机交互界面四大基本特征出发，智能终端产品形态已从智能手机、平板电脑延伸至智能电视、可穿戴设备、车载电子系统等泛终端领域。

根据《移动终端白皮书（2012 年）》的词条定义：智能终端是具备开放操作系统平台、PC 级计算能力、多样的人机交互界面和快速接入功能的一类设备总称。目前正式进入民用领域的产品包括手持设备、车载智能终端、智能家居、可穿戴设备等，未来会向多方向延伸。

（1）手持设备，代表产品为智能手机。其特征为配有独立操作系统、独立运行空间、由用户选择安装第三方服务商提供的应用，并支持以无线技术实现移动通信网络接入，如苹果公司推出的系列手机。

(2) 车载智能终端，融合了卫星遥感定位系统、车辆黑匣技术及里程定位系统，能用于对汽车的全方位管理，包括驾驶管理、行车安全管理、电子站牌控制、智能集中调度等，如谷歌公司推出的产品及其一系列配套设施。

(3) 智能家居，以住宅为平台，利用安全保卫技术、家居远程控制技术、综合布线技术，将住宅设施高度集成，构建便捷的家居生活管理系统，显著提升家居舒适性、人文性、环保性。

(4) 可穿戴设备，指整合到用户的皮肤或配件的便携式终端。可穿戴设备在硬件中载入各种服务，通过软件支持以及数据交互实现复杂操作。

2.4.2　智能终端制造技术的重点产品分析

1. 穿戴式智能设备

广义的穿戴式智能设备包括功能全、尺寸大、不依赖智能手机实现完整或者部分功能(如智能手表或智能眼镜等)的设备，以及只专注于某一类应用功能，需要和其他设备(如智能手机)配合使用的设备，如进行体征监测的智能手环、智能首饰等。随着技术的进步以及用户需求的变迁，可穿戴式智能设备的形态与应用热点也在不断地变化。

穿戴式技术在国际计算机学术界和工业界一直备受关注，但由于造价成本高和技术复杂，很多相关设备仅仅停留在概念领域。随着移动互联网的发展，高性能、低功耗处理芯片的推出，部分穿戴式设备已经从概念化走向商用化，谷歌、苹果、微软、索尼、奥林巴斯、摩托罗拉等诸多科技公司也都开始在这个全新的领域进行深入探索。

穿戴式智能设备拥有多年的发展历史，思想和雏形在 20 世纪 60 年代就已出现，而具备可穿戴式智能设备形态的设备则于 20 世纪 70~80 年代出现，史蒂夫·曼基于 Apple-II 6502 型计算机研制的可穿戴计算机原型即是其中的代表。随着计算机标准化软硬件以及互联网技术的高速发展，可穿戴式智能设备的形态开始变得多样化，逐渐在工业、医疗、军事、教育和娱乐等诸多领域表现出重要的研究价值和应用潜力。

在学术科研层面，美国麻省理工学院、卡内基·梅隆大学，日本东京大学的工程学院以及韩国科学技术院等研究机构均有专门的实验室或研究组专注于穿戴式智能设备的研究，拥有多项创新性的专利与技术。而中国学者也在 20 世纪 90 年代后期开展穿戴式智能设备研究。美国电气和电子工程师协会成立了穿戴式 IT 技术委员会，并在多个学术期刊设立了专栏。国际性的穿戴式智能设备学术会议(International Symposium on Wearable Computers，ISWC)自 1997 年首次召开以来，已举办了 18 届。

在中国国家自然科学基金委员会的支持下，由中国计算机学会、中国自动化学会、中国人工智能学会等主办召开了三届全国性的可穿戴计算学术会议。另外，中国国家自然科学基金委和中国国家 863 计划也支持了多项穿戴式智能设备相关技术产品研发项目。

穿戴式智能设备的本意，是探索人和科技全新的交互方式，为每个人提供专属的、个性化的服务，而设备的计算方式无疑要以本地化计算为主——只有这样，才能准确定位和感知每个用户的个性化、非结构化数据,形成每个人随身移动设备上独一无二的专属数据计算结果,并以此找准直达用户内心真正有意义的需求,最终通过与中心计算的触动规则来展开各种具体的针对性服务。

1) Apple Watch 智能手表

这款设备采用曲面玻璃设计,可以平展或弯曲,内部拥有通信模块,用户可通过它完成多种工作,包括调整播放清单、查看通话记录和回复短信等。当然,它内部采用的是苹果公司的 IOS 系统。

2) Huawei Watch 智能手表

在 2015 年,华为推出其首款智能手表 Huawei Watch。该设备采用最接近于传统手表直径的尺寸(42mm),同时采用了传统圆形手表最富造型的三个元素,即表冠、表耳和表圈。Huawei Watch 采用的是 ClearPad 电容式触摸控制器,该控制器成熟可靠、功耗很低,而且具备高度灵敏的人机交互性能,用湿的手指触控,效果依然良好。华为设计师还要求实现经典的圆形表盘,而 Synaptics 是唯一能够提供完全圆形触控界面的供应商。在配色上,Huawei Watch 为了满足更多用户的需求,提供了银、黑、金三种颜色供用户选择,并有不同材质的表带可选。

3) 智能手环

智能手环是一个新兴的科技产品,它可以跟踪用户的日常活动、睡眠情况和饮食习惯等,并可将数据与 IOS、Android 设备同步,帮助用户了解和改善自己的健康状况。

4) Google 眼镜

人们可利用语音指令拍摄照片、摄制视频、与他人在网上互动。谷歌眼镜不会在手机屏幕上提供搜索或导航结果,而是将地图叠加到用户的视野中。

2012 年 4 月,Google(谷歌)正式发布名为"Project Glass"的未来眼镜概念设计。这款眼镜集智能手机、GPS(global positioning system,全球定位系统)、相机于一身,在用户眼前展现实时信息,通过眼部动作就能拍照上传、收发短信、查询天气及路况等操作。

Google 眼镜本质上属于微型投影仪、摄像头、传感器、存储传输、操控设备的结合体。它可以集眼镜、智能手机、摄像机于一身,通过数字化的镜片将信息以智能手机的格式实时展现在用户眼前。另外,它还是生活助手,可以提供 GPS 导航、收发短信、摄影拍照和网页浏览等功能。

5) Sony 头盔显示器

Sony 公司开发了一款头盔显示虚拟现实产品 HMZ T1,能提供实时 UDK(unreal development kit,unreal 游戏引擎开发工具包)头部动作跟踪演示,利用 UDK 绑定外部 DLL(dynamic link library,动态链接库),获得方位数据到 unreal 只需几行脚本程序和 APIDLL,容易集成到现有的 UDK 项目。由麻省理工学院开发的免费和开源 unrealscipt

可不受限制地下载，API 可通过开源许可获得。

6）智能鞋

这款会说话的鞋由 Google 和创意设计机构 YesYesNo 合作完成，是 Google "Art、Copy、Code" 项目的一部分，旨在用比较诙谐的语言将运动数据传达给用户并且分享给朋友。它内部装配了加速器、陀螺仪等装置，通过蓝牙与智能手机进行连接，可以监测用户的使用情况。另外，鞋子还配有一个扬声器，将传感器收到的鞋子信息以语音评论的形式播放出来，这些评论或尖酸刻薄，或幽默风趣，给人以深刻的印象。

7）Sixth Sense 系统

麻省理工学院媒体实验室的天才科学家普拉纳·梅斯瑞（Pranav Mistry）发明的 "Sixth Sense（第六感）" 系统可以在人们的五种自然感官之外再添上一种新的感觉。初看上去，"Sixth Sense" 并没有太特别的地方。它由一个能够读懂手势的摄像头、一个微型投影仪和一个智能手机组成，用一根绳子挂在使用者胸前。摄像头随时拍摄图像，然后由手机中的软件对其进行处理，并且用投影仪将结果投影到任何地方——手、白墙、纸，甚至别人的衣服上。就是这样看起来平淡无奇的小东西，赢得了《大众科学》杂志评选的 2009 年度创新奖。老牌杂志《计算机世界》在谈到它的时候居然用了 "未来冲击：2019 年的计算机" 的标题。

用户必须戴上按颜色编码的手指套，使相机能够读懂用户的手势。使用 "Sixth Sense" 时，人们可以用最符合直觉的方式与虚拟世界互动。例如，摄像头拍摄一切——只需要用两只手的食指和拇指比出一个取景框就可以拍照，只需要用手指指指点点就可以作画，只需要拿起一本书就可以在封面上看到亚马逊书店对这本书的评价，想把一段文字从书上输入到计算机中也只需要用手指比划一下。

综上，穿戴式智能设备具有两个重要的特点：可长期穿戴和智能化。穿戴式智能设备必须是延续性地穿戴在人体上，并能够带来增强用户体验的效果。这种设备需要有先进的电路系统，可无线联网，且起码具有低水平的独立处理能力。

穿戴式智能设备时代的来临意味着人的智能化延伸，通过这些设备，人们可以更好地感知外部与自身的信息，能够在计算机、网络甚至其他人的辅助下更高效率地处理信息，能够实现更无缝的交流。应用领域可以分为两大类，即自我量化与体外进化。

在自我量化领域，最常见的为两大应用细分领域，一是运动健身户外领域，二是医疗保健领域。在运动健身户外领域，主要的厂商是专业运动户外厂商及一些新创公司，以轻量化的手表、手环、配饰为主要形式，实现运动或户外数据（如心率、步频、气压、潜水深度、海拔等指标）的监测、分析与服务。代表厂商如 Sunto、Nike、Adidas、Fitbit、Jawbone 以及咕咚等。而在医疗保健领域，主要的厂商是医疗便携设备厂商，以专业化方案提供血压、心率等医疗体征的检测与处理，形式较为多样，包括医疗背心、腰带、植入式芯片等，代表厂商如 BodyTel、First Warning、Nubo、Philips 等。

在体外进化领域，这类穿戴式智能设备能够协助用户实现信息感知与处理能力的提升，其应用领域极为广阔，从休闲娱乐、信息交流到行业应用，用户均能通过拥有多样化的传感、处理、连接、显示功能的穿戴式智能设备来实现自身技能的增强或创新。主要的参与者为高科技厂商中的创新者以及学术机构，产品形态以全功能的智能手表、眼镜等形态为主，不用依赖智能手机或其他外部设备即可实现与用户的交互。主要代表者有 Google、Apple 以及麻省理工学院等。

2. 智能家居

智能家居是在互联网影响之下物联化的体现。智能家居通过物联网技术，将家中的各种设备(如音视频设备、照明系统、窗帘控制、空调控制、安防系统、数字影院系统、影音服务器、影柜系统、网络家电等)连接在一起，提供家电控制、照明控制、电话远程控制、室内外遥控、防盗报警、环境监测、暖通控制、红外转发以及可编程定时控制等多种功能和手段。与普通家居相比，智能家居不仅具有传统的居住功能，而且兼备建筑、网络通信、信息家电、设备自动化，以及提供全方位的信息交互功能，甚至还能节约能源。

1) 家庭自动化

家庭自动化(home automation)指利用微处理电子技术，集成或控制家中的电子电器产品或系统，如照明灯、咖啡炉、电脑设备、保安系统、暖气及冷气系统、电视及音响系统等。家庭自动化系统主要是用一个中央微处理器接收来自相关电子电器产品(外界环境因素的变化，如太阳初升或西落等所造成的光线变化等)的信息后，再以既定的程序发送适当的信息给其他电子电器产品。中央微处理器必须通过许多界面来控制家中的电器产品，这些界面可以是键盘，也可以是触摸式荧幕、按钮、电脑、电话机、遥控器等；消费者可发送信号至中央微处理器，或接收来自中央微处理器的信号。

家庭自动化是智能家居的一个重要系统，在智能家居刚出现时，家庭自动化甚至就等同于智能家居，今天它仍是智能家居的核心之一，但随着网络技术的普遍应用、网络家电和信息家电的成熟，家庭自动化的许多产品功能将融入这些新产品，从而使单纯的家庭自动化产品在系统设计中越来越少，其核心地位也将被家庭网络/家庭信息系统所代替。家庭自动化将作为家庭网络中的控制网络部分，在智能家居中发挥作用。

2) 家庭网络

家庭网络(home networking)是在家庭范围内(可扩展至邻居、小区)，将 PC、家电、安全系统、照明系统和广域网相连接的一种新技术。当前，在家庭网络中所采用的连接技术可以分为有线和无线两大类。有线方案主要包括双绞线或同轴电缆连接、电话线连接、电力线连接等；无线方案主要包括红外线连接、无线电连接、基于射频技术的连接和基于PC 的无线连接等。

家庭网络相比传统的办公网络，加入了很多家庭应用产品和系统，如家电设备、照明系统，相应技术标准也错综复杂。家庭网络的发展趋势是将智能家居中其他系统融合进去。

3）网络家电

网络家电是将普通家用电器利用数字技术、网络技术及智能控制技术设计改进的新型家电产品。网络家电可以实现互联，从而组成一个家庭内部网络，同时这个家庭网络又可以与外部互联网相连接。可见，网络家电技术包括两个层面：一是家电之间的互联问题，也就是使不同家电之间能够互相识别，协同工作；二是解决家电网络与外部网络的通信，使家庭中的家电网络真正成为外部网络的延伸。

要实现家电间的互联和信息交换，就需要解决以下问题：①描述家电工作特性的产品模型，使数据的交换具有特定含义；②信息传输的网络媒介，在解决网络媒介这一难点时，可选择的方案有电力线、无线射频、双绞线、同轴电缆、红外线和光纤。比较可行的网络家电包括网络冰箱、网络空调、网络洗衣机、网络热水器、网络微波炉和网络炊具等。网络家电未来的发展方向也是充分融合到家庭网络中去。

4）信息家电

信息家电应该是一种价格低廉、操作简便、实用性强、带有 PC 主要功能的家电产品。利用电脑、电信和电子技术与传统家电（包括白色家电如电冰箱、洗衣机、微波炉等，及黑色家电如电视机、录像机、音响、VCD、DVD 等）相结合的创新产品，是为数字化与网络技术更广泛地深入家庭生活而设计的新型家用电器，信息家电包括 PC、机顶盒、HPC（high performance compating，高性能计算机群）、DVD（digital video disc，高密度数字视频光盘）、超级 VCD（video compact disc，影音光碟）、无线数据通信设备、视频游戏设备、高性能新型电视机、互联网电话等。所有能够通过网络系统交互信息的家电产品，都可以称之为信息家电，音频、视频和通信设备是信息家电的主要组成部分。在传统家电的基础上，将信息技术融入传统的家电当中，使其功能更加强大，使用更加简单、方便和实用，为家庭生活创造更高品质的生活环境。比如，模拟电视发展成数字电视，VCD 变成 DVD，电冰箱、洗衣机、微波炉等也将会变成数字化、网络化、智能化的信息家电。

从广义的分类来看，信息家电产品实际上包含了网络家电产品，但如果从狭义的角度来界定，可以进行简单分类：信息家电指带有嵌入式处理器的小型家用（个人用）信息设备，它的基本特征是与网络（主要指互联网）相连而有一些具体功能，可以是成套产品，也可以是一个辅助配件。而网络家电则指一个具有网络操作功能的家电类产品，这种家电可以理解为原来普通家电产品的升级。

信息家电由嵌入式处理器、相关支撑硬件［如显示卡、存储介质、IC（integrated circurt，集成电路）卡或信用卡等读取设备］、嵌入式操作系统以及应用层的软件包组成。信息家电把 PC 的某些功能分解出来，设计成应用性更强、更家电化的产品，使普通居民更为快速地步入信息时代，是具备高性能、低价格、易操作特点的网络工具。信息家电的出现将推动家庭网络市场的兴起，同时家庭网络市场的发展又将推动信息家电的普及和深入应用。

2.4.3　智能终端制造技术的发展趋势

1. 智能设备形式多样化并向更多行业渗透

目前，移动智能终端主要包括智能手机、平板电脑和智能电视。随着移动芯片技术、传感器技术、软件技术的快速发展以及更多行业的进入，将会出现更多类型的智能设备。随着操作系统向车载系统、企业/行业平板、可穿戴设备、M2M（machine to machine，机器对机器）设备、智能机器人、电子书等方向的扩展，行业范围和规模将进一步扩大，相关技术和市场将获得更大的发展空间。同时，更多的行业将进入智能化升级阶段，通过移动智能终端和云计算，家庭、企业、物流、能源、服务之间将实现信息交换和共享，提高社会经济的运行效率。可穿戴的智能设备、智能汽车等将深刻影响人们的生活方式，相关的行业也将迎来新的发展机遇。

2. 从智能终端到智能硬件再到机器智能：开启智能化时代

智能化浪潮正由智能终端向智能硬件和机器智能发展，一个智能化新时代即将开启。智能手机的爆发式增长已经过去，即将逐步迈入结构调整期。同时，穿戴式智能设备等泛智能终端正改变人机协同方式，成为下一个爆发点。未来，智能硬件在新工业革命的大背景下，将加速向制造业等传统领域扩展，并将推动基础智能工业机器的发展。

3. 基于物联网和移动互联网融合的消费性应用创新更为活跃

移动互联网应用以智能手机为基本载体，通过开放接口方式连接物联网设备，使物联网能够依托移动互联网应用的入口优势和用户优势，打造全民物联网应用。

据 BI Intelligence 的预测，2014 年全球已有 19 亿台物联网设备与互联网连接，而在2018 年将增加至 90 亿台，占所有接入网络设备比例的一半。其中，车联网、移动支付、智能电网、智能家居等将进入人们的生活。

4. 物联网的创新表现为应用集成性的创新

随着产业的成熟，企业联合开发出支持不同设备接口、协议以及可集成多种服务的共有技术平台将是物联网产业发展的趋势。

5. 先进制造技术与信息技术融合

随着物联网技术在不同领域的应用，终端产品对工艺制造的要求越来越高。以精密组件为代表的先进制造技术在产品生产过程中的作用越发明显。近年来，随着智能电网、车联网、移动支付等物联网应用的蓬勃发展，品牌商在产品设计上的要求越来越高，对与之配套的精密组件制造商在模具设计开发及结构件制造方面提出了更高的技术要求。

6. 新材料的应用

新材料应用是未来精密组件行业发展的主要方向，随着物联网智能终端的普及，消费者对产品个性化的需求将日益增加，品牌厂商也将根据产品的不同定位选用不同的材质。智能终端不断变化的造型和用途以及环保需求，对材料的应用也提出了新的要求。

2.5　高端装备制造技术

2.5.1　高端装备制造技术的发展现状

20 世纪 80 年代以来，众多国家都把先进制造技术的研究和开发作为国家的关键技术进行优先发展。1989 年，日本提出智能制造系统，且于 1994 年启动了先进制造国际合作研究项目，包括公司集成和全球制造、制造知识体系、分布智能系统控制、快速产品实现的分布智能系统技术等。欧盟于 1994 年启动了 R&D 项目，选择了 39 项核心技术，其中信息技术、分子生物学和先进制造技术均突出了智能制造的位置。

2013 年 4 月，德国政府在汉诺威工业博览会上正式推出"工业 4.0"战略，其目的是提高德国工业的竞争力，在新一轮工业革命中占领先机。"工业 4.0"项目主要分为三大主题：①智能工厂，重点研究智能化生产系统及过程，以及网络化分布式生产设施的实现；②智能生产，主要涉及整个企业的生产物流管理、人机互动以及 3D 技术在工业生产过程中的应用等；③智能物流，主要通过互联网、物联网、物流网整合物流资源，充分发挥现有物流资源供应方的效率。

近几年，随着互联网的纵深发展以及云计算和物联网等新一代信息技术的出现，人们从不同角度提出了多种智能制造模式。智能制造通过物联网感知获得"物"的原始数据和事件；然后通过内容/知识网，对这些原始数据和事件进行进一步的加工处理，从中抽取所需的信息、知识、智能或事件；再通过物联网整合各种服务，围绕客户需求提供个性化的服务；最后通过人、机、物的融合决策，实现对物或机器的控制。

在高端技术装备方面，我国已实现石油化工、汽车整车等领域重大、关键和共性技术的新突破，重大装备成套制造能力大幅增强。比如，超深水半潜式钻井平台可抵御南海内波流等灾害，实现了我国深水大型高端装备零的突破；又如，大型煤气化装置、低温甲醇洗等煤化工装置实现国产化。然而，根据中国石油和化工工业联合会的预测报告，中国经济增速将继续缓慢下滑并将于 2017 年探底。与装备制造业密切相关的固定资产投资增速，工业增加值在 2016 年 2 月分别降至 13.9%、6.8%，都是 13 个月以来的最低值。同时不容忽视的是，工业技术产业在我国装备制造业中的占比仅为 12%，且呈下降趋势。

2015 年，云南省政府发文要求大力发展智能制造，以省级以上重点工业园区、跨境经济合作区、综合保税区为重点，加快发展智能制造、数字化生产方式，全面推进装备智能升级、工艺流程再造、基础数据共享、远程服务等技术应用，基本完成车间级、工厂级的智能化改造。在适合领域开展用户参与的个性化、定制化生产方式创新。加快提升产业链协同创新能力，推动产品与市场的协同联动，推动产品全生命周期的质量保证和建立可追溯机制。

2.5.2　高端装备制造技术重点技术分析

智能装备制造的行业覆盖范围较广。结合云南省实际情况，本节主要从数控机床、无人驾驶、智慧物流、云机器人等方面分析相关重点技术。

1. 数控机床

数控机床是数字控制机床(computer numerical control machine tools)的简称，是一种装有程序控制系统的自动化机床。该控制系统能够处理具有控制编码或其他符号指令规定的程序，并将其译码，用代码化的数字表示，通过信息载体输入数控装置。经运算处理，由数控装置发出各种控制信号，控制机床的动作，按图纸要求的形状和尺寸，自动将零件加工出来。数控机床较好地解决了复杂、精密、小批量、多品种的零件加工问题，是一种柔性、高效能的自动化机床，代表了现代机床控制技术的发展方向，是一种典型的机电一体化产品。与普通机床相比，数控机床有如下特点：①对加工对象的适应性强，适应模具等产品单件生产的特点，为模具的制造提供了合适的加工方法；②加工精度高，具有稳定的加工质量；③可进行多坐标的联动，能加工形状复杂的零件；④加工零件改变时，一般只需要更改数控程序，可节省生产准备时间；⑤机床本身的精度高、刚性大，可选择有利的加工用量，生产率高(一般为普通机床的3~5倍)；⑥机床自动化程度高，可以减轻劳动强度；⑦有利于生产管理的现代化。数控机床使用数字信息与标准代码处理、传递信息，使用了计算机控制方法，为计算机辅助设计、制造及管理一体化奠定了基础。

高速、精密、复合、智能和绿色是数控机床技术发展的总趋势。近年来，在实用化和产业化等方面取得可喜成绩，主要表现在以下几方面。

(1)机床复合技术进一步扩展。随着数控机床技术的进步，复合加工技术日趋成熟，包括铣-车复合、车-铣复合、车-镗-钻-齿轮加工等复合、车磨复合、成形复合加工、特种复合加工等，使得复合加工的精度和效率大大提高。"一台机床就是一个加工厂""一次装卡、完全加工"等理念正在被更多人接受，复合加工机床发展正呈现多样化的态势。

(2)数控机床的智能化技术有新的突破，在数控系统的性能上得到较多体现。如自动调整干涉防碰撞功能、断电后工件自动退出安全区断电保护功能、加工零件检测和自动补偿学习功能、高精度加工零件智能化参数选用功能、加工过程自动消除机床振动等功能进入实用化阶段，智能化提升了机床的功能和品质。

(3)机器人使柔性化组合效率更高。机器人与主机的柔性化组合得到广泛应用，使得柔性线更加灵活、功能进一步扩展、柔性线进一步缩短、效率更高。机器人与加工中心、车铣复合机床、磨床、齿轮加工机床、工具磨床、电加工机床、锯床、冲压机床、激光加工机床、水切割机床等组成多种形式的柔性单元和柔性生产线，并已经开始应用。

(4)精密加工技术有了新进展。数控金切机床的加工精度已从原来的丝级(0.01mm)提升到微米级(0.001mm)，有些品种已达到 0.05μm。超精密数控机床的微细切削和磨削加工，精度可稳定达到 0.05μm，形状精度可达 0.01μm。采用光、电、化学等能源的特种加工精度可达到纳米级(0.001μm)。通过机床结构设计优化，机床零部件的超精加工和精密装配，采用高精度的全闭环控制及温度、振动等动态误差补偿技术，提高机床加工的几何精度，降低形位误差、表面粗糙度等，从而进入亚微米、纳米级超精加工时代。

(5)功能部件性能不断提高。功能部件不断向高速度、高精度、大功率和智能化方向发展，并取得成熟的应用。全数字交流伺服电机和驱动装置，高技术含量的电主轴、力矩电机、直线电机，高性能的直线滚动组件，高精度主轴单元等功能部件的推广应用，极大地提高了数控机床的技术水平。

2. 无人驾驶

无人驾驶汽车是通过车载传感系统感知道路环境，自动规划行车路线并控制车辆到达预定目标的智能汽车。它是利用车载传感器来感知车辆周围环境，并根据由感知所获得的道路、车辆位置和障碍物信息，控制车辆的转向和速度，从而使车辆能够安全、可靠地在道路上行驶。无人驾驶技术集自动控制、体系结构、人工智能、视觉计算等众多技术于一体，是计算机科学、模式识别和智能控制技术高度发展的产物，也是衡量一个国家科研实力和工业水平的一个重要标志，在国防和国民经济领域具有广阔的应用前景。

从 20 世纪 70 年代开始，美国、英国、德国等发达国家开始进行无人驾驶汽车的研究，目前在可行性和实用化方面都取得了突破性的进展。我国从 20 世纪 80 年代开始进行无人驾驶汽车的研究，国防科学技术大学在 1992 年成功研制出我国第一辆真正意义上的无人驾驶汽车。2005 年，首辆城市无人驾驶汽车在上海交通大学研制成功。据汤森路透知识产权与科技最新报告显示，2010～2015 年，与汽车无人驾驶技术相关的发明专利超过22000 件。部分企业已崭露头角，成为该领域的行业领导者。

智能无人驾驶汽车控制系统是汽车智能化的决策者和执行者，是整车电控系统的核心。由于汽车驾驶任务的复杂性，智能化的汽车控制器必须采用综合智能控制策略，以提高汽车操纵响应能力和紧急躲避障碍的能力。由于交通环境的复杂性、交通信息的多变性、交通任务的多样性等原因，研究设计智能无人驾驶汽车控制器的任务十分艰巨。一方面，汽车智能控制器具有学习、自适应、自组织等仿人的智能化特点；另一方面，又能克服人工驾驶汽车固有的缺陷。智能控制理论的研究已经有 30 年的历史，提出了模糊控制理论、神经控制理论、专家控制理论、分层递阶控制理论、粗集控制、可拓控制等智能控制方案，并正向综合智能控制策略的方向发展。所有这些智能控制策略，其核心思想就是"模仿人的思维和行动"，完成或部分完成只有人类才能完成的控制任务。智能无人驾驶汽车控制系统必须以现代微电子技术为核心来设计系统硬件，以智能控制理论为基础来设计软件控制策略，以信息技术为支撑来设计系统框架。

智能无人驾驶汽车控制系统是立足于主动安全控制，以微型计算机为控制核心的电子系统，通常由八个功能不同的子系统组成，包括紧急制动辅助系统、限速识别系统及并线警告系统车距控制系统、综合稳定控制系统、泊车辅助系统、周围环境识别系统及夜视仪系统等。

(1) 紧急制动辅助系统是在车辆雷达传感器的配合下进行自动车距控制。传感器的作用是提供前方车辆或者其他障碍物的距离信息，若系统认为通过紧急制动可以减少碰撞事故发生的可能，就会实施紧急制动。

(2) 并线警告系统是通过车载照相机并根据车道之间的分界线来判别车辆的位置。如果车辆明显脱离正确的行驶路线，在可能偏离路面之前，系统就会对驾驶员发出警告。

(3) 限速识别系统进行交通信号识别，会在车辆内的显示屏上显示标识。目前有两种用于识别限速的系统，一种是通过导航仪接收数字无线广播信息的系统；另一种是限速标识本身发射无线信号的系统。

(4) 车距控制系统具有逐步停车功能，在必要时可以使汽车自动停止，同时发出碰撞警告；在前面有显著障碍时进行制动，并判别前方的路况，在进入弯道时进行制动控制。

(5) 综合稳定控制系统的作用是在任何给定的条件下，综合控制车上所有的主动元件(驱动、制动、操纵系统等)，对车辆进行持续控制，这种控制可以很轻易地实现个性化。这意味着车主只需按动按钮，车载软件就能够使车辆的动力输出从偏重追求速度变成偏重驾驶舒适性。

(6) 泊车辅助系统可以帮助驾驶员自动泊车或接收系统的辅助进行泊车。当车辆到达停车位时，系统会自动探测空间和障碍物的尺寸，确定这些数据后自动计算理想的泊车操纵，驾驶员只需要按下泊车辅助系统的按钮，同时脚踏油门，无须进行手柄操纵，即可以 5km/h 以下的车速自动倒入车位。

(7) 周围环境识别系统通过采集车辆所有的传感器数据来创造一个虚拟的车辆外部环境模型，数据以影像方式显示，并且帮助驾驶员判断某些危险。

(8) 夜视仪系统使用红外线单元来判断步行者或者任何可能的危险源，通过判别步行者和其位置或与车辆之间的距离，通知信息系统做出决策。

3. 智慧物流

物流可定义为在空间、时间变化中的商品等物质资料的动态状态。因此在很大程度上，物流管理是对商品、资料的空间信息和属性信息的管理。在以物联网为基础的智能物流技术流程中，智能终端利用 RFID(radio frequency identification，射频识别)、红外感应、激光扫描等传感技术获取商品的各种属性信息，再通过通信手段传递到智能数据中心，对数据进行集中统计、分析、管理、共享、利用，从而为物流管理甚至是整体商业经营提供决策支持。

IBM 于 2009 年提出了建立一个面向未来的具有先进、互联和智能三大特征的供应链，通过感应器、RFID 标签、制动器、GPS 和其他设备及系统生成实时信息的"智慧供应链"概念，延伸出"智慧物流"的概念。与智能物流强调构建一个虚拟的物流动态信息化的互联网管理体系不同，"智慧物流"更重视将物联网、传感网与现有的互联网整合起来，通过精细、动态、科学的管理，实现物流的自动化、可视化、可控化、智能化、网络化，从而提高资源利用率和生产力水平，创造更丰富的社会价值。

2009 年，奥巴马提出将"智慧的地球"作为美国国家战略，认为 IT 产业下一阶段的任务是把新一代 IT 技术充分运用在各行各业之中，具体地说，就是把感应器嵌入和装备到电网、铁路、桥梁、隧道、公路、建筑、供水系统、大坝、油气管道等各种物体中，并且被普遍连接，形成所谓物联网，然后将物联网与现有的互联网整合起来，实现人类社会与物理系统的整合，在这个整合的网络当中，存在能力超级强大的中心计算机群，能够对整合网络内的人员、机器、设备和基础设施实施实时的管理和控制，在此基础上，人类可以以更加精细和动态的方式管理生产和生活，达到"智慧"状态，提高资源利用率和生产力水平，改善人与自然之间的关系。

基于以上背景，结合物流行业信息化发展现状，考虑到物流业是最早接触物联网的行业，也是最早应用物联网技术，实现物流作业智能化、网络化和自动化的行业，2009 年，中国物流技术协会信息中心、华夏物联网、《物流技术与应用》编辑部率先提出"智慧物流"的概念。

目前，很多先进的现代物流系统已经具备了信息化、数字化 网络化、集成化、智能化、柔性化、敏捷化、可视化、自动化等先进技术特征；很多物流系统和网络也采用了最新的红外、激光、无线、编码、认址、自动识别、定位、无接触供电、光纤、数据库、传感器、RFID、卫星定位等高新技术，这种集光、机、电、信息等技术于一体的新技术在物流系统的集成应用就是物联网技术在物流业应用的体现。

4. 云机器人

云机器人就是云计算与机器人学的结合。就像其他网络终端一样，机器人本身不需要存储所有资料信息或具备超强的计算能力，只是在需要的时候可以连接相关服务器并获得所需信息。在仿人机器人国际会议(Humanoids)2010 上，卡内基·梅隆大学的 James Kuffner 教授提出了"云机器人"的概念，引起了广泛的讨论。仿人机器人国际会议 2010 上，很多专家对云机器人比较看好，或许云机器人就是机器人学的下一个跨越式发展。

云机器人并不是指某一个机器人，也不是某一类机器人，而是指机器人信息存储和获取方式的一个学术概念，其重要意义在于借助互联网与云计算，帮助机器人相互学习和知识共享，解决单个机器自我学习的局限性。云机器人无法独立工作，需要强大系统的支持。若要构成这个系统，则必须具备以下要素。

(1)大数据。在一个特定的场景里，存在着数以千计的事物(信息)，程序编得再好、模型建得再好的机器人，总会遇到这样或那样的以往没有见到过的事物。例如，新买了一个遥控器，机器人没有见过，它就会猜这是什么。它可能会想：这是一个巧克力棒吗？应该把它放在桌子上，还是冰箱里？因此它可能会做出完全错误的判断。其原因就是它从未见过遥控器。而现在幸运的是，云机器人可以接入 Internet 无限的云资源供其检索。云就是一个提供索引的图片、地图和对象数据的全球性数据库，机器人可以在这个大数据库里检索和查找。如果这个数据库足够强大并且可以不断增长，则可包罗万象，让机器人查到以往没有见过的事物，然后做出正确判断，做该做的事情。这就是云环境对存储能力的提升，要远胜于机载存储器。

（2）云计算。云计算是针对机器人机载计算能力的限制而研发的。一个机器人，所能装载的计算单元是有限的，而许多问题恰恰需要更多的计算能力才能够解决。比如，基于视频的识别、音频的互动，或对一堆混杂在一起的事物进行分类，这对机器人来说很难，需要大量计算。于是在云环境下，机器人需要用统计学上的一个方法——信任空间（believe space）进行问题的求解。它要运用概率分布的方法来对环境、传感器和运动进行建模，而信任空间是一种有效的快速求解的形式。

（3）开源。开源为云机器人提供的共享资源是非常关键的。设计者通过形成一种机制，使机器人的代码开发、数据、算法和硬件设计能够在 Web 上进行共享。举例来说，现在的机器人价格昂贵，因为它内部的各种设计都是独有技术，ABB 与 KUKA 的产品之间不能通用，工业机器人与服务机器人之间也不能通用。于是，出现了一些能够开源的 ROS（robot operating system，机器人操作系统）产品，以提高代码复用率和开发高效率的机器人操作系统。它提供类似操作系统所提供的功能，包含硬件抽象描述、底层驱动程序管理、共用功能的执行、程序间的消息传递、程序发行包管理，也提供一些工具程序和库用于获取、建立、编写和运行多机整合的程序。

（4）机器人协作学习。机器人共存于一个云环境下，它们之间可以相互通信、协调，共享轨迹、控制策略和可供统计机器学习方法分析的输出。以 Kiva 机器人为例，它们之间通过通信与协调，共同维持着一个最优的拓扑，如果地面上出现一大片油污，某一个机器人有义务也有能力通知其他机器人对这片油污进行避绕，它们之间可以共享一些运行轨迹和相应的处理动作。机器人之间可以通过相互学习来进化。机器人可以通过网络学习及彼此之间学习来增长其智能水平。

（5）众包。众包用于评价、学习和错误恢复的离线与按需指导。机器人总会产生一种状况：不知道自己下一步要干什么，当前处在一种什么样的状态。这时应该让机器人马上寻求人的帮助，这就需要一个在线的数据中心。机器人在需要帮助的时候，可以及时地呼叫人，把自己所能看到的图片、视频、状态信息传到人那里去，让人帮它做诊断，从而恢复异常。

2.5.3　高端装备制造技术的发展趋势

智能制造从现有技术发展来看，可将未来发展趋势概括为产品的智能设计、生产过程的智能监控、制造系统的知识处理与信息处理、制造的智能运筹管理与决策四个方面。

（1）智能设计。利用各种计算智能技术进行产品的可靠性分析、优化设计及设计效果的综合评判；利用图像分析与处理以及智能模式识别技术，实现工程图由光栅图到矢量图以及由零件的三面投影图到三维立体图的智能转化；对产品进行基于专家系统与计算智能技术结合的智能 CAD（computer aided design，计算机辅助设计）造型、有限元分析与虚拟制造。

（2）生产过程的智能监控。利用各种计算智能技术对加工状态（如刀具磨/破损状态）进行实时识别，并对非正常状态进行自适应控制与决策，实现加工状态智能检测、预测与监控；在优化(或约束)目标下，对加工参数进行自学习、自组织或自适应控制，实现加工过程智能控制与优化。利用智能工业机器人实现产品的装配与包装、材料搬运、表面喷涂、焊接、高压水切割等。利用各种智能技术对机械设备故障进行智能诊断。

(3)制造系统的知识处理与信息处理。利用各种计算智能技术进行多传感器的融合与信号处理；利用基于实例的机器学习获取制造系统工艺知识；利用小波分析和计算智能技术进行数据压缩、数据挖掘和图像处理；利用 AI(artificial intelligence，人工智能)的大规模知识获取和自然语言理解等技术进行互联网环境下的制造知识获取、知识组织、智能检索和知识应用。

(4)制造的智能运筹管理与决策。利用专家系统、知识获取、机器学习及各种计算智能技术，在优质、高效、低成本等优化目标下对制造过程进行优化选择，实现智能工艺规划与优化、制造资源的智能规划；利用遗传算法对多资源作业车间进行智能动态优化调度；利用知识获取、MAS(mobile agent server，移动代理服务器)实现分布式网络化智能制造，使制造系统的活动并行进行，解决系统集成问题，实现敏捷制造。

第3章 信息数据制造技术

3.1 信息数据制造技术概述

3.1.1 信息数据制造技术定义

信息，指通信系统传输和处理的对象，泛指人类社会传播的一切内容。人通过获得、识别自然界和社会的不同信息来区别不同事物，用以认识和改造世界。在一切通信和控制系统中，信息是一种普遍联系的形式。从计算机能处理的形式看，信息可以分为文本信息、多媒体信息和超媒体信息。从信息的结构化程度看，信息可以分为结构化信息、半结构化信息和非结构化信息。在信息安全领域，信息可以分为公开的信息、一般保密信息和绝密信息等。

信息数据制造是指以定性和定量研究方法为手段，通过对信息的收集、存储、传输、整理、分析及挖掘利用等系列化的加工过程，形成新的、增值的信息，最终为不同层次的科学决策服务。

本书所阐述的信息数据制造技术主要包括以下内容：①大数据与云计算技术，包括大数据的收集、大数据的预处理、大数据的存储（分布式数据存储）、大数据的处理（并行计算）、大数据的分析、大数据的可视化、系统虚拟化、虚拟化资源管理、用户交互技术、安全管理、运营支撑管理。②物联网技术，包括射频识别技术、M2M 技术、无线传感器网络技术、纳米传感器技术、纳米物联网技术。③人工智能与机器学习。人工智能是研究、开发用于模拟、延伸和扩展人的智能的理论、方法、技术及应用系统的一门新的技术科学。人工智能与机器学习重点技术有深度学习、Siri 技术、自然语言处理、机器视觉、人造神经元。④媒体信息处理技术，包括语音处理技术（包括语音识别和语音合成）、文字处理技术（包括基于深度学习的机器翻译、聊天机器人）、图像处理技术（包括基于内容的图像检索，感兴趣目标的检测、识别）、视频处理技术（包括基于视频内容的分析技术、智能视频）。⑤网络空间安全技术，包括密码技术、云计算安全的关键技术、物联网安全关键技术以及网络内容监控技术。⑥生物信息技术。生物信息是生物科学与计算机科学以及应用数学等学科相互交叉形成的一门新兴学科。生物信息重点技术包括基因测序技术、生物计算机以及基因芯片技术。⑦量子信息技术。量子信息是量子物理与信息技术相结合发展起来的新学科，主要包括量子通信和量子计算两个领域。量子通信主要研究量子密码、量子隐形传态、远距离量子通信技术等；量子计算主要研究量子计算机和适合于量子计算机的量子算法。⑧虚拟现实技术。虚拟环境是由计算机生成的，通过视觉、听觉、触觉等作用于用户，使之产生身临其境的感觉的交互式视景仿真。虚拟现实系统的关键技术包括动态环境建模技术、实时三维图形生成技术、立体显示和传感器技术、应用系统开发技术、系统集成技术。

3.1.2　信息数据制造技术特点

从信息数据制造的整个工作流程来看，信息数据制造技术具有整理、评价、预测和反馈四个基本特点。

(1)"整理"是对信息进行收集、组织，使之由无序变为有序；

(2)"评价"是对信息价值进行评定，以达到去粗(取精)、去伪(存真)、辨新、权重、评价、荐优之目的；

(3)"预测"是通过对已知信息内容进行分析，获取未知或未来信息；

(4)"反馈"是根据实际效果对评价和预测结论进行审议、修改和补充。

目前，信息数据制造技术的研究领域并不再局限于原有的常规信息处理，而转向智能信息处理。智能信息处理涉及信息科学的多个领域，是现代信号处理、人工神经网络、模糊理论、机器学习等理论和方法的综合应用。

3.1.3　信息数据制造技术的发展趋势

目前，各科研院所、企业的科技管理部门对信息设备制造技术保持了较高的关注度，特别是近五年来，信息设备制造的文献、专利等成倍增长。利用万方创新助手系统，对信息数据制造技术进行科研主题现状的评估和趋势分析，得到相关主题的文献总体产出统计。信息数据制造的基金主题热词主要有：

(1)大数据、物联网、图像分割、数据挖掘、图像处理、中文信息处理、智能信息处理(2016年)。

(2)云计算、大数据、粗糙集、支持向量机、聚类、特征提取、图像处理、遗传算法(2015年)。

(3)遗传算法、数据挖掘、粗糙集、特征提取、压缩感知、无线传感器网络、物联网、中文信息处理(2014年)。

(4)物联网、无线传感器网络、支持向量机、压缩感知、中文信息处理、遗传算法、特征提取、稀疏表示(2013年)。

(5)支持向量机、信息处理、粗糙集、中文信息处理、聚类、特征提取、物联网、小波变换、信息融合(2012年)。

以上热词也体现了发展信息数据制造技术需要关注的方向。

伴随着计算机技术和通信技术的不断发展创新，信息处理技术理论已经迈上一个新的台阶。大数据与云计算技术、物联网技术、人工智能与机器学习、媒体信息处理技术、网络空间安全技术、生物信息技术、量子信息技术、虚拟现实技术等新一代信息技术的融合发展引发大数据热潮。对大数据的处理和分析成为新一代信息技术融合发展的核心支撑，而云计算则为这些海量、多样化的大数据提供存储和运算的支撑平台。

3.2 大数据与云计算技术

3.2.1 大数据与云计算技术的发展现状

近年来，大数据研究受到国内外学术界和工业界的广泛关注，已成为信息时代讨论的热点。美国于 2012 年 3 月在白宫网站发布了《大数据研究和发展倡议》，提出"通过收集、处理海量、复杂的数据信息，从而提升能力，加快科学和工程领域的创新步伐，转变学习教育模式，强化美国本土的安全"。2014 年 5 月 1 日，美国白宫发布了《美国白宫：2014 年全球"大数据"白皮书》，阐述了大数据带来的机遇与挑战。2012 年 7 月，日本发布的《面向 2020 的 ICT 综合战略》也提出需要构造大量丰富的数据基础。2014 年 8 月，联合国开发计划署首次携手科技企业共建大数据实验室。

近年来，我国也积极开展了对大数据的研究。2011 年 10 月，国家工业和信息化部确认了京、沪、深、杭等城市为"云计算中心"试点城市。2012 年 6 月，中国计算机学会青年计算机科技论坛举办了"大数据时代，智谋未来"学术报告研讨会。大数据及其科学研究方法涉及应用领域很广，并将与国计民生密切相关的科学决策、金融工程以及知识经济领域紧密结合。

截至 2013 年，全球数据量为 4.3ZB，2020 年有望达到 10ZB。如果将数据视为一种生产资料，大数据将是下一个创新、竞争、生产力提高的前沿，是信息时代新的财富，价值堪比石油。大数据所能带来的巨大商业价值，被认为将引领一场足以与 20 世纪计算机革命匹敌的巨大变革。

大数据(big data)本身是一个宽泛的概念，业界尚未给出统一的定义，不同的研究机构、公司从不同的角度诠释了什么是大数据。国内对大数据的普遍理解为：大数据具有数据量大、来源多样、生成极快且多变等特征，并且难以用传统数据体系结构有效处理，包含大量数据集的数据。大数据不仅仅是数据本身，还包括大数据技术以及大数据应用。

从数据本身而言，大数据是指大小、形态超出典型数据管理系统采集、储存、管理和分析等能力的大规模数据集，而且这些数据之间存在直接或间接的关联性，通过大数据技术，可以从中挖掘模式与知识。大数据技术是使大数据中所蕴含的价值得以挖掘和展现的一系列技术与方法，包括数据采集、预处理、存储、分析挖掘、可视化等。大数据应用是对特定的大数据集，集成应用大数据系列技术与方法，获得有价值信息的过程。大数据技术的研究与突破，其最终目标就是从复杂的数据集中发现新的模式与知识，挖掘有价值的信息。

大数据具有四个主要特征，可以用 4V 来描述。

(1)数据类型繁多(variety)。除了结构化数据外，大数据还包括各类非结构化数据，例如文本、音频、视频、点击流量、文件记录等，以及半结构化数据，如电子邮件、办公处理文档等。

(2)处理速度快(velocity)。大数据通常具有时效性，企业只有把握好对数据流的掌控应用，才能最大化地挖掘利用大数据所潜藏的商业价值。

(3)数据体量巨大(volume)。虽然对各大数据量的统计和预测结果并不完全相同，但是数据量将急剧增长。

(4)数据价值(value)。从海量价值密度低的数据中挖掘出具有高价值的数据，这一特性突出表现了大数据的本质是获取数据价值。

阿姆斯特丹大学的 Yuri Demchenko 等，在上述 4V 的基础上，增加了真实性(veracity)特征，真实性特征中包括可信性、真伪性、来源和信誉、有效性和可审计性等特性。

云计算(cloud computing)是于 2007 年底正式提出的一个新的概念。迄今为止，几乎所有的 IT 行业巨头都将云计算作为未来发展的主要战略之一，相关商业媒体也将云计算视为计算机未来发展的主要趋势，其商业前景和应用需求毋庸置疑。Amazon、Google、IBM、微软和 Yahoo 等大公司是云计算的领航者。这些公司提出一些先进的理念和技术，极大地推动了云计算的发展。

中国云计算的起步相对较晚，但发展非常迅猛。阿里巴巴、中国移动等公司都先后建立了云计算中心。2008 年初，IBM 与无锡市政府合作建立了无锡软件园云计算中心，开始了云计算在中国的商业应用。2008 年 7 月，瑞星推出"云计算"计划。2009 年，VMware 在中国召开的 vFORUM 用户大会，第一次将开放云计算的概念带入中国。而在北京清华园的研发中心，VMware 也如火如荼地进行着云计算核心技术的研发和布阵。

2010 年 10 月 18 日发布了《国务院关于加快培育和发展战略性新兴产业的决定》，将云计算定位为"十二五"战略性新兴产业之一。国家工业和信息化部、国家发展和改革委员会也同时联合印发《关于做好云计算服务创新发展试点示范工作的通知》，确定在北京、上海、深圳、杭州、无锡五个城市先行开展云计算服务创新发展试点示范工作。

随着云计算的不断发展，业界对云计算的定义、认识已趋于统一。云计算是一种将可伸缩、弹性、共享的物理和虚拟资源池以按需自服务的方式进行供应和管理，并提供网络访问的模式。云计算模式由关键特征、云计算角色和活动、云能力类型和云服务分类、云部署模型、云计算共同关注点组成。

云计算的关键特征有以下六点：

(1)广泛的网络接入。可通过网络，采用标准机制访问物理和虚拟资源的特性。这里的标准机制有助于通过异构用户平台使用资源。这个关键特性强调云计算使用户更方便地访问物理和虚拟资源，用户可以从任何网络覆盖的地方，使用各种客户端设备，包括移动电话、平板、笔记本和工作站访问资源。

(2)可计量的服务。通过可计量的服务交付使得服务使用情况得到监控、控制，并具有汇报和计费的特性。

(3)多租户。通过对物理或虚拟资源的分配，保证多个租户以及其计算和数据被彼此隔离，具有不可访问的特性。

(4)按需自服务。云服务客户能根据需要自动配置计算能力，或通过与云服务提供者的最少交互配置计算能力的特性。

(5)快速的弹性和可扩展性。物理或虚拟资源能够快速、弹性地供应，有时是自动化地供应，以达到快速增减资源目的的特性。

(6)资源池化。将云服务提供者的物理或虚拟资源进行集成，以便服务于一个或多个云服务客户的特性。

云服务类别是拥有相同质量集的一组云服务。典型的云服务类别有七种：

(1)通信即服务(communications-as-a-service，CaaS)。为云服务客户提供实时交互与协作能力的一种云服务类别。

(2)计算即服务(compute-as-a-service，CompaaS)。为云服务客户提供部署和运行软件所需的配置和使用计算资源能力的一种云服务类别。

(3)数据存储即服务(data storage-as-a-service，DSaaS)。为云服务客户提供配置和使用数据存储相关能力的一种云服务类别。

(4)基础设施即服务(infrastructure-as-a-service，IaaS)。为云服务客户提供云能力类型中的基础设施能力类型的一种云服务类别。

(5)网络即服务(networking-as-a-service，NaaS)。为云服务客户提供传输连接和相关网络能力的一种云服务类别。

(6)平台即服务(platform-as-a-service，PaaS)。为云服务客户提供云能力类型中的平台能力类型的一种云服务类别。

(7)软件即服务(software-as-a-service，SaaS)。为云服务客户提供云能力类型中的应用能力类型的一种云服务类别。

云计算有四类典型的部署模式：公有云、私有云、社区云和混合云，具体描述如下：

(1)公有云。云基础设施对公众或某个很大的业界群组提供云服务。

(2)私有云。云基础设施特定为某个组织运行服务，可以是该组织或某个第三方负责管理，可以是场内服务(on-premises)，也可以是场外服务(off-premises)。

(3)社区云。云基础设施由若干个组织分享，以支持某个特定的社区。社区是指有共同诉求和追求的团体(例如使命、安全要求、政策或合规性考虑等)。和私有云类似，社区云可以是该组织或某个第三方负责管理，可以是场内服务，也可以是场外服务。

(4)混合云。云基础设施由两个或多个云(私有云、社区云或公有云)组成，独立存在，但是通过标准或私有技术绑定在一起，这些技术可促成数据和应用的可移植性(例如用于云之间负载分担的 cloud bursting 技术)。

从技术上看，大数据与云计算的关系就像一枚硬币的正反面一样密不可分。大数据必然无法用单台计算机进行处理，必须采用分布式计算架构。它的特色在于对海量数据的挖掘，但它必须依托云计算的分布式处理、分布式数据库、云存储和虚拟化技术等。

3.2.2 大数据与云计算技术重点技术分析

1. 大数据的分布式数据存储

分布式存储与访问是大数据存储的关键技术。分布式存储技术与数据存储介质的类型和数据的组织管理形式直接相关。目前，主要数据存储介质类型包括内存、磁盘、磁带等；主要的数据组织管理形式包括按行组织、按列组织、按键值组织和按关系组织；主要的数据组织管理层次包括按块级组织、文件级组织以及数据库级组织等。

不同的存储介质和组织管理形式对应于不同的大数据特征和应用特点。

1) 分布式文件系统

分布式文件系统是由多个网络节点组成的向上层应用提供统一的文件服务的文件系统。分布式文件系统中的每个节点可以分布在不同的地点，通过网络进行节点间的通信和数据传输。分布式文件系统中的文件在物理上可能被分散存储在不同的节点上，在逻辑上仍然是一个完整的文件。使用分布式文件系统时，无须关心数据存储在哪个节点上，只需像本地文件系统一样管理和存储文件系统的数据。

分布式文件系统的性能与成本是线性增长的关系，它能够有效地解决大数据的存储和管理问题。分布式文件系统在大数据领域是最基础、最核心的功能组件之一，如何实现一个高扩展、高性能的分布式文件系统是大数据领域最关键的问题之一。目前，常用的分布式磁盘文件系统有 HDFS（Hadoop 分布式文件系统）、GFS（Google 分布式文件系统）、KFS（Kosmos 分布式文件系统）等；常用的分布式内存文件系统有 Tachyon 等。

2) 文档存储

文档存储支持对结构化数据的访问，与关系模型不同的是，文档存储没有强制的架构。事实上，文档存储以封包键值对的方式进行存储。在这种情况下，应用对要检索的封包采取一些约定，或者利用存储引擎的能力将不同的文档划分成不同的集合，以管理数据。

与关系模型不同的是，文档存储模型支持嵌套结构。例如，文档存储模型支持 XML 和 JSON 文档，字段的"值"又可以嵌套存储其他文档。文档存储模型也支持数组和列值键。与键值存储不同的是，文档存储关心文档的内部结构。这使得存储引擎可以直接支持二级索引，从而允许对任意字段进行高效查询。支持文档嵌套存储的能力，使得查询语言具有搜索嵌套对象的能力，XQuery 就是其中一个例子。主流的文档数掘库有 MongoDB、CouchDB、Terrastore、RavenDB 等。

3) 列式存储

列式存储将数据按行排序，按列存储，将相同字段的数据作为一个列族来聚合存储。当只查询少数列族数据时，列式数据库可以减少读取数据量，减少数据装载和读入读出的时间，提高数据处理效率。按列存储还可以承载更大的数据量，获得高效的垂直数据压缩能力，降低数据存储开销。使用列式存储的数据库产品有传统的数据仓库产品，如 Sybase IQ、InfiniDB、Vertica 等，也有开源的数据库产品，如 Hadoop HBase、Infobright 等。

4) 键值存储

键值存储，即 key-value 存储，简称 KV 存储，它是 NoSQL 存储的一种方式。它的数据按照键值对的形式进行组织、索引和存储。KV 存储非常适合不涉及过多数据关系和业务关系的业务数据，同时能有效减少读写磁盘的次数，比 SQL 数据库存储拥有更好的读写性能。键值存储一般不提供事务处理机制。主流的键值数据库产品有 Redis、Apache

Cassandra、Google Bigtable 等。

5）图形数据库

图形数据库主要用于存储事物与事物之间的相关关系,这些事物整体上呈现复杂的网络关系,可以简单地称之为图形数据。使用传统的关系数据库技术已经无法很好地满足超大量图形数据的存储、查询等需求,比如上百万或上千万个节点的图形关系,而图形数据库采用不同的技术来很好地解决图形数据的查询、遍历、求最短路径等需求。在图形数据库领域,有不同的图模型来映射这些网络关系,比如超图模型,以及包含节点、关系及属性信息的属性图模型等。图形数据库可用于对真实世界的各种对象进行建模,如社交图谱,以反映这些事物之间的相互关系。主流的图形数据库有 Google Pregel、Neo4j、Infinite Graph、DEX、InfoGrid、Allegrograph、GraphDB、hyperGraphDB 等。

6）关系数据库

关系模型是最传统的数据存储模型,它使用记录(由元组组成)按行进行存储,记录存储在表中,表示出架构界定。表中的每列都有名称和类型,表中的所有记录都要符合表的定义。SQL 是专门的查询语言,提供相应的语法查找符合条件的记录,如表连接(join)。表连接可以基于表之间的关系在多表之间查询记录。表中的记录可以被创建和删除,记录中的字段也可以单独更新。关系模型数据库通常提供事务处理机制,这为涉及多条记录的自动化处理提供了解决方案。对不同的编程语言而言,表可以被看成数组、记录列表或者结构。表可以使用 B 树和哈希表进行索引,以应对高性能访问。

传统的关系型数据库厂商结合其他技术改进关系型数据库,比如分布式集群、列式存储,支持 XML、JSON 等数据的存储。

7）内存存储

内存存储指内存数据库(main memory database,MMDB),将数据库的工作版本放在内存中,由于数据库的操作都在内存中进行,磁盘 I/O(input/output,输入/输出)不再是性能瓶颈,内存数据库系统的设计目标是提高数据库的效率和存储空间的利用率。内存存储的核心是内存存储管理模块,其管理策略的优劣直接关系到内存数据库系统的性能。基于内存存储的内存数据库产品有 Oracle TimesTen、Altibase、eXtremeDB、Redis、RaptorDB、MemCached 等。

2. 并行计算

分布式数据处理技术一方面与分布式存储形式直接相关,另一方面也与业务数据的温度类型(冷数据、热数据)相关。目前,主要的数据处理计算模型包括 MapReduce 计算模型、DAG(directed acyclic graph,有向无环图)计算模型、BSP(bulk synchronous parallel,整体同步并行)计算模型等。

1）MapReduce 分布式计算框架

MapReduce 是一个高性能的批处理分布式计算框架，用于对海量数据进行并行分析和处理。与传统数据仓库和分析技术相比，MapReduce 适合处理各种类型的数据，包括结构化、半结构化和非结构化数据，并且可以处理数据量为太字节和拍字节级别的超大规模数据。

MapReduce 分布式计算框架将计算任务分为大量的并行 Map 和 Reduce 两类任务，并将 Map 任务部署到分布式集群中的不同计算机节点上并发运行，然后由 Reduce 任务对所有 Map 任务的执行结果进行汇总，得到最后的分析结果。

MapReduce 分布式计算框架可动态增加或减少计算节点，具有很高的计算弹性，并且具备很好的任务调度能力和资源分配能力，以及很好的扩展性和容错性。MapReduce 分布式计算框架是大数据时代最典型的、应用最广泛的分布式运行框架之一。

最流行的 MapReduce 分布式计算框架是由 Hadoop 实现的 MapReduce 框架。Hadoop MapReduce 基于 HDFS（hadoop distributed file system，分布式文件系统）和 HBase（hadoop database，分布式存储系统）等存储技术确保数据存储的有效性，计算任务会被安排在离数据最近的节点上运行，减少数据在网络中的传输开销，同时还能够重新运行失败的任务。Hadoop MapReduce 已经在各个行业中得到广泛的应用，是较为成熟和流行的大数据处理技术。

2）分布式内存计算系统

使用分布式共享内存进行计算，可以有效地减少数据读写和移动的开销，极大地提高数据处理的性能。支持基于内存的数据计算，兼容多种分布式计算框架的通用计算平台是大数据领域所必需的重要关键技术。除了支持内存计算的商业工具（如 SAP HANA、Oracle Bigdata Appliance 等），Spark 是此种技术的开源实现代表，它是当今大数据领域最热门的基于内存计算的分布式计算系统。相比传统的 Hadoop MapReduce 批量计算模型，Spark 使用 DAG、迭代计算和内存计算的方式可以带来一到两个数量级的效率提升。

3）分布式流计算系统

在大数据时代，数据的增长速度超过了存储容量的增长，在不远的将来，人们将无法存储所有的数据。同时，数据的价值会随着时间的流逝而不断减少，很多数据涉及用户的隐私无法进行存储。因此对数据流进行实时处理的技术获得人们越来越多的关注。

数据的实时处理是一项很有挑战性的工作，数据流本身具有持续产生、速度快且规模巨大等特点，所以需要分布式的流计算技术对数据流进行实时处理。数据流的理论及技术研究已经有十几年的历史，目前仍旧是研究热点。当前得到广泛应用的很多系统多数为支持分布式、并行处理的流计算系统，比较有代表性的商用软件包括 IBM StreamBase 和 InfoSphere Streams，开源系统包括 Twitter Storm、Yahoo S4、Spark Streaming 等。

3. 大数据分析技术

大数据分析技术主要是指对未知数据信息的分布式挖掘和深度学习技术，可进一步细分为四种。

1) 聚类

聚类指将物理或抽象对象的集合分组成为由类似的对象组成的多个类的过程。它是一种重要的人类行为。聚类与分类的不同在于，聚类所要求划分的类是未知的。聚类是将数据分类到不同的类或者簇的一个过程，所以同一个簇中的对象有很大的相似性，而不同簇间的对象有很大的相异性。

聚类是数据挖掘的主要任务之一。聚类能够作为一个独立的工具获得数据的分布状况，观察每一簇数据的特征，集中对特定的聚簇集合做进一步分析。聚类还可以作为其他算法（如分类和定性归纳算法）的预处理步骤。

聚类是数据挖掘一个很活跃的研究领域，传统的聚类算法可以被分为五类：划分方法、层次方法、基于密度方法、基于网格方法和基于模型方法。传统的聚类算法已经比较成功地解决了低维数据的聚类问题。但是由于实际应用中数据的复杂性，在处理许多问题时，现有的算法经常失效，特别是针对高维数据和大型数据的情况。数据挖掘中的聚类研究主要集中在针对海量数据的有效和实用的聚类方法上，聚类方法的可伸缩性、高维聚类分析、分类属性数据聚类、具有混合属性数据的聚类和非距离模糊聚类等问题是目前数据挖掘研究人员最感兴趣的方向。

2) 分类

分类是指在一定的有监督的学习前提下，将物体或抽象对象的集合分成多个类的过程。也可以认为，分类是一种基于训练样本数据（这些数据已经被预先贴上了标签）区分另外的样本数据标签的过程，即另外的样本数据应该如何贴标签。用于解决分类问题的方法非常多，常用的分类方法主要有决策树、贝叶斯、人工神经网络、k-近邻、支持向量机、逻辑回归、随机森林等方法。

决策树是用于分类和预测的主要技术之一，决策树学习是以实例为基础的归纳学习算法，它着眼于从一组无次序、无规则的实例中推理出以决策树表示的分类规则。构造决策树的目的是找出属性和类别间的关系，用来预测将来未知类别的记录的类别。它采用自顶向下的递归方式，在决策树的内部节点进行属性的比较，并根据不同属性值判断从该节点向下的分支，在决策树的叶节点得到结论。

贝叶斯分类算法是一类利用概率统计知识进行分类的算法，如朴素贝叶斯算法。这些算法主要利用贝叶斯定理来预测一个未知类别的样本属于各个类别的可能性，选择其中可能性最大的一个类别作为该样本的最终类别。

人工神经网络（artificial neural networks, ANN）是一种应用类似于人脑神经突触联接的结构进行信息处理的数学模型。在这种模型中，大量的节点（又称神经元或单元）之间相互联接构成网络，即神经网络，以达到信息处理的目的。神经网络通常需要进行训练，训练的过程就是网络学习的过程。训练改变了网络节点的连接权的值，使其具有分类的功能，经过训练的网络就可用于对象的识别。目前，神经网络已有上百种模型，常见的有 BP 网络、径向基 RBF 网络、Hopfield 网络、随机神经网络（Boltzmann 机）、竞争神经网络

(Hamming 网络，自组织映射网络)等。但是，当前的神经网络仍普遍存在收敛速度慢、计算量大、训练时间长和不可解释等缺点。

k-近邻算法是一种基于实例的分类方法。该方法就是找出与未知样本 x 距离最近的 k 个训练样本，判断这 k 个样本中多数属于哪一类，就把 x 归为那一类。k-近邻方法是一种懒惰学习方法，它存放样本，直到需要分类时才进行分类，如果样本集比较复杂，可能会导致很大的计算开销，因此无法应用到实时性很强的场合。

支持向量机(support vector machine，SVM)是 Vapnik 根据统计学理论提出的一种新的学习方法，它的最大特点是根据结构风险最小化准则，以最大化分类间隔构造最优分类超平面来提高学习机的泛化能力，较好地解决了非线性、高维数、局部极小点等问题。对于分类问题，支持向量机算法根据区域中的样本计算该区域的决策曲面，由此确定该区域中未知样本的类别。

逻辑回归是一种利用预测变量(数值型或离散型)预测事件出现概率的模型，主要应用于生产欺诈检测、广告质量估计以及定位产品预测等。

3) 关联分析

关联分析是一种简单、实用的分析技术，就是发现存在于大量数据集中的关联性或相关性，从而描述了一个事物的某些属性同时出现的规律和模式。关联分析在数据挖掘领域也被称为关联规则挖掘。

关联分析是从大量数据中发现项集之间有趣的关联和相关联系。关联分析的一个典型例子是购物篮分析。该过程通过发现顾客放入其购物篮中的不同商品之间的联系，分析顾客的购买习惯。了解哪些商品频繁地被顾客同时购买，这种关联的发现可以帮助零售商制定营销策略。其他的应用还包括价目表设计、商品促销、商品的排放和基于购买模式的顾客划分。

关联分析的算法主要分为广度优先算法和深度优先算法两大类。应用最广泛的广度优先算法有 Apriori、AprioriTid、AprioriHybrid、Partition、Sampling、DIC(dynamic itemset counting，动态项集计数)等算法。主要的深度优先算法有 FP-growth(关联分析算法)、ECLAT(equivalence class transformation，深度优先算法)、H-Mine(数据挖掘算法)等算法。

Apriori 算法是一种广度优先的挖掘产生布尔关联规则所需频繁项集的算法，也是最著名的关联规则挖掘算法之一。FP-growth 算法是一种深度优先的关联分析算法，于 2000 年由 Han Jiawei 等提出，FP-growth 算法基于频繁模式树(frequent pattern tree，FP-tree) 发现频繁模式。

4) 深度学习

深度学习是机器学习研究中的一个新领域，其动机在于模拟人脑进行分析学习。它模仿人脑的机制来解释数据，例如图像、声音和文本。深度学习的实质是通过构建具有很多隐层的机器学习模型和海量的训练数据，以学习更有用的特征，最终提升分类或预测的准确性。深度学习的概念由 Hinton 等于 2006 年提出，是一种使用深层神经网络的机器学习模型。它具有优异的特征学习能力，学习得到的特征对数据有更本质的刻画，从而有利于可视化或分类。

同机器学习方法一样，深度机器学习方法也有监督学习与无监督学习之分。例如，卷积神经网络(convolutional neural networks，CNNs)就是一种监督学习下的机器学习模型，而深度置信网(deep belief network，DBNs)是一种无监督学习下的机器学习模型。

当前，深度学习被用于计算机视觉、语音识别、自然语言处理等领域，并取得了大量突破性的成果。运用深度学习技术能够从大数据中发掘更多有价值的信息和知识。

4. 系统虚拟化

系统虚拟化是指将一台物理计算机系统虚拟化为一台或多台虚拟计算机系统。每个虚拟计算机系统(简称虚拟机)都拥有自己的虚拟硬件(如 CPU、内存和设备等)，提供一个独立的虚拟机执行环境。通过虚拟化层的模拟，虚拟机中的操作系统认为自己仍然是独占一个系统在运行。每个虚拟机中的操作系统可以完全不同，并且它们的执行环境是完全独立的。这个虚拟化层被称为虚拟机监控器(virtual machine monitor，VMM)。

虚拟机可以看作是物理机的一种高效隔离的复制。虚拟机具有三个典型特征：同质、高效和资源受控。同质指的是虚拟机运行环境和物理机环境在本质上需求是相同的，但是在表现上有一些差异。高效指的是虚拟机中运行的软件需要具有接近在物理机上直接运行的性能。资源受控指的是 VMM 需要对系统资源有完全控制能力和管理权限，包括资源的分配、监控和回收。

VMM 对物理资源的虚拟可以归结为三个主要任务：CPU 虚拟化、内存虚拟化和 I/O 虚拟化。CPU 虚拟化是 VMM 中最核心的部分，决定了内存虚拟化和 I/O 虚拟化的正确实现。CPU 虚拟化包括指令的模拟、中断，异常的模拟及注入，对称多处理器技术的模拟。一方面，内存虚拟化解决了 VMM 和客户机操作系统对物理内存认识上的差异；另一方面，在虚拟机之间、虚拟机和 VMM 之间进行隔离，可防止某个虚拟机内部的活动影响其他的虚拟机甚至是 VMM 本身，从而造成安全上的漏洞。I/O 虚拟化主要是为了满足多个客户机操作系统对外围设备的访问需求，通过访问截获、设备模拟和设备共享等方式复用外设。

按照 VMM 提供的虚拟平台类型，可以将 VMM 分为两类：完全虚拟化和半虚拟化。完全虚拟化下，VMM 虚拟的是现实存在的平台。在客户机操作系统看来，虚拟的平台和现实的平台是一样的，客户机操作系统觉察不到运行在一个虚拟平台上。这样的虚拟平台无须对现有的操作系统做任何修改。半虚拟化下，VMM 虚拟的平台在现实中是不存在的。这样的虚拟平台需要对客户机操作系统进行修改，使之适应虚拟环境。操作系统知道自己运行在虚拟平台上，并且会主动去适应。

当前主流的虚拟化技术实现结构可以分为三类：Hypervisor 模型、宿主模型和混合模型。在 Hypervisor 模型中，VMM 可以看作是一个扩充了虚拟化功能的操作系统，对底层硬件提供物理资源的管理功能，对上层的客户机操作系统提供虚拟环境的创建和管理功能。与 Hypervisor 不同，宿主模型中，VMM 是作为宿主操作系统独立的内核模块。物理资源由宿主机操作系统管理，VMM 提供虚拟化管理。宿主模型和 Hypervisor 模型的优缺点恰好相反。宿主模型的最大优点是可以充分利用现有操作系统的设备驱动程序以及其他功能，缺点是虚拟化效率较低，安全性取决于宿主操作系统。Hypervisor 模型虚拟化效率高、安全，但是需要自行开发设备驱动和其他一些功能。混合模型集成了上述两类模型的优点。混合模型中，VMM 让出大部分 I/O 设备的控制权，将它们交由一个运行在特权虚拟机中的特权操作系统来控制。因此，混合模型下 CPU 和内存的虚拟化由 VMM 负责，而 I/O 虚拟化由 VMM 和特权操作系统共同合作完成。

3.2.3　大数据与云计算技术的发展趋势

大数据和云计算无疑是目前 IT 领域最受关注的热词之一。下面分析大数据和云计算未来的发展趋势。

1) 融合数据库架构是大数据发展的趋势

随着大数据业务的发展，除了面向强关系型的结构化查询语言(SQL)数据库之外，面向各类应用的接口灵活、功能丰富且高效的 NoSQL 数据库也得到蓬勃发展。在应用类型多样、数据种类繁多的大数据平台中，融合关系型数据库、列数据库、内存数据库、图数据库等多种数据库的混合数据库架构，能够满足多种场景下的数据处理需求，是大数据发展的必然趋势。

2) 异构数据关联是大数据平台的关键

当前，各行业、企业、系统、平台都累积了海量的数据，这些数据结构不同且相对独立，在没有建立起关联关系的情况下，难以展现数据的优势。将这些多源异构数据进行关联和融合，挖掘数据之间的相关性，能够为数据分析奠定坚实的基础，最大限度地发挥数据价值，是大数据平台的关键所在。

3) 深度标签是大数据挖掘的核心技术之一

数据挖掘越来越多地应用到各个应用领域，使用数据挖掘技术打造用户深度标签，已经逐渐成为大数据挖掘的热点。通过针对大数据场景的数据挖掘，深入分析用户行为，打造多层次、多角度的用户深度标签。深度标签是大数据挖掘的核心技术之一，它使得大数据应用更加精准，业务能够更加贴近用户，更好地满足用户的需求。

4) 数据中心向整合化和绿色节能方向发展

目前，传统数据中心的建设正面临异构网络、静态资源、管理复杂、能耗高等方面的问题，云计算数据中心与传统数据中心有所不同，它既要解决如何在短时间内快速、高效地完成企业级数据中心的扩容部署问题，同时要兼顾绿色节能和高可靠性要求。高利用率、一体化、低功耗、自动化管理成为云计算数据中心建设的关注点，整合、绿色节能成为云计算数据中心构建技术的发展特点。

5) 虚拟化技术向软硬件协同方向发展

随着服务器等硬件技术和相关软件技术的进步、软件应用环境的逐步发展成熟以及应用要求不断提高，由于虚拟化而具有提高资源利用率、节能环保、可进行大规模数据整合等特点成为一项具有战略意义的新技术。在这方面，内存的虚拟化已初显端倪。VMware和思科公司通过四年的合作，在网络虚拟化领域取得突破创新，推出了虚拟可扩展局域网。

6) 大规模分布式存储技术进入创新高峰期

在云计算环境下，存储技术将主要朝着安全性、便携性及数据访问等方向发展。分布存储的目标是利用多台服务器的存储资源来满足单台服务器不能满足的存储需求，它要求存储资源能够被抽象表示和统一管理，并且能够满足数据读写操作的安全性、可靠性、性能等各方面要求。为保证高可靠性和经济性，云计算采用分布式存储的方式来存储数据，采用冗余存储的方式来保证存储数据的可靠性，以高可靠软件来弥补硬件的不可靠，从而提供廉价可靠的海量分布式存储和计算系统。目前，国外很多大学、研究机构和公司已经或正在着手开发分布式文件系统，涌现出一批著名的分布式文件系统，如 PVFS、GPFS、zFS、Google FS、Hadoop FS 等，更深入的研发也还在进行中。

7) 不断完善和提升分布式计算技术

资源调度管理被认为是云计算的核心，因为云计算不仅是将资源集中，更重要的是资源的合理调度、运营、分配、管理。业务/资源调度中心、副本管理技术、任务调度算法、任务容错机制等资源调度和管理技术的发展和优化，将为云计算资源调度和管理提供技术支撑。正成为业界关注重点的云计算操作系统，有可能使云计算资源调度管理技术走向新的道路。云计算操作系统是云计算数据中心运营系统，是指架构于服务器、存储、网络等基础硬件资源和单机操作系统、中间件、数据库等基础软件，管理海量的基础硬件资源和软件资源的云平台综合管理系统，可以实现极为简化和更加高效的计算模型，以低成本实现指定服务级别、响应时间、安全策略、可用性等规范。

8) 安全与隐私将获得更多关注

云计算作为一种新的应用模式，在形态上与传统互联网相比发生了一些变化，势必带来新的安全问题。云安全技术是保障云计算服务安全性的有效手段，它要解决包括云基础设施安全、数据安全、认证和访问管理安全以及审计合规性等诸多问题。

9) 开源云计算技术进一步普及应用

数据表明，目前全世界有 90%以上的云计算应用部署在开源平台上。云计算对于安全、敏捷、弹性、个性化开源平台的需求以及突出的实用、价廉的特性，决定了开源计算平台在云时代的领军位置。很多云计算前沿企业和机构(如亚马逊、谷歌、Facebook)都在开发部署开源云计算平台。开源云计算平台不仅减少了企业在技术基础架构上的大量前期投入，而且大大增强了云计算应用的适用性。开源云计算技术得到长足发展的同时，必将带动云计算项目更快更好落地，成为企业竞争的核心利益。为此，开源云计算技术将进一步得到重视和普及。

3.3　物联网技术

3.3.1　物联网技术的发展现状

1999 年，美国麻省理工学院 Auto-ID 中心的 Kevin Ashton 和他的同事首次提出物联网(internet of things)的概念。他们主张将射频识别技术和互联网结合起来，通过互联网实现产品信息在全球范围内的识别和管理，形成物联网。这是物联网发展初期提出的概念，强调物联网用来标识物品的特征。

2010 年 3 月 5 日，温家宝作的政府工作报告的附件注释中给出物联网的定义，物联网是指通过信息传感设备，按照约定的协议，把任何物品与互联网连接起来，进行信息交换和通讯，以实现智能化识别、定位、跟踪、监控和管理的一种网络。它是在互联网基础上延伸和扩展的网络。

2016 年颁布的《物联网标准化白皮书》认为：物联网是通过感知设备，按照约定协议，连接物、人、系统和信息资源，实现对物理和虚拟世界的信息进行处理并做出反应的智能服务系统。

总结目前对物联网概念的表述，可以将其核心要素归纳为"感知、传输、智能、控制"。也就是说，物联网具有以下四个重要属性：

(1) 全面感知。利用 RFID、传感器、二维码等智能感知设施，可随时随地感知、获取物体的信息。

(2) 可靠传输。通过各种信息网络与计算机网络的融合，将物体的信息实时、准确地传送到目的地。

(3) 智能处理。利用数据融合及处理、云计算等各种计算技术，对海量的分布式数据信息进行分析、融合和处理，向用户提供信息服务。

(4) 自动控制。利用模糊识别等智能控制技术对物体实施智能化控制和利用，最终形成物理、数字、虚拟世界和社会共生互动的智能社会。

3.3.2　物联网技术重点技术分析

1. 射频识别技术

射频识别技术是一种非接触式的自动识别技术，它利用射频信号及其空间耦合的传输特性，实现对静止或移动物品的自动识别。射频识别常称为感应式电子芯片或近接卡、感应卡、非接触卡、电子标签、电子条码等。

一个简单的射频识别系统由阅读器(reader)、应答器(transponder)和电子标签(tag)组成，其原理是由阅读器发射特定频率的无线电波能量给应答器，用以驱动应答器电路，读取应答器内部的 ID 码。应答器的形式有卡、纽扣、标签等多种，电子标签具有免用电池、免接触、不怕脏污、芯片密码唯一、无法复制、安全性高、寿命长等特点。所以，射频识别标签可以贴在或安装在不同物品上，由安装在不同地理位置的读写器读取存储于标签中的数据，实现对物品的自动识别。

对于射频识别技术，可依据标签的供电形式、工作频率、可读性和工作方式进行分类。

1) 根据标签的供电形式分类

在实际应用中，必须给电子标签供电才能工作，虽然它的电能消耗是非常低的(一般是 1/100 mW 级别)。按照标签获取电能的方式不同，常把电子标签分成有源式标签、无源式标签及半有源式标签。

(1)有源式电子标签。有源式电子标签通过标签自带的内部电池进行供电，其电能充足、工作可靠性高、信号传送的距离远。另外，有源式电子标签可以通过设计电池的不同寿命对标签的使用时间或使用次数进行限制，它可以用在需要限制数据传输量或者使用数据有限制的地方。有源式标签的缺点主要是价格高、体积大，标签的使用寿命受到限制，而且随着标签内电池电力的消耗数据传输的距离会越来越小，影响系统的正常工作。

(2)无源式电子标签。无源式电子标签的内部不带电池，需靠外界提供能量才能正常工作。无源式电子标签典型的产生电能的装置是天线与线圈。当标签进入系统的工作区域，天线接收到特定的电磁波，线圈就会产生感应电流，再经过整流给电容充电，电容电压稳压后可作为工作电压。无源式电子标签具有永久使用期，常常用在标签信息需要每天读写或频繁读写的场合，而且无源式电子标签支持长时间的数据传输和永久性的数据存储。无源式电子标签的缺点主要是数据传输距离比有源式电子标签短。因为无源式电子标签依靠外部的电磁感应供电，电能比较弱，数据传输的距离和信号强度就受到限制，所以需要敏感性比较高的信号接收器才能可靠识读。但它的价格、体积、易用性决定了它是电子标签的主流。

(3)半有源式电子标签。半有源式电子标签内的电池仅对标签内要求供电维持数据的电路供电或者为标签芯片工作所需的电压提供辅助支持，为本身耗电很少的标签电路供电。标签未进入工作状态前，一直处于休眠状态，相当于无源式电子标签，标签内部电池能量消耗很少，因而电池可维持数年，甚至长达十年。当标签进入读写器的读取区域，受到读写器发出的射频信号激励而进入工作状态时，标签与读写器之间信息交换的能量支持以读写器供应的射频能量为主(反射调制方式)，标签内部电池的作用主要在于弥补标签所处位置的射频场强不足，标签内部电池的能量并不转换为射频能量。

2) 根据标签的工作频率分类

从应用概念来说，电子标签的工作频率也就是射频识别系统的工作频率，是其最重要的特点之一。电子标签的工作频率不仅决定着射频识别系统的工作原理(电感耦合或电磁耦合)、识别距离，还决定着电子标签及读写器实现的难易程度和设备的成本。工作在不同频段或频点上的电子标签具有不同的特点。射频识别应用占据的频段或频点在国际上有公认的划分，即位于 ISM 波段。典型的工作频率有 125 kHz、133 kHz、13.56 MHz、27.12 MHz、433 MHz、902～928 MHz、2.45 GHz、5.8 GHz 等。

(1) 低频段电子标签。简称低频标签，其工作频率为 30～300 kHz。典型工作频率有：125 kHz、133 kHz(也有接近的其他频率，如德州仪器使用 134.2 kHz)。低频电子标签一般为无源式电子标签，其工作能量通过电感耦合方式从读写器耦合线圈的辐射近场中获得。低频电子标签与读写器之间传送数据时，低频电子标签需位于读写器天线辐射的近场区内。低频电子标签的阅读距离一般情况下小于 1 m。

低频电子标签的典型应用有：动物识别、容器识别、工具识别、电子闭锁防盗(带有内置应答器的汽车钥匙)等。与低频电子标签相关的国际标准有：ISO11784/11785(用于动物识别)、ISO 18000-2(125～135 kHz)。低频电子标签有多种外观形式，应用于动物识别的低频电子标签外观有项圈式、耳牌式、注射式和药丸式等。

低频电子标签的主要优势体现在标签芯片一般采用普通的 CMOS(complementary metal oxide semiconductor，互补金属氧化物半导体)工艺，具有省电、廉价的特点，工作频率不受无线电频率管制约束，可以穿透水、有机组织、木材等。非常适合近距离、低速度、数据量要求较少的识别应用等。低频电子标签的缺点主要是：标签存储数据量较少，只适用于低速、近距离的识别应用场合。

(2) 中高频段电子标签。工作频率一般为 3～30 MHz，典型工作频率为 13.56 MHz。该频段的电子标签，一方面从射频识别应用角度来看，因其工作原理与低频标签完全相同，即采用电感耦合方式工作，所以宜将其归为低频标签类中；另一方面，根据无线电频率的一般划分，其工作频段为高频，所以也常常将其称为高频电子标签。

高频电子标签一般也采用无源方式，其工作能量同低频标签一样，也是通过电感(磁)耦合方式从读写器耦合线圈的辐射近场中获得。标签与读写器进行数据交换时，必须位于读写器天线辐射的近场区内。中频标签的阅读距离一般情况下也小于 1m(最大读取距离为 1.5 m)。

高频电子标签可做成卡状，典型应用包括：电子车票、电子身份证、电子闭锁防盗(电子遥控门锁控制器)等。相关的国际标准有 ISO14443、ISO15693、ISO18000-3(13.56MHz)等。

高频电子标准的基本特点与低频标准相似，由于其工作频率的提高，可以选用较高的数据传输速率。电子标签天线设计相对简单，标签一般制成标准卡片形状。

(3) 超高频与微波电子标签。简称微波电子标签，其典型工作频率为 433.92 MHz、862(902)～928 MHz、2.45 GHz、5.8 GHz。微波电子标签可分为有源式电子标签与无源式电子标签两类。工作时，电子标签位于读写器天线辐射场的远区场内，标签与读写器之间的耦合方式为电磁耦合方式。读写器天线辐射场为无源式电子标签提供射频能量，将有源式电子标签唤醒。相应的射频识别系统阅读距离一般大于 1 m，典型情况为 4～7 m，最大可达 10 m 以上。读写器天线一般均为定向天线，只有在读写器天线定向波束范围内的电子标签才可被读写。

由于阅读距离的增加，应用时有可能在阅读区域中同时出现多个电子标签的情况，从而提出多标签同时读取的需求，这种需求进而发展成为一种潮流。目前，先进的射频识别系统均将多标签识读作为系统的一个重要特征。

以目前的技术水平来说，无源微波电子标签比较成功的产品相对集中在 902～928 MHz 工作频段上。2.45 GHz 和 5.8 GHz 射频识别系统多以半有源微波电子标签产品面世。半有源式电子标签一般采用纽扣电池供电，具有较远的阅读距离。

微波电子标签的典型特点主要集中在是否无源、无线读写距离、是否支持多标签读写、是否适合高速识别应用、读写器的发射功率容限、电子标签及读写器的价格等方面。对于可无线写的电子标签而言，通常情况下，写入距离要小于识读距离，其原因在于写入要求更大的能量。

微波电子标签的数据存储容量一般限定在 2 Kbit 以内，更大的存储容量似乎没有太大的意义，从技术及应用的角度来说，微波电子标签并不适合作为大量数据的载体，其主要功能为标识物品并完成无接触的识别过程。典型的数据容量指标有 1Kbit、128bit、64bit 等。

微波电子标签的典型应用包括移动车辆识别、电子身份证、仓储物流应用、电子闭锁防盗(电子遥控门锁控制器)等。相关的国际标准有 ISO 10374，ISO 18000-4(2.45 GHz)、-5(5.8 GHz)、-6(860～930 MHz)、-7(433.92 MHz)、ANSI NCITS 256-1999 等。

3) 根据标签的可读性分类

根据使用的存储器类型，可以将标签分成只读(read only，RO)标签、可读可写(read and write，RW)标签和一次写入多次读出(write once read many，WORM)标签。

(1)只读标签。只读标签内部只有 ROM(read only memory，只读存储器)。ROM 中存储有标签的标识信息。这些信息可以在标签制造过程中，由制造商写入 ROM 中，电子标签在出厂时即已将完整的标签信息写入标签。这种情况下，应用过程中电子标签一般具有只读功能，也可以在标签开始使用时由使用者根据特定的应用目的写入特殊的编码信息。

只读标签信息的写入，在更多的情况下是在电子标签芯片的生产过程中将标签信息写入芯片，使得每一个电子标签拥有一个唯一的标识 UID(user identification，用户身份证明)(如 96 bit)。应用中，需再建立标签唯一 UID 与待识别物品的标识信息之间的对应关系(如车牌号)。只读标签信息的写入也可在应用之前，由专用的初始化设备将完整的标签信息写入。

只读标签一般容量较小，可以用作标识标签。对于标识标签来说，一个数字或者多个数字、字母、字符串存储在标签中，这个存储内容是进入信息管理系统数据库的钥匙。标识标签中存储的只是标识号码，用于对特定的标识项目(如人、物、地点)进行标识，关于被标识项目的详细、特定的信息，只能在与系统相连接的数据库中进行查找。

一般电子标签的 ROM 区存放有厂商代码和无重复的序列码，每个厂商的代码是固定和不同的，每个厂商的每个产品的序列码也是不同的，所以每个电子标签都有唯一码，这个唯一码存放在 ROM 中。综上所述，标签没有可仿制性，是防伪的基础点。

(2)可读可写电子标签。可读可写电子标签内部的存储器，除了 ROM、缓冲存储器之外，还有非活动可编程记忆存储器。这种存储器一般是电可擦除可编程只读存储器，它除了存储数据功能外，还具有在适当的条件下允许多次对原有数据进行擦除以及重新写入数据的功能。可读可写标签还可能有随机存取器(random access memory，RAM)，用于存储标签反应和数据传输过程中临时产生的数据。

可读可写电子标签一般存储的数据比较大，这种标签一般都是用户可编程的，标签中除了存储标识码外，还存储有大量的被标识项目其他的相关信息，如生产信息、防伪校验码等。在实际应用中，关于被标识项目的所有信息都是存储在标签中的，读标签就可以得到关于被标识目标的大部分信息，而不必连接数据库进行信息读取。另外，在读标签的过程中，可以根据特定的应用目的，控制数据的读出，实现在不同情况下读出的数据部分不同。

(3)一次写入多次读出电子标签。在应用中还广泛存在着一次写入多次读出的电子标签。WORM 既有接触式改写的电子标签存在，也有无接触式改写的电子标签存在。这类 WORM 标签一般大量用在一次性使用的场合，如航空行李标签、特殊身份证件标签等。

RW 卡一般比 WORM 卡和 RO 卡价格高得多，如电话卡、信用卡等。WORM 卡是用户可以一次性写入的卡，写入后数据不能改变，比 RW 卡便宜。RO 卡存有一个唯一的 ID 号码，不能修改，具有较高的安全性。

4) 根据标签的工作方式分类

根据标签的工作方式，可将 RFID 分为被动式、主动式和半主动式。一般来讲，无源系统为被动式，有源系统为主动式。

(1)主动式电子标签。一般来说，主动式射频识别系统为有源系统，即主动式电子标签用自身的射频能量主动发送数据给读写器，在有障碍物的情况下，只需穿透障碍物一次。由于主动式电子标签自带电池供电，其电能充足、工作可靠性高、信号传输距离远。其主要缺点是标签的使用寿命受到限制，而且随着标签内部电池能量的耗尽，数据传输距离越来越短，从而影响系统的正常工作。

(2)被动式电子标签。被动式电子标签必须利用读写器的载波来调制自身的信号，标签产生电能的装置是天线和线圈。标签进入射频识别系统工作区后，天线接收特定的电磁波，线圈产生感应电流供给标签工作，在有障碍物的情况下，读写器的能量必须来回穿过障碍物两次。这类系统一般用于门禁或交通系统中，因为读写器可以确保只激活一定范围内的电子标签。

(3)半主动式电子标签。在半主动式射频识别系统里，电子标签本身带有电池，但是标签并不通过自身能量主动发送数据给读写器，电池只负责对标签内部电路供电。标签需要被读写器的能量激活，然后通过反向散射调制方式传送自身数据。射频识别的应用非常广泛，目前典型的应用有动物芯片、汽车芯片防盗器、门禁管制、停车场管制、生产线自动化、物料管理和校园一卡通等。

2. M2M 技术

M2M 是一种理念，也是所有增强机器设备通信和网络能力的技术的总称。人与人之间的沟通很多也是通过机器实现的，例如通过手机、电话、电脑、传真机等机器设备之间的通信来实现人与人之间的沟通。另外一类技术是专为机器和机器建立通信而设计的，如许多智能化仪器仪表都带有 RS-232 接口和 GPIB（general-purpose interfacebus，通用接口总线）通信接口，增强了仪器与仪器之间，以及仪器与电脑之间的通信能力。随着科学技术的发展，越来越多的设备具有通信和联网能力，"网络一切"（network everything）逐步变为现实。人与人之间的通信需要更加直观、精美的界面和更丰富的多媒体内容，而 M2M 的通信需要建立一个统一、规范的通信接口和标准化的传输内容。M2M 技术的目标就是使所有机器设备都具备联网和通信能力，其核心理念就是网络一切。

M2M 涉及五个重要的技术部分：智能化机器、M2M 硬件、通信网络、中间件、应用。

1) 智能化机器

实现 M2M 的第一步就是从机器/设备中获得数据，然后通过网络发送出去。使机器"开口说话"，让机器具备信息感知、信息加工（计算能力）、无线通信能力。使机器具备"说话"能力的基本方法有两种：生产设备的时候嵌入 M2M 硬件；对已有机器进行改装，使其具备通信/联网能力。

2) M2M 硬件

M2M 硬件是使机器获得远程通信和联网能力的部件，主要进行信息的提取，从各种机器/设备那里获取数据，并传送到通信网络。现在的 M2M 硬件共分为五种。

（1）嵌入式硬件。嵌入式硬件可嵌入机器里，使其具备网络通信能力。常见的产品是支持 GSM/GPRS 或 CDMA（code division multiple access，码分多址）无线移动通信网络的无线嵌入数据模块。

（2）可组装硬件。在 M2M 的工业应用中，厂商拥有大量不具备 M2M 通信和联网能力的设备仪器，可改装硬件就是为满足这些机器的网络通信能力而设计的。实现形式也各不相同，包括从传感器收集数据的 I/O 设备，完成协议转换功能，将数据发送到通信网络的连接终端（connectivity terminals）。有些 M2M 硬件还具备回控功能。

（3）调制解调器。嵌入式模块将数据传送到移动通信网络上时，起的就是调制解调器的作用。如果要将数据通过公用电话网络或者以太网送出，分别需要相应的调制解调器。

（4）传感器。传感器可分成普通传感器和智能传感器（smart sensor）两种。智能传感器指具有感知能力、计算能力和通信能力的微型传感器。由智能传感器组成的传感器网络（sensor network）是 M2M 技术的重要组成部分。一组具备通信能力的智能传感器以 Ad Hoc 方式构成无线网络，协作感知、采集和处理网络覆盖的地理区域中感知对象的信息，并发布给观察者；也可以通过 GSM 网络或卫星通信网络将信息传给远方的 IT 系统。

（5）识别标识。识别标识如同每台机器、每个商品的"身份证"，使机器之间可以相互识别和区分。常用的技术如条形码技术、射频识别卡 RFID 技术等。标识技术已经被广泛用于商业库存和供应链管理。

3) 通信网络

通信网络将信息传送到目的地。通信网络在整个 M2M 技术框架中处于核心地位,包括广域网(无线移动通信网络、卫星通信网络、Internet、公众电话网)、局域网(以太网、无线局域网 WLAN、Bluetooth)、个域网(ZigBee、传感器网络)。

4) 中间件

中间件包括两部分:M2M 网关和数据收集/集成部件。网关是 M2M 系统中的"翻译员",它获取来自通信网络的数据,将数据传送给信息处理系统。主要的功能是完成不同通信协议之间的转换。

5) 应用

数据收集/集成部件是为了将数据变成有价值的信息,对原始数据进行不同加工和处理,并将结果呈现给需要这些信息的观察者和决策者。这些中间件包括:数据分析和商业智能部件、异常情况报告和工作流程部件、数据仓库和存储部件等。

3. 无线传感器网络技术

无线传感器网络是一种无中心节点的全分布系统。通过随机投放的方式,众多传感器节点被密集部署于监控区域。这些传感器节点集成有传感器、数据处理单元和通信模块,它们通过无线通道相连,自组织地构成网络系统。无线传感器网络的三个要素分别是:传感器、感知对象和观察者。

观察者将兴趣信息告知传感器节点,传感器节点发现感知对象后,协作地侦察、感知和采集感知目标的数据并进行处理,之后将信息传输给观察者。

传感器节点以人工、飞机播撒或"炮弹"发射等方式被部署到监测区域,以自组织的形式进行组网。各传感器节点之间,传感器节点与网关/sink 节点之间均采用无线建立通信链路。传感器节点具有信息采集和路由双重功能。

信息采集可以与其他节点协作地检测感知区域目标的温度、湿度、红外线等物理特性,收集相关数据;路由功能指对其他节点转发过来的数据进行存储、管理和融合,传输给下一跳节点或网关/sink 节点。

网关/sink 节点也叫汇聚节点。其处理能力、存储能力和通信能力较强,既可以是能量供给充足且有更多的内存资源与更强的计算能力的传感器节点,也可以是带有无线通信接口的特殊网关设备。网关节点是连接传感器网络与外部网络的桥梁纽带,通过协议转换,实现节点管理和传感器网络之间的通信,也可将传感器节点采集的数据发送到互联网、卫星或是移动通信网络上,且对传感器节点发布管理信息。

观察者是无线传感器网络的用户,是感知信息的接收者和应用者。观察者可以通过笔记本、PDA (personal digital assistant,掌上电脑)、手机等终端设备接收传感器节点收集的信息,也可以主动地收集或查询无线传感器网络监测、采集到的信息。经过对传感器节点收集的信息进行观察、分析之后,观察者可以对感知目标采取相应的行动,或者制定决策。

无线传感器网络所涉及的技术有：传感器技术、嵌入式计算技术、现代网络及无线通信技术、分布式信息处理技术等。无线传感器网络具有以下特点。

1）大规模网络

为了获取精确信息，在监测区域内通常部署大量传感器节点，传感器节点数量可能成千上万，甚至更多。

传感器网络的大规模性包括两方面的含义：一方面，传感器节点分布在很大的地理区域内，如在原始森林中采用传感器网络进行森林防火和环境监测，需要部署大量的传感器节点；另一方面，传感器节点部署很密集，在一个面积不是很大的空间内，密集部署了大量的传感器节点。传感器网络的大规模性具有如下优点：通过不同空间视角获得的信息具有更大的信噪比；通过分布式处理大量的采集信息能够提高监测的准确度，降低对单个节点传感器的准确度要求；大量冗余节点的存在，使得系统具有很强的容错性能；大量节点能够增大覆盖的监测区域，减少盲区。

2）自组织网络

在传感器网络应用中，通常情况下，传感器节点被放置在没有基础结构的地方。传感器节点的位置不能预先精确设定，节点之间的相邻关系预先也不知道，如通过飞机播撒大量传感器节点到面积广阔的原始森林中，或随意放置到人不可到达或危险的区域。因此传感器节点应具有自组织的能力，能够自动进行配置和管理，通过拓扑控制机制和网络协议自动形成转发监测数据的多跳无线网络系统。在传感器网络的使用过程中，部分传感器节点由于能量耗尽或环境因素失效，也有一些节点为了弥补失效节点、增加监测准确度而补充到网络中，这样在传感器网络中的节点个数就动态地增加或减少，从而使网络的拓扑结构随之动态地变化。传感器网络的自组织性要能够适应这种网络拓扑结构的动态变化。

3）多跳路由

网络中节点通信距离有限，一般在几十到几百米范围内，节点只能与其邻居直接通信。如果希望与其射频覆盖范围之外的节点进行通信，则需要通过中间节点进行路由。网络的多跳路由使用网关和路由器来实现，而无线传感器网络中的多跳路由是由普通网络节点完成的，没有专门的路由设备。这样，每个节点既可以是信息的发起者，也可以是信息的转发者。

4）动态性网络

传感器网络的拓扑结构可能因为下列因素而改变：①环境因素或电能耗尽造成的传感器节点出现故障或失效；②环境条件变化可能造成无线通信链路带宽变化，甚至时断时通；③传感器网络的传感器、感知对象和观察者这三要素都可能具有移动性；④新节点的加入。要求传感器网络系统要能够适应这些变化，具有动态的系统可重构性。

5) 可靠的网络

传感器网络特别适合部署在恶劣环境或人类不宜到达的区域, 传感器节点可能工作在露天环境中, 遭受太阳的暴晒或风吹雨淋, 甚至遭到无关人员或动物的破坏。传感器节点往往采用随机部署, 如通过飞机播撒或发射 "炮弹" 到指定区域进行部署。

这些都要求传感器节点非常坚固, 不易损坏, 适应各种恶劣的环境条件。由于监测区域环境的限制以及传感器节点数量巨大, 不可能人工 "照顾" 到每个传感器节点, 网络的维护十分困难甚至不可维护。传感器网络的通信保密性和安全性也十分重要, 要防止监测数据被盗取和获取伪造的监测信息。因此, 传感器网络的软硬件必须具有鲁棒性和容错性。

6) 以数据为中心的网络

传感器网络是任务型的网络, 脱离传感器网络谈论传感器节点没有任何意义。传感器网络中的节点采用节点编号标志, 节点编号是否需要全网唯一取决于网络通信协议的设计。由于传感器节点随机部署, 构成的传感器网络与节点编号之间的关系是完全动态的, 表现为节点编号与节点位置没有必然联系。用户使用传感器网络查询事件时, 直接将所关心的事件通告给网络, 而不是通告给某个确定编号的节点。网络在获得指定事件的信息后汇报给用户。

这种以数据本身作为查询或传输线索的思想更接近于自然语言交流的习惯, 所以通常说传感器网络是一个以数据为中心的网络。例如, 在应用于目标跟踪的传感器网络中, 跟踪目标可能出现在任何地方, 对目标感兴趣的用户只关心目标出现的位置和时间, 并不关心是哪个节点监测到目标。事实上, 在目标移动的过程中, 必然是由不同的节点来提供目标的位置消息。

7) 应用相关的网络

传感器网络用来感知客观物理世界, 获取物理世界的信息量。客观世界的物理量多种多样, 不同的传感器网络应用关系不同的物理量, 因此对传感器的应用系统也有多种多样的要求。不同的应用背景对传感器网络的要求不同, 其硬件平台、软件系统和网络协议必然会有很大差别。所以传感器网络不能像因特网一样, 有统一的通信协议平台。

对于不同的传感器网络应用, 虽然存在一些共性问题, 但在开发传感器网络应用中, 更关心传感器网络的差异。只有让系统更贴近应用, 才能做出最高效的目标系统。针对每一个具体应用来研究传感器网络技术, 是传感器网络设计不同于传统网络的显著特征。

4. 纳米传感器技术

纳米传感器, 是利用生物、化学或医疗器械感觉点来传达纳米颗粒信息到宏观世界的器件。纳米传感器应用领域很广泛, 包括医疗保健、军事、工业控制和机器人、网络和通信以及环境监测等。

随着相关技术的成熟，纳米传感器在国防及安检方面的强大优势逐渐显现。相信未来纳米传感器将用于新一代的军服和设备，并用来检测炭疽和其他危险气体等。

1) 新型超敏感纳米传感器

新型超敏感传感器能够通过光线的反射来检测跟分子一样小的物质，这样就使得传感器的可检测范围进一步扩大，从可爆炸物到癌症分子均可被新型传感器所检测。

此新型传感器所使用的芯片上布满了金属立柱，这些金属立柱能够用来增强从物体上反射回来的光信号。新型传感器的传感能力是现有传感器能力的 10^9 倍。新型的传感器芯片大量使用了金属立柱阵列，这些金属立柱在其顶部和底部拥有小型的空腔，在侧面有一排纳米点。待研究的单个分子被放置的芯片上，一束纯净的单色光对其进行聚焦照射。金属立柱上的孔洞捕捉到反射光，然后反射光数次穿过纳米点，从而不止一次地生成拉曼信号。这种办法制造出的传感器相比此前的拉曼散射传感器，在能力上提升了数个数量级。这种新设备被称为"磁盘耦合柱点天线阵列"或 D2PA，生产制备简单且成本低廉。

2) 变色纳米传感器

基于表面等离子吸收的变色纳米传感器的工作原理是当颗粒聚集时，纳米颗粒溶液变换颜色，尤其是在有害物质含量很少时，溶液依旧能变换颜色。此技术可以形成易用、便携的野战装备，能够准确和迅速地识别毒素、病毒和病菌。其原理和方法的应用也得到以下研究者的证实。

Hone 等研究了基于将金属纳米颗粒涂覆不同的碳水氧化物或糖来识别生物战剂的技术。当生物物质遇到碳水化合物或糖，就会使包含纳米颗粒的溶液变色（例如金属颗粒会使溶液从红色变为蓝色）。Hone 等指出金属纳米颗粒的光学特性受由电磁场相互作用引起的电子相干震荡所控制，光吸收被称为表面等离子吸收。表面等离子是由在金属薄膜表面运动电子（或等离子体）的震荡而产生的振动等离子波。表面等离子吸收取决于金属的绝缘性、粒子的尺寸和形状以及周围的介质等因素。相比之下，纳米金属颗粒具有居于 520nm 的表面等离子宽的吸收带，因此纳米金属颗粒的水溶液呈现红色。在聚集过程中，纳米颗粒相互靠近，耦合作用导致表面等离子吸收改变为低能量。

Vreugdenhil 等报道了在交联溶胶-凝胶基质中包裹纳米金属颗粒，颗粒尺寸和颗粒的分布增大。为证实表面等离子吸收带的变化与纳米颗粒的浓度有关，采用纳米金属颗粒浓度为 10%～100% 的原液进行了一系列实验，发现表面等离子吸收带上有明显的红色变化：低浓度纳米颗粒为 520～545nm，高浓度纳米颗粒为 565nm。

3) 纳米生物传感器

随着生命科学研究的不断发展，人们对生物体的研究也由器官、组织到细胞、亚细胞层次，微型化、动态、多参数、实时无损检测已成为生物传感器发展的趋势。

目前，人们已研制出尺寸在微米、纳米量级的生物传感器和生物图像传感器，这些传感器的共同特点是：体积小、分辨率高、响应时间短、所需样品量少及对活细胞的损伤小，可进行微创甚至无剖测量。此外，由于响应时间缩短到毫秒级，可用于测量细胞的瞬态、突发性变化(如细胞分裂、死亡等)。目前，纳米生物传感器主要采用纳米光纤探头及相应的光学检测方法，相对于此前的超微玻璃电极而言，具有可靠性高、一致性好、互换性好以及制备容易等特点。此外，由于采用了光纤及相应的微机械加工制备技术，使纳米生物传感器比前期的超微电极具有更小的尖端尺寸。

有一种类型的光学生物传感器是利用紫外-可见光光谱测量法，通过探测贵金属纳米微粒的局部表面等离子体激元共振(localized surface plasmon resonance，LSPR)的消光极大值，进而测定局部反射系数的变化。利用 LSPR 光谱学的生物传感测量方法与波长位移表面等离子体激元共振(surface plasmon resonance，SPR)光谱测量方法一致。LSPR 生物传感器能够使仪器简单化。为将仪器携带到环境现场和医疗服务点使用提供了极大方便。

5. 纳米物联网技术

在用户周边的各种物体和设备中嵌入纳米传感器将会给物联网增加新的研究领域——纳米物联网。当"大物联"遇上"小纳米"，微型的传感器通过纳米网络互联，可以获得物体内部以及难以访问区域的细分数据，从而带来新奇的发现和应用。例如，人体中的纳米传感器可以提供心电图和其他至关重要的信号，而环境中的纳米传感器可以收集特定区域的病原体和过敏原信息。通过纳米物联网将这两种数据源结合，就更容易精确诊断和监控病人的情况。

纳米物联网的概念是由伊恩·阿基迪兹(Ian Akyildiz)和约瑟夫·乔奈特(Josep Jornet)提出的。他们概述了电磁纳米设备通信的总体架构，包括信道建模、信息编码和协议。这些研究者描述了最适合纳米级通信的元件，并集中讨论了基于石墨烯的纳米天线。这种天线在百亿赫波段具有最高能效。然而，这导致了独特的且易受影响的属性，比如由分子吸收引起的路径损失和噪声会影响波在传播过程中的衰减。

实现纳米物联网必须面对两个挑战：在纳米网络中建立数据采集和路由机制，开发中间件以链接传统的微传感器和纳米网络。同时，也会涉及扩展目前的上下文和服务管理系统以支持纳米物联网所必需的东西，以及其他一些可能的纳米物联网应用。

设想中的纳米物联网包括下层链接众多纳米传感器的纳米级网络、与纳米网络交互并分布式处理其信息的设备，以及上下文和服务管理系统。虽然研究者提出了多种纳米通信方法，但以这两种最为实际：分子通信和电磁通信。

纳米设备可以在生物环境中交互，比如在人体中就可以通过覆盖现有的器官通信系统或者利用像核苷酸、氨基酸、肽等的生物分子来通信。例如，对细胞重新编程使其成为传感器。

研究者提出了多种将信息转换成生物分子，然后将其传送给接收方的纳米设备来解码的方法，包括分子扩散、钙信号、细菌和病毒纳米网络以及使用神经元。细菌和病毒能够携带基因数据，这对需要用 DNA 形式来对信息进行编码的传感器来说正好合适。

通过电磁通信来交互，是比分子通信更常规的方法。每个设备像一个微传感器微粒，大小在 2～6μm 不等。它们的元件，包括天线、电磁收发器和处理器都是纳米级的。如前所述,天线可能是由石墨烯材料制成并且工作在太赫兹波段。

考虑到要适应纳米通信的特性,纳米物联网的协议也需要修订。在分子通信的情况下,这些特性可能包括由于生物环境中较高的噪声水平、慢速的分子传播以及细菌或病毒的运动而导致的慢速且不可靠的消息传输。在电磁通信的情况下,纳米级的设备必须自行供电或者能够获取能量,必须能够适应能量获取阶段与传输阶段在时序上的差异,并能够处理石墨烯天线的分子吸收导致的对传输可靠性可能产生的影响。

3.3.3 物联网技术的发展趋势

物联网是继计算机、互联网和移动通信之后的世界信息产业的第三次革命性创新,物联网技术已经融入社会的各个方面。预计到 2020 年,将有 300 亿个原本不具智能的物体连接到物联网,加上原本可以互联的物体,全球物联网连接的对象规模将达到约 2120 亿〔引用国际数据公司(International data corporation,IDC)发布的数据〕。世界上"物联"的业务将远远超过人与人通信的业务,物联网技术的发展空间巨大。

根据物联网技术在实际中的具体应用,可以梳理出物联网技术的发展方向。

1) 射频识别与传感器技术

射频识别与传感器作为物联网信息获取的主要部件,其制造技术一直是物联网的核心技术之一。从目前国内发展水平来看,射频识别高端芯片和高端传感器等核心领域产业化水平较低,高端产品被国外厂商垄断。面向物联网技术发展的需求,应开展射频识别芯片、天线、读写器、中间件和系统集成等技术协同攻关,实现超高频和微波射频识别技术的整体提升;应开展传感器敏感元件、微纳制造和智能系统集成等技术联合研发,实现传感器的新型化、小型化和智能化。在射频识别与传感器模块制造上,应关注三类结合技术:①微机械加工和半导体技术的结合;②传感器与控制器的结合,由目前的松耦合模式变为紧耦合模式;③传感器与射频识别的结合,即传感器标签技术,将超高频射频识别与温湿度传感器集成到一块核心芯片中。

2) 纳米网络技术

纳米网络(nano network)将成为未来通信技术研究的新方向,也是构建纳米物联网技术的关键技术(Internet of nano-things)。随着智能技术的不断发展,纳米技术将在人类生活中得到广泛的应用。综合分析,纳米技术就是利用计算机智能控制系统实现纳米机器的网络架构。研究纳米物联网技术能够提高通信速度,提高物联网在社会领域中的应用。当然,纳米物联网技术不同于现在的通信网络,纳米网络中的通信主要依靠太赫兹宽带的电磁通信和分子通信,需要在纳米机器中增加相应的功能以及全新的网络协议设计。一方面,需要观察生物分子自然的通信过程;另一方面,要考虑经典的网络协议与方法在分子纳米网络中的使用。纳米网络技术将使传感网与物联网能够扩展到纳米尺度上,从而在生物医疗、环境监测、工业制造和军事领域产生颠覆性系统应用。

3) 物联网供能技术

为了测量真实环境的具体物理值，大量各种类型的传感器节点会密集地分布于待测区域内，人工补充节点能量的方法已经不再适用。每个节点都要储备可供长期使用的能量，或者从环境中汲取能量。传感器节点的供电问题一直是困扰物联网大规模应用的一个关键问题，特别是野外大规模部署的传感网或者部署在大量物品上的有源射频识别标签等，其电池的维护和更换代价非常巨大。因此，传感器的供能技术在未来 5～10 年需要有革命性的突破。

3.4 人工智能与机器学习技术

3.4.1 人工智能与机器学习技术的发展现状

人工智能 (artificial intelligence，AI) 是研究、开发用于模拟、延伸和扩展人的智能的理论、方法、技术及应用系统的一门新的技术科学。人工智能是计算机科学的一个分支，它企图了解智能的实质，并生产出一种新的能以与人类智能相似的方式做出反应的智能机器，该领域的研究包括机器人、语言识别、图像识别、自然语言处理和专家系统等。

1955 年至今，人工智能的发展经历了三次潮起、两次潮落。1955 年，达特茅斯会议标志人工智能诞生；1957 年，罗森布拉特发明第一款神经网络，人工智能进入第一个高峰；1970 年，受计算能力所限，人工智能进入第一个低谷；1982 年，霍普菲尔特提出神经网络；1986 年，BP 算法实现了神经网络训练的突破，进入第二个高峰；1990 年，人工智能计算机 DAPRA 失败，进入第二个低谷；2006 年，深度学习神经网络被提出；2013 年，深度学习算法在语音和视觉识别率方面获得突破性进展，进入第三个高峰。

人工智能的发展一共可以分为三个阶段：计算智能、感知智能、认知智能。

第一个发展阶段是计算智能，它使机器能够像人类一样进行计算，诸如神经网络和遗传算法的出现，使机器能够更高效、快速地处理海量的数据。第二个发展阶段就是感知智能，让机器能听懂我们的语言、看懂世界万物。语音和视觉识别就属于这一范畴，这些技术能够更好地辅助人类高效完成任务。第三个发展阶段是认知智能，在这一阶段，机器能够主动思考并采取行动 (比如无人驾驶汽车)，实现全面辅助甚至替代人类工作。

目前，语音识别和视觉识别成功率已经分别达到 95% 和 99%，这在深度学习出现之前是难以想象的。近年来，由于计算处理能力的突破以及互联网大数据的爆发，再加上深度学习算法在数据训练上取得的进展，算法、计算、数据三者都已成熟，这推动了人工智能在感知智能上实现巨大突破。2016 年 3 月，AlphaGo 在跟李世石的围棋比赛中获胜，成为人工智能发展史上又一个里程碑。

机器学习 (machine learning) 是研究计算机怎样模拟和实现人类的学习行为，以获取新的知识或技能，重新组织已有的知识结构，使之不断改善自身的性能。它是人工智能的核心，是使计算机具有智能的根本途径，其应用遍及人工智能的各个领域。

机器学习是人工智能研究的一个重要分支，其发展大体可分为五个时期。

(1)20 世纪 50～60 年代属于机器学习发展的热烈时期。研究的是"无知识"的学习。研究的目标是自组织与自适应系统。研究的方法是修改系统的控制参数和不断提高系统的执行能力。代表性工作是塞缪尔(Samuel) 的下棋程序。但这种"没有知识"的学习结果有限，满足不了人们对机器学习系统的期望。

(2)20 世纪 60～70 年代是机器学习发展的第二阶段。其研究的目标是模拟人类的概念学习过程，采用图结构或逻辑结构描述机器内部学习过程。代表性工作有 Winston 的结构学习系统和 Hayes 等的基本逻辑的归纳学习系统。但这类学习系统只能对单一概念进行学习，不能投入实际应用。该阶段也称为机器学习的"黑暗时期"。

(3)20 世纪 70～80 年代是机器学习发展的复兴时期。这一时期探索了不同的学习策略和方法，学习开始从单个概念扩展到多个。学习系统与各种应用结合起来取得了很大成功。示例归约学习和自动知识获取成为机器学习研究的潮流。

(4)第四阶段的机器学习有了更多的研究方法、手段和环境，出现了人工神经网络学习、符号学习、基于行为主义的强化学习和进化学习等。在算法研究方面，集成学习能够有效地提高模型的推广能力，成为 20 世纪 90 年代后机器学习研究的一个热点。目前已有很多集成学习算法，如 Bagging 算法、Boosting 算法及 Arcing 算法等。

(5)第五阶段为深度神经网络机器学习阶段。2006 年，在学界及业界巨大需求的刺激下，特别是计算机硬件技术的迅速发展为其提供了强大的计算能力。Geoffrey Hinton 和 Ruslan-Salakhutdinov 提出了深度学习模型，主要论点包括：多个隐层的人工神经网络具有良好的特征学习能力；通过逐层初始化来克服训练的难度，实现网络整体调优。这个模型的提出，开启了深度神经网络机器学习的新时代。

2012 年，Hinton 研究团队采用深度学习模型，赢得计算机视觉领域最具影响力的 ImageNet 比赛冠军，从而标志着深度学习进入第二个阶段。随着 Hinton、LeCun 和 Andrew 对深度学习的研究，以及云计算、大数据、计算机硬件技术的发展，深度学习近年来在多个领域取得了令人赞叹的进展，推出一批成功的商业应用，诸如谷歌翻译、苹果语音工具 Siri、微软的 Cortana 个人语音助手、蚂蚁金服的 Smile to Pay 扫脸技术，特别是谷歌 AlphaGo 在人机大战中获胜的奇迹等，使机器学习成为计算机科学的一个新的领域。

3.4.2 人工智能与机器学习技术重点技术分析

1. 深度学习

1)浅层学习是机器学习的第一次浪潮

20 世纪 80 年代末期，用于人工神经网络的反向传播算法(也叫 back propagation 算法或者 BP 算法)的发明，给机器学习带来了希望，掀起了基于统计模型的机器学习热潮。

这个热潮一直持续到今天。人们发现，利用 BP 算法可以让一个人工神经网络模型从大量训练样本中学习统计规律，从而对未知事件进行预测。这种基于统计的机器学习方法比过去基于人工规则的系统在很多方面显现出优越性。这个时候的人工神经网络，虽也被称作多层感知机（multi-layer perceptron），但实际是只含有一层隐层节点的浅层模型。

20 世纪 90 年代，各种各样的浅层机器学习模型相继被提出，例如支持向量机（support vector machines，SVM）、Boosting、最大熵方法等。这些模型的结构基本上可以看成带有一层隐层节点（如 SVM、Boosting），或没有隐层节点。这些模型无论是在理论分析还是应用中都获得了巨大的成功。相比之下，由于理论分析的难度大，训练方法又需要很多经验和技巧，这个时期浅层人工神经网络反而相对沉寂。

2) 深度学习是机器学习的第二次浪潮

2006 年，Geoffrey Hinton 发表了一篇文章，开启了深度学习在学术界和工业界的浪潮。这篇文章有两个主要观点：①多隐层的人工神经网络具有优异的特征学习能力，学习得到的特征对数据有更本质的刻画，从而有利于可视化或分类；②深度神经网络在训练上的难度，可以通过"逐层初始化"（layer-wise pre-training）来进行有效克服。在这篇文章中，逐层初始化是通过无监督学习实现的。

当前多数分类、回归等学习方法为浅层结构算法，其局限性为在有限样本和计算单元情况下对复杂函数的表示能力有限，针对复杂分类问题，其泛化能力受到一定制约。深度学习可通过学习一种深层非线性网络结构，实现复杂函数逼近，表征输入数据分布式表示，并展现了强大的从少数样本集中学习数据集本质特征的能力。

深度学习的实质，是通过构建具有很多隐层的机器学习模型和海量的训练数据，来学习更有用的特征，从而最终提升分类或预测的准确性。因此，"深度模型"是手段，"特征学习"是目的。区别于传统的浅层学习，深度学习的不同在于：①强调了模型结构的深度，通常有 5 层、6 层，甚至更多层的隐层节点；②明确突出了特征学习的重要性，也就是说，通过逐层特征变换，将样本在原空间的特征表示变换到一个新特征空间，从而使分类或预测更加容易。与人工规则构造特征的方法相比，利用大数据来学习特征，更能够刻画数据的丰富内在信息。

深度学习是机器学习研究的一个新领域，其动机在于建立、模拟人脑进行分析学习的神经网络，它模仿人脑的机制来解释数据，例如图像、声音和文本。深度学习是无监督学习的一种。

2. Siri 技术

Siri 全称为"个人自动智能助理"（personalized intelligent assistant），可以将 Siri 理解为一位低智商的生活秘书，它采用了 Nuance 公司的语音识别技术，具有一定程度的语义理解和用户意图识别能力，可以聊天解闷，更主要的功能是帮助办理一定的事务，比如预订餐厅、预订出租车、搜索精确答案、查询天气等。

Siri 是一个功能繁复的综合 AI 框架。为了在整体上更易于理解整个框架，可以将 Siri

里包含的众多数据、模型和计算模块划分为输入系统、活跃本体、执行系统、服务系统和输出系统五个子系统。其在解析用户输入时遵循一定的执行顺序，以此来理解用户的真正意图并提供有用服务。

Siri 的资源主要分为资源类和计算类两大类，其中属于资源类的包括：领域模型、词汇表数据库、短期记忆系统、长期记忆系统、领域本体数据库、对话流模型、服务模型、服务能力模型、外部服务。属于计算资源的包括：语音识别系统、语言模式识别器、语言解释器、对话流控制器、任务控制器、服务集成模块、语音生成系统。

Siri 的输入系统支持多模态输入，即不仅仅支持众所周知的语音识别，也允许用户进行文本输入、GUI(graphical user interface，图形用户界面)界面操作以及事件触发等。除了支持多模态输入外，Siri 输入系统一方面可以利用语言解释器对早期输入进行歧义消除，另一方面还可以对用户输入进行有意识的引导，将用户输入尽量映射到 Siri 能够提供的服务上来。这样对于用户和 Siri 来说才可相得益彰——Siri 可体现其价值，用户可获得帮助。

活跃本体是 Siri 中相当重要的一个概念，活跃本体可以被理解为 Siri 整个系统执行的一个具体执行环境和场所。执行系统调用所有系统数据、词典、模型和程序，在活动本体内对用户输入进行解析，并将文本信息在这里解析为用户真正的意图，然后根据意图来调用外部的服务。

在程序执行时，活跃本体内放入的数据和模型包括：领域模型、用户个性化信息、语言模式、词汇表和领域实体数据库等。

领域模型包括某个垂直领域内的概念、实体、关系、属性和实例的内部表示，这其实就是 semantic web(语义网)这个研究领域常说的 ontology(本体)。Siri 包含很多垂直领域的领域模型。"词汇表"用于维护 Siri 中的表层单词到"领域模型"或者"任务模型"中定义的概念、关系、属性的映射关系，被用来引导用户输入、自然语言解析和生成输出结果。

Siri 在个性化方面做得也非常出色。在和用户沟通的过程中，如果一台机器能够叫出用户的名字，并且知晓其个人爱好，用户体验无疑是非常优异的。从具体技术手段上，Siri 是通过在内部保持两个记忆系统(长期记忆系统和短期记忆系统)来实现能够个性化地和用户交流。长期记忆系统存储了用户的名称、居住地址以及历史偏好信息，短期记忆系统则将最近一段时期内 Siri 和用户的对话记录及 GUI 点选记录等记录下来。利用这两个记忆系统，Siri 可以在理解用户需求的时候辨别用户的真正意图。

语言模式识别系统是对用户输入的表层、语法层、习惯用语和成语等进行模式匹配的模块。匹配模式的代码在 Siri 内部采用正则表达式或者状态机等方式实现。在 Siri 识别出指定的语言模式后，可以帮助判断用户输入所述的任务类型。

执行系统是 Siri 系统最有技术含量的部分，如前文所述：活动本体是根据用户的输入信息，将各种词典资源、模型资源实例化进行具体加工的场所，而真正的加工过程是由执行系统进行的。执行系统不仅将用户原始的文本输入解析为内部的语义表示，而且要在用户和 Siri 交互过程中(多轮会话)决定下一句 Siri 应该说什么内容，可见其重要性。

执行系统具体又可以细分为三个主要部件：语言解释器、会话流控制器和任务控制器。它们之间分工不同，同时又密切合作，一起发挥作用。语言解释器将用户输入字符串流解析为语义表示作为输出，而这个语义表示又会作为会话流控制器的输入，会话流控制器根据当前语句所表达的含义，协同任务控制器一起决定 Siri 下一步应该做什么或者说什么。

语言解释器是 Siri 中最重要的自然语言处理工具，主要用来对文本形式的用户输入进行解析，将其映射为概念本体层级的信息表示，即理解语言真正的含义。此外，语言解释器也被用在输入系统中对用户输入提示或者输入补全进行分析，而且对语音识别结果后处理也有很大帮助。

对话流控制系统是在将用户的文本表示解析为内部用户意图之后发挥作用，即语言解释器将解析结果传递给对话流控制器，是语言解释器的后续处理步骤；而"任务控制器"则被"对话流控制器"调用，共同确定 Siri 下一步应该做什么或者说什么。

任务流控制器的主要功能是界定完成一件任务或者解决某个问题由哪些步骤构成，这些步骤之间是何种关系。任务流控制器和对话流控制器很容易混淆，不容易区分其功能差异。一般来说，对话流控制器主要用来决定 Siri 接下来要说的内容或者要做的事件，主要是根据领域判断诱导用户提供所需的参数；而任务流控制器更侧重于事务本身的定义，比如一个任务可以划分成若干子任务，是否有时序依赖关系。

任务流控制在 Siri 中也起到举足轻重的地位。Siri 的任务模型是由一些领域无关的通用任务模型和若干领域相关任务构成。通用任务是完成一件任务的抽象表述，与具体领域无关，因为其通用性，也可以应用在各个具体应用领域。

Siri 本质上是服务导向的用户意图识别系统，无论是对话流控制也好，任务流控制也好，其根本目的还是为了能够将用户引导到 Siri 能够提供的某项具体服务，以此达到帮助用户完成某些任务或者解决一些问题的目的。目前，Siri 可以提供多个领域的服务，涉及服务管理的问题，即如何进行管理才能使得系统可用性高、可维护性强等。具体而言，Siri 中有三个子部分涉及服务功能：服务模块、服务能力模型和多服务集成模块。其中，服务模块记录了可供 Siri 使用的各种服务的详细信息，服务能力模块则存储了哪些服务可以提供什么类型的服务等映射关系，服务系统中最重要的是多服务集成模块，调用另外两个服务模块提供给用户最终服务内容。因为往往完成用户某项需求要调用分布在各处的多项服务，每项服务能够提供部分信息，而且服务之间有些顺序需要遵守，所以如何调用所需的多种功能，调用顺序如何确定以及如何根据部分信息拼合成最终用户所需服务是其核心内容。

Siri 的输出系统会将最终将提供的服务结果或者在会话过程的中间内容展示给用户。其不仅支持语音、电邮、文本等多模态输出，还支持界面订制等个性化功能。

从上述技术描述看，Siri 是苹果公司新推出的一种新型人工智能框架，不仅在商业宣传上令人耳目一新，在其技术架构和具体实现上也颇具新意。尽管 Siri 最初依附 iPhone 平台，但是显然这种依附性并不强，可以预见这套系统会不断扩展到多种硬件类型的智能控制系统中，比如车载控制系统、智能电视控制系统等。

3. 自然语言处理

借助移动互联网技术、机器学习领域深度学习技术的发展以及大数据语料的积累，自然语言处理(natural language processing，NLP)技术发生了突飞猛进的变化。

最近几年，众多科技巨头正在这方面进行布局。2013年，谷歌以超过3000万美元的价格收购了新闻阅读应用开发商Wavii。Wavii擅长自然语言处理技术，可以通过扫描互联网发现新闻，并给出一句话摘要。微软将自然语言处理技术应用在了智能助手小冰、Cortana上，取得了不错的效果，通过机器翻译使Skype具备了实时翻译功能。自然语言处理技术是Facebook智能助手M背后的核心技术之一，其产品负责人称"我们对M做的事情可以让我们更好地理解自然语言处理"。国内的科大讯飞在2014年底发布了自然语言处理云平台，推出了语音合成产品，在中文领域的自然语言处理和语音合成方面有着深厚积累。2015年6月，百度推出了小度机器人；10月底，Rokid团队推出的Rokid机器人也与公众见面。

目前，自然语言处理技术的两大瓶颈是大规模语料数据的建设以及语义分析的进一步完善。

主流的自然语言处理技术是以统计机器学习为基础的，这就需要大规模的语料库。在很多任务中，这些语料库是需要人工构建的，这是非常费力的工作。因此，数据共享是促进研究发展必不可少的因素。可以说，自然语言处理的快速发展离不开一些开源的语料库，比如WordNet、PennTreebank等。任何语料库，无论大小、类型，都难以囊括某个领域的全部案例；而且，语料库的标注体系往往难以把握，类别划分过粗，无法全面、细致地描述语言，类别划分过细，则标注信息过于庞大，降低了标注效率，统计数据的稀疏问题严重，训练出来的模型健壮性差。因为人工标注语料库是费时费力的工作，因此还需要从模型和算法方面去研究如何利用大量的无人工标注或部分标注的数据，也就是半监督学习，但这方面的研究还不是特别成熟。

自然语言处理技术的另一大瓶颈就是如何精确地表现自然语言的语义，比如在人机交互过程中，首先要理解用户的意图，而这里"用户的意图"就是语义。目前，业界常用的方法有两种：基于知识或语义学规则的语义分析方法和基于统计学的语义分析方法。尽管两类方法都能在一定程度上进行自然语言语义的推导以及信息之间关联的判别，但是基于知识与语义学规则的方法无法覆盖全部语言现象，推理过程复杂，无法处理不确定性事件，规则间的相容性和适用层次范围存在缺陷和限制，知识和语义规则的建立是瓶颈问题；而基于统计学的方法则过多地依赖大规模语料库的支持，性能依赖语料库的优劣，易受数据稀疏和数据噪声的干扰，正如前文所述，大规模语料库的建立和语料质量的保证仍是瓶颈问题。

随着智能硬件技术与移动技术的迅速发展，自然语言处理技术的应用趋势也发生了变化。①用户要求自然语言处理技术可以精准地理解自己的需求，直接给出最匹配的答案，而非简单地给出地址让用户自己去找答案。②需要自然语言处理技术可以与用户进行对话式搜索与智能交互，例如"我到哪里可以买到漂亮衣服"，互联网针对衣服款式、价钱的定位等条件与用户进行对话与交互，通过基于自然语言处理技术的搜索引擎来步步引导用户，帮助用户逐渐发现自己的真实需求，进而给出最优答案。③需要自然语言处理技术对用户进行"画像"，提供"主动推荐、不问即得"的个性化推荐服务。由于每个人各个方面的生活需求不尽相同，自然语言处理技术可以根据用户的浏览历史来挖掘用户的喜好，进而针对用户的喜好进行精准推荐。

这样的需求，对于自然语言处理技术的未来发展提出了很大的挑战，要求能够做到以下四点：

(1)需求识别。通过用户提出的多种多样的、复杂的、基于情感式的、语意模糊的需求进行深刻分析，精确理解用户的需求。

(2)知识挖掘。经过海量的网络数据与知识的挖掘分析，将各种结构化、非结构化、半结构化的知识进行组织与梳理，最终以结构化、清晰化的知识形式完整地呈现给用户。

(3)用户引导。这与对话式智能交互相关，不仅根据用户的需求来提供"建议"，还能"猜测"用户可能会有什么未想到、未提出的需求，从而"先人一步"为用户提供相关的扩展信息。

(4)结果组织和展现。由于用户更加青睐直接的答案，答案的形式可以是唯一答案或聚合答案，以多媒体的形式表现，这就要求自然语言处理技术能够将挖掘的信息进行有效的组织与整理，以条理化、简洁化、直接化的形式呈现给用户。

4. 机器视觉

机器视觉是人工智能正在快速发展的一个分支。简单来说，机器视觉就是用机器代替人眼来做测量和判断。机器视觉系统是通过机器视觉产品[即图像摄取装置，分 CMOS 和 CCD(charge-coupled device，电荷耦合元件)两种]将被摄取目标转换成图像信号，传送给专用的图像处理系统，得到被摄目标的形态信息，根据像素分布和亮度、颜色等信息，转变成数字化信号；图像系统对这些信号进行各种运算来抽取目标的特征，进而根据判别的结果来控制现场的设备动作。

机器视觉是一项综合技术，包括图像处理、机械工程技术、控制、电光源照明、光学成像、传感器、模拟与数字视频技术、计算机软硬件技术(图像增强和分析算法、图像卡、I/O 卡等)。一个典型的机器视觉应用系统包括图像捕捉、光源系统、图像数字化模块、数字图像处理模块、智能判断决策模块和机械控制执行模块。

下面介绍几种近几年在机器视觉领域比较热门的算法。

1) 稀疏表示

稀疏表示是近年来信号处理领域的一大热点，简单来说，它其实是一种对原始信号的分解过程，该分解过程借助一个事先得到的字典(overcomplete basis，又称过完备基)，将输入信号表示为字典的线性近似的过程。

高维数据的稀疏表示是近年来机器学习和计算机视觉领域的研究热点之一。其基本假设是：自然图像本身为稀疏信号，即用一组过完备基将输入信号线性表达出来时，展开系数可以在满足一定稀疏度的条件下，获得对原始输入信号的良好近似。这种方法在图像去噪、图像复原、图像识别、图像分类等方面取得了巨大的成功。

稀疏表示的两大主要任务就是字典的生成和信号的稀疏分解，对于字典的选择，一般有分析字典和学习字典两大类。常用的分析字典有小波字典、超完备 DCT 字典和曲波字典等，用分析字典进行信号的稀疏表示时，虽然简单易实现，但信号的表达形式单一且不具备自适应性。反之，学习字典的自适应能力强，能够更好地适应不同的图像数据，在目前的研究中常用学习字典。稀疏分解算法首先是由 Mallat 提出的，也就是众所周知的匹配追踪算法(matching pursuit，MP)算法，该算法是一个迭代算法，简单且易于实现，因此得到了广泛的应用。随后，Pati 等基于 MP 算法，提出了正交匹配追踪(orthogonal matching pursuit，OMP)算法，OMP 算法相较于 MP 算法，收敛速度更快。在以后的研究中，为了改进 OMP 算法，学者们也提出了各种不同的其他算法，如压缩采样匹配追踪(compressive sampling matching pursuit，CoSaMP)算法、正则化正交匹配追踪(regularized orthogonal matching pursuit，ROMP)算法、分段式正交匹配追踪(stagewise OMP，StOMP)算法、子空间追踪(subspace pursuit，SP)算法等。

2) 低秩矩阵恢复

低秩矩阵恢复考虑如何从较大但稀疏的误差中恢复出本质上低秩的数据矩阵。有时在不同的场合，低秩矩阵恢复也被称为矩阵低秩稀疏分解(sparse and low-rank matrix decomposition，即将一个矩阵分解为一个低秩矩阵和一个稀疏矩阵之和)、鲁棒主成分分析(Robust principle component analysis，RPCA)、低秩稀疏非相干分解(rank-sparsity incoherence)等。这个问题在不同的应用领域可能会有不同的理解。

低秩矩阵恢复在不同领域的多个方面取得了十分成功的应用。这些应用涉及图像处理、模式识别、计算机视觉、计算机图形学和计算摄像学(computational photography)等多个领域。

(1) 视频背景建模。监控视频一般是由固定的相机拍摄到的图像序列。将每幅图像排列为一个向量，再将所有图像序列对应的向量排列为一个矩阵，则稳定的背景部分对应于低秩矩阵部分，而活动的物体或人物构成视频的前景，对应于稀疏矩阵部分。由主成分追踪算法，将由图像序列对应的矩阵进行矩阵低秩稀疏分解，便可成功地将静止的背景和活动的前景分开，从而可用于对背景建模和识别前景运动。

(2) 鲁棒联合图像对齐。鲁棒联合图像对齐用于对齐一组本质上线性相关的图像，同时可以去除图像中存在的因遮挡、损毁等造成的大的误差。它通过寻找一组最优的图像变换参数，使得经过位置变换后的这组图像构成的矩阵能够被分解为一个低秩矩阵部分(代表对齐后且恢复出的图像) 和一个稀疏矩阵部分(代表遮挡、损毁等造成的大的误差)。由于非线性非凸约束的存在，鲁棒联合图像对齐模型本身是一个非凸优化问题，在实际求解中通过对约束条件进行逐步线性化，然后迭代求解一系列的线性化后的凸优化问题，最终得到原问题的解。这种鲁棒联合图像对齐的方法在各种可控和自然条件下采集得到的图像集上均表现得很好，对人脸识别、联合图像去噪和视频去抖动等均有帮助，也被成功应用于"会说话的"仿真人脸头像合成(photo-real talking head synthesis)和视频流中的人脸图像复原(face recovery from video streaming)等技术上。

(3) 旧电影修复。以前的摄像技术远不如现在这么先进，也不能像现在这样能够方便地拍摄高质量的视频。以前往往是采用胶卷成像的方式进行摄像。现在，为了更好地保存较早时候拍摄的这些具有历史价值的珍贵视频资料，常常需要将胶卷影像进行数字化。但是由于年代久远，那些旧的胶卷往往会发生化学变化，使得视频中出现各种斑点、划痕、颜色失真、噪声、图像抖动等失真。利用视频帧与帧之间的相关性，可以使用低秩模型对原始视频进行建模，使用稀疏模型来刻画视频中出现的斑点、划痕等失真。对于镜头固定不动时拍摄的视频，我们将视频的各帧排列为一个列向量，将各帧对应的列向量合起来排列为一个矩阵。这样，我们就可以将这个矩阵分解为一个低秩矩阵和一个稀疏矩阵来修复旧电影中的失真。

3）非负矩阵分解

通常的矩阵分解会把一个大的矩阵分解为多个小的矩阵，但是这些矩阵的元素有正有负。而在现实世界中，比如图像，文本等形成的矩阵中，负数的存在是没有意义的，所以如果能把一个矩阵分解成全是非负元素是很有意义的。在非负矩阵分解中要求原始矩阵的所有元素均是非负的，那么矩阵可以分解为两个更小的非负矩阵的乘积，这个矩阵有且仅有一个这样的分解，即满足存在性和唯一性。

信息时代使得人类面临分析或处理各种大规模数据信息的情形，如卫星传回的大量图像、机器人接收的实时视频流、数据库中的大规模文本、Web 上的海量信息等。处理这类信息时，矩阵是人们最常用的数学表达方式，比如一幅图像恰好与一个矩阵对应，矩阵中的每个位置存放图像中一个像素的空间位置和色彩信息。实际问题中这样的矩阵很庞大，其中存放的信息分布往往不均匀，因此直接处理这样的矩阵效率低下，这对很多实际问题而言就失去了实用意义。为高效处理这些通过矩阵存放的数据，一个关键的必要步骤便是对矩阵进行分解操作。通过矩阵分解，一方面对描述问题的矩阵的维数进行削减，另一方面也可以对大量的数据进行压缩和概括。

非负矩阵分解能用于发现数据库中图像的特征，便于快速识别应用。比如实现录入恐怖分子的照片，然后在安检口对可疑人员进行盘查。在文档方面，非负矩阵分解能够发现文档的语义相关度，用于信息的自动索引和提取。在生物学中，其可应用在 DNA 阵列分析中识别基因等。在语音识别系统中，非负矩阵分解也能发挥重要作用。

5. 人造神经元

对于不少该领域的科学家而言，人工智能的终极目标之一就是用机器实现人脑的全部功能，而作为人脑的最小细胞单位——神经元，可能会是一个最好的入手点。2016 年 8 月 3 日，IBM 官方宣布了最新成果——首个人造神经元，可用于制造高密度、低功耗的认知学习芯片。

IBM 苏黎世研究中心制成了世界上第一个人造纳米尺度随机相变神经元。IBM 已经构建了由 500 个该神经元组成的阵列，并让该阵列以模拟人类大脑的工作方式进行信号处理。

该技术突破具有重要意义，因为相变神经元具有传统材料制成的神经元无法匹敌的特性——其尺寸能小到纳米量级。此外，它的信号传输速度很快，功耗很低。更重要的是，相变神经元是随机的，这意味着在相同的输入信号下，多个相变神经元的输出会有细微不同，而这正是生物神经元的特性。

IBM 相变神经元由输入端（类似生物神经元的树突）、神经薄膜（类似生物神经元的双分子层)、信号发生器(类似生物神经元的神经细胞主体)和输出端(类似生物神经元的轴突)组成。信号发生器和输入端之间还有反馈回路以增强某些类型的输入信号。

神经薄膜是整个神经元的关键。在生物神经细胞中,起神经薄膜作用的是一层液态薄膜,它的物理机理类似于电阻和电容:它阻止电流直接通过,但同时又在吸收能量。当能量吸收到一定程度,它就向外发射自己产生的信号。这信号沿着轴突传导,被其他神经元接收,然后再重复这一过程。

在 IBM 制造的神经元中,液态薄膜被一小片神经薄膜取代。神经薄膜是由锗锑碲复合材料(也称 GST 材料)制成的,该材料也是可重写蓝光光盘的主要功能材料。锗锑碲复合材料是一种相变材料,可以以两种状态存在:晶体态和无定形态。通过激光或电流提供能量,两种状态之间可以互相转变。在不同状态下,相变材料的物理特性截然不同:锗锑碲复合材料在无定形态下不导电,而在晶体态下导电。

在人工神经元中,锗锑碲薄膜起初是无定形态的。随着信号的到达,薄膜逐渐变成结晶态,即逐渐变得导电。最终,电流通过薄膜,制造一个信号,并通过该神经元的输出端发射出去。在一定的时间后,锗锑碲薄膜恢复为无定形态。这个过程周而复始。

由于生物体内各种噪声的存在,生物神经元是随机的(stochastic)。IBM 研究人员表示,人工神经元同样表现出随机特性,因为神经元的薄膜在每次复位后,其状态有细微不同,因此随后的晶态化过程略有不同。

3.4.3　人工智能与机器学习技术的发展趋势

1)机器学习算法的并行化和分布式处理

训练机器学习算法是非常昂贵的,而且随着大数据的到来,怎么把机器学习算法并行化或者用分布式的方式来解决是一个非常重要的问题,如 Hadoop 正是迎合了这种需求。但是这些平台目前还是只适合做数据处理,并不能完全并行化机器学习的核心算法,怎么去并行化而且实现快速的优化是一个值得研究的问题。

2)优化算法

优化算法一直是机器学习领域的重点,如何处理各种凸优化和非凸优化问题、如何处理分布式优化,避免局部最优解,一直是学者最关注的问题。其他值得关注的领域,还包括强化学习(reinforcement learning)、概率图模型(probabilistic graphical models)、统计关系学习(statistical relational learning)等。

3)神经网络的架构变得越来越复杂

感知和翻译等大多数神经网络的架构正变得越来越复杂,远非此前简单的前馈神经网络或卷积神经网络所能比。特别需要注意的是,神经网络正与不同的技术(如卷积、自定义目标函数等)相混合。随着计算能力的提升和算法的改进,神经网络和深度学习已经成为人工智能领域最具吸引力的流派。

4) 注意力模型

"注意力"是指神经网络在执行任务时知道把焦点放在何处。我们可以让神经网络在每一步都从更大的信息集中挑选信息作为输入。例如，当神经网络为一张图片生成标题时，它可以挑选图像的关键部分作为输入。

5) 计算机视觉和自然语言处理交汇

卷积神经网络最早出现在计算机视觉中，但现在许多自然语言处理系统也会使用。长短期记忆网络与递归神经网络深度学习最早出现在自然语言处理中，但现在也被纳入计算机视觉神经网络。所以，计算机视觉与自然语言处理的交汇仍然拥有无限前景，如程序为外语电视剧自动嵌入中文字幕的场景。

6) 深度学习和强化学习融合

深度学习和强化学习融合在"端对端"(end-to-end)机器人等领域出现了令人激动的进展，机器人已经可以一起运用深度学习和强化学习，将原始感官数据直接转化为实际动作驱动。我们正在超越"分类"等简单工作，尝试将"计划"与"行动"纳入方程。

3.5　媒体信息处理技术

3.5.1　语音处理技术

1. 语音识别

语音识别是一门交叉学科。近 20 年来，语音识别技术取得显著进步，开始从实验室走向市场。预计未来 10 年内，语音识别技术将进入工业、家电、通信、汽车电子、医疗、家庭服务、消费电子产品等各个领域。语音识别听写机在一些领域的应用被美国新闻界评为 1997 年计算机发展十件大事之一。很多专家都认为语音识别技术是 2000~2010 年信息技术领域十大重要的科技发展技术之一。语音识别技术所涉及的领域包括信号处理、模式识别、概率论和信息论、发声机理、听觉机理、人工智能等。

根据识别对象的不同，语音识别任务大体可分为 3 类，即孤立词识别(isolated word recognition)，关键词识别或称关键词检出(keyword spotting)和连续语音识别。其中，孤立词识别的任务是识别事先已知的孤立的词，如"开机""关机"等；连续语音识别的任务则是识别任意的连续语音，如一个句子或一段话。连续语音流中的关键词检测针对的是连续语音，但它并不识别全部文字，而只是检测已知的若干关键词在何处出现，如在一段话中检测"计算机""世界"这两个词。

根据针对的发音人，可以把语音识别技术分为特定人语音识别和非特定人语音识别，前者只能识别一个或几个人的语音，而后者则可以被任何人使用。显然，非特定人语音识别系统更符合实际需要，但它要比针对特定人的识别困难得多。另外，根据语音设备和通道，语音识别技术可以分为桌面语音识别、电话语音识别和嵌入式设备(手机、PDA 等)语音识别。不同的采集通道会使人的发音的声学特性发生变形，因此需要构造各自的识别系统。

语音识别的应用领域非常广泛，常见的应用系统有以下几类。①语音输入系统，相对于键盘输入方法，它更符合人的日常习惯，也更自然、更高效。②语音控制系统，即用语音来控制设备的运行，相对于手动控制来说更加快捷、方便，可以用在诸如工业控制、语音拨号系统、智能家电、声控智能玩具等许多领域。③智能对话查询系统，根据客户的语音进行操作，为用户提供自然、友好的数据库检索服务，例如家庭服务、宾馆服务、旅行社服务系统、订票系统、医疗服务、银行服务、股票查询服务等。

语音识别技术主要存在 5 个问题。

(1)对自然语言的识别和理解。首先必须将连续的讲话分解为词、音素等单位，其次要建立一个理解语义的规则。

(2)语音信息量大。不同的说话人语音模式不同，同一个说话人的语音模式也是不同的。例如，一个人在随意说话和认真说话时的语音信息是不同的，并且一个人的说话方式也会随着时间发生变化。

(3)语音的模糊性。说话者在讲话时，不同的词可能听起来是相似的，这在英语和汉语中较常见。

(4)单个字母或词、字的语音特性受上下文的影响，重音、音调、音量和发音速度等会发生改变。

(5)环境噪声和干扰对语音识别有严重影响，致使识别率低。

近年来，特别是 2009 年以来，借助机器学习领域深度学习研究的发展，以及大数据语料的积累，语音识别技术得到突飞猛进的发展。

1)基于深度学习、大数据的语音识别

将机器学习领域深度学习研究引入语音识别声学模型训练，使用带受限波尔兹曼机（restricted Boltzmann machine，RBM）预训练的多层神经网络，极大提高了声学模型的准确率。在此方面，微软公司的研究人员率先取得了突破性进展，他们使用深层神经网络模型后，语音识别错误率降低了 30%，是近 20 年来语音识别技术方面较大的进步。

目前，大多数主流的语音识别解码器已经采用基于有限状态机的解码网络，该解码网络可以把语言模型、词典和声学共享音字集统一集成为一个大的解码网络，大大提高了解码的速度，为语音识别的实时应用提供了基础。

随着互联网的快速发展，以及手机等移动终端的普及应用，目前可以从多个渠道获取大量文本或语音方面的语料，这为语音识别中的语言模型和声学模型的训练提供了丰富的资源，使得构建通用大规模语言模型和声学模型成为可能。在语音识别中，训练数据的匹配和丰富性是推动系统性能提升的最重要因素之一，但是语料的标注和分析需要长期的积累和沉淀，随着大数据时代的来临，大规模语料资源的积累将被提到战略高度。

2）基于移动平台、云技术的语音识别

近期，语音识别在移动终端上的应用最为火热，语音对话机器人、语音助手、互动工具等层出不穷，许多互联网公司纷纷投入人力、物力和财力开展此方面的研究和应用，目的是通过语音交互的新颖和便利模式迅速占领客户群。

目前，国外的应用一直以苹果的 Siri 为龙头。而在国内，科大讯飞、云知声、盛大、捷通华声、搜狗语音助手、紫冬口译、百度语音等系统都采用了最新的语音识别技术，市面上其他相关的产品也直接或间接嵌入了类似的技术。

2. 语音合成

语音合成和语音识别技术是实现人机语音通信，建立一个有听和讲能力的口语系统所必需的两项关键技术。使电脑具有类似于人一样的说话能力，是当今信息产业的重要竞争市场。和语音识别相比，语音合成的技术相对来说要成熟一些，并已开始向产业化方向成功迈进，大规模应用指日可待。

语音合成，又称文语转换（text to speech）技术，能将任意文字信息实时转化为标准流畅的语音朗读出来，相当于给机器装上了人工嘴巴。它涉及声学、语言学、数字信号处理、计算机科学等多个学科技术，是中文信息处理领域的一项前沿技术，解决的主要问题就是如何将文字信息转化为声音信息，即让机器像人一样开口说话。我们所说的"让机器像人一样开口说话"与传统的声音回放设备（系统）有着本质的区别。传统的声音回放设备（系统），如磁带录音机，是通过预先录制声音然后回放来实现"让机器说话"的。这种方式无论是在内容、存储、传输，还是方便性、及时性等方面都存在很大的限制。而计算机语音合成则可以在任何时候将任意文本转换成具有高自然度的语音，从而真正实现让机器"像人一样开口说话"。

3.5.2　文字处理技术

1. 基于深度学习的机器翻译

机器翻译（machine translation），又称为自动翻译，是利用计算机将一种自然语言（源语言）转换为另一种自然语言（目标语言）的过程。它是计算语言学（computational linguistics）的一个分支，涉及计算机、认知科学、语言学、信息论等学科，是人工智能的终极目标之一，具有重要的科学研究价值。同时，机器翻译又具有重要的实用价值。随着经济全球化及互联网的飞速发展，机器翻译技术在促进政治、经济、文化交流等方面起到越来越重要的作用。

2013 年来，随着深度学习的研究取得较大进展，基于人工神经网络的机器翻译（neural machine translation，NMT）逐渐兴起。其技术核心是一个拥有海量结点（神经元）的深度神经网络，可以自动地从语料库中学习翻译知识。一种语言的句子被向量化之后，在网络中层层传递，转化为计算机可以"理解"的表示形式，再经过多层复杂的传导运算，生成另一种语言的译文，实现了"理解语言，生成译文"的翻译方式。这种翻译方式最大的优势在于译文流畅，更加符合语法规范，容易理解。相比之前的翻译技术，质量有"跃进式"的提升。

目前，广泛应用于机器翻译的是长短时记忆(long short-term memory，LSTM)循环神经网络(recurrent neural network，RNN)。该模型擅长对自然语言建模，把任意长度的句子转化为特定维度的浮点数向量，同时"记住"句子中比较重要的单词，让"记忆"保存比较长的时间。该模型很好地解决了自然语言句子向量化的难题，对利用计算机来处理自然语言来说具有非常重要的意义，使得计算机对语言的处理不再停留在简单的字面匹配层面，而是进一步深入到语义理解的层面。

该领域代表性的研究机构和公司包括加拿大蒙特利尔大学的机器学习实验室(发布了开源的基于神经网络的机器翻译系统 GroundHog)。2015 年，百度发布了融合统计和深度学习方法的在线翻译系统，Google 也在此方面开展了深入研究。

2. 聊天机器人

聊天机器人(chatterbot)是一个用来模拟人类对话或聊天的程序。它试图建立这样的程序：至少暂时性地让一个真正的人类认为他们正在和另一个人聊天。世界上最早的聊天机器人诞生于 20 世纪 80 年代，名为"阿尔贝特"，用 BASIC 语言编写而成。互联网上已出现"比利""艾丽斯"等英文聊天机器人，中文的如"白丝魔理沙""乌贼娘"等，也是由网友制作的聊天机器人。

近年来，聊天机器人受到学术界和工业界的广泛关注。一方面，聊天机器人是图灵测试的一种实现方式，而图灵测试是人工智能领域王冠上的明珠；另一方面，微软推出了基于情感计算的聊天机器人小冰，百度推出了用于交互式搜索的聊天机器人小度，进而推动了聊天机器人产品化的发展。聊天机器人系统可以看作是机器人产业与"互联网+"的结合，符合国家的科研及产业化发展方向。

基于中文聊天的机器人技术也日趋成熟，国内已经出现了不少智能聊天机器人，比如赢思软件的"小 i"、爱博的"小 A""小强"和"爱情玩偶"等。这些机器人也日益成为网民上网的好伙伴。赢思软件推出的"小 i"还有很多丰富的功能，比如 MSN 群，让办公室白领能够更加轻松地交流。另外，聊天机器人也被应用到商务和政务领域，很多网站上已经有了 MSN 机器人或者 WEB 机器人，让互动交流变得更加方便和人性化。

3.5.3　图像处理技术

1. 基于内容的图像检索

从 20 世纪 70 年代开始，有关图像检索的研究就已开始，当时主要是基于文本的图像检索技术(text-based image retrieval，TBIR)，利用文本描述的方式描述图像的特征，如绘画作品的作者、年代、流派、尺寸等。20 世纪 90 年代以后，出现了对图像的内容语义，如对图像的颜色、纹理、布局等进行分析和检索的图像检索技术，即基于内容的图像检索（content-based image retrieval，CBIR）技术。典型的 CBIR 系统，允许用户输入一张图片，以查找具有相同或相似内容的其他图片。而传统的图像检索是基于文本的，即通过图片的名称、文字信息和索引关系来实现查询功能。

CBIR 的核心是使用图像的可视特征对图像进行检索。本质上讲，它是一种近似匹配技术，融合了计算机视觉、图像处理、图像理解和数据库等多个领域的技术成果，其中的特征提取和索引的建立可由计算机自动完成，避免了人工描述的主观性。用户检索的过程一般是提供一个样例图像（queryby example）或描绘一幅草图（queryby sketch），系统抽取该查询图像的特征，然后与数据库中的特征进行比较，并将与查询特征相似的图像返回给用户。

CBIR 的实现依赖于两个关键技术：图像特征提取和匹配。

图像特征提取分为两类：①低层视觉，主要包括颜色、形状、纹理等；②语义内容，包含高层的概念级反应，需要对物体进行识别和解释，往往要借助人类的知识推理。由于目前计算机视觉和图像理解的发展水平所限，CBIR 还无法真正支持基于语义的图像检索，所以目前研究较多也比较成熟的检索算法大部分是基于图像的低层特征的，即利用图像的颜色、纹理、形状等特征来检索。提取后的图像特征数据需要经过索引、降维等处理。

图像相似度是指人类对图像内容认识上（即语义）的差异，导致通过计算查询样图和候选图像在视觉特征上存在距离。如果这个距离满足一定条件，则可以说这两幅图像相似度匹配。当然，如果能将语义特征和视觉特征结合起来，相似度匹配程度会更高，检索结果会更让人满意，但这是目前研究的一大难题。

2. 感兴趣目标检测、识别

目标检测，也叫目标提取，是一种基于目标几何和统计特征的图像分割，它将目标的分割和识别合二为一，其准确性和实时性是整个系统的一项重要能力。尤其是在复杂场景中，需要对多个目标进行实时处理时，目标自动提取和识别就显得特别重要。随着计算机技术的发展和计算机视觉原理的广泛应用，利用计算机图像处理技术对目标进行实时跟踪研究越来越热门，对目标进行动态实时跟踪定位在智能化交通系统、智能监控系统、军事目标检测及医学导航手术中手术器械定位等方面具有广泛的应用价值。

目标识别是指一个特殊目标（或一种类型的目标）从其他目标（或其他类型的目标）中被区分出来的过程。它既包括两个非常相似目标的识别，也包括一种类型的目标同其他类型目标的识别。基于数字图像的目标识别核心技术在于图像识别。

目标识别问题的数学本质属于模式空间到类别空间的映射问题。由于目标识别技术的重要性，它已成为国内外信息处理技术发展的重点。近 10 年来，目标识别已由理论探索、实验室仿真逐渐走向实际应用。目前，目标识别技术主要有 4 种。

（1）经典的统计模式识别方法。该方法主要是利用目标特性的统计分布，依靠目标识别系统的大量训练和基于模式空间距离度量的特征匹配分类技术，可在较窄的场景定义域内获得较有效的识别。该方法是早期使用的方法，仅在很窄的场景定义域内，且在目标图像和周围背景变化不大的情况下才比较有效，难以解决姿态变化、目标污损变模糊、目标部分被遮蔽等问题。

(2)基于知识的自动目标识别方法。20 世纪 70 年代末，人工智能专家系统开始应用目标识别的研究，形成了基于知识的目标识别，即基于知识(knowledge based，KB)的系统。基于知识的目标识别算法在一定程度上克服了经典统计模式识别法的局限性和缺陷，该方法目前存在的主要问题是可供利用的知识源的辨识和知识的验证很困难，同时难以在新场景中有效地组织知识。

(3)基于模型的自动目标识别方法。基于模型（model based，MB）的方法首先是将复杂的目标识别的样本空间模型化，这些模型提供了一种描述样本空间各种重要变化特性的简便途径。典型的模型基系统抽取一定的目标特性，并利用这些特性和一些辅助知识来标记目标的模型参数，从而选择一些初始假设，实现目标特性的预测。一个模型基系统的最终目标是匹配实际的特性和预测后面的特性，若标记准确，匹配过程会成功和有效。模型基方法目前的使用尚限于实验室研究阶段。

(4)基于深度神经网络的自动目标识别方法。专家系统是以逻辑推理为基础，模拟人类思维的人工智能方法。深度神经网络是以神经元连接结构为基础，通过模拟人脑结构来模拟人类形象思维的一种非逻辑、非语言的人工智能方法。深度神经网络自底向上的训练和归纳判断特性与专家系统的积累知识的自顶向下的利用特性，可以实现很好的互相补充结合，提供更强的信息处理能力。深度神经网络技术可以提供目标识别算法固有的直觉学习能力，在目标分类处理中有许多算法都可由深度神经网络有效地实现。

3.5.4 视频处理技术

1. 基于视频内容的分析技术

视频分析(intelligent video system，IVS)技术就是使用计算机图像视觉分析技术，通过将场景中背景和目标进行分离，进而分析并追踪在摄像机场景内出现的目标。用户可以根据视频的内容分析功能，通过在不同摄像机的场景中预设不同的报警规则，一旦目标在场景中出现了违反预定义规则的行为，系统会自动发出报警，监控工作站自动弹出报警信息并发出警示音，用户可以通过点击报警信息，实现报警的场景重组并采取相关措施。

视频内容分析技术通过对可视的监视摄像机视频图像进行分析，并具备对风、雨、雪、落叶、飞鸟、飘动的旗帜等多种背景的过滤能力。通过建立人类活动的模型，借助计算机的高速计算能力使用各种过滤器，排除监视场景中非人类的干扰因素，准确判断人类在视频监视图像中的各种活动。

视频分析实质是一种算法，甚至可以说与硬件、与系统架构没什么关系，视频分析技术基于数字化图像，基于图像分析和计算机视觉的算法。一方面，智能视频将继续沿着数字化、网络化、智能化的进程发展，另一方面，智能视频监控将向着适应更为复杂和多变的场景发展，向着识别和分析更多的行为和异常事件的方向发展，向着更低的成本方向发展，向着真正"基于场景内容分析"的方向发展，向着提前预警和预防的方向发展。监控系统的数字化、网络化及芯片和算法的发展都与视频分析密切相关。

从广义上来说，智能视频分析技术主要包括 3 类。

1）视频分析类

该类主要是在监控图像中找出目标，并检测目标的运动特征属性(如目标相对的像素点位置、目标的移动方向及相对像素点移动速度、目标本身在画面中的形状及其改变)，根据以上基本功能，视频分析可分为以下几个功能模块：周界入侵检测、目标移动方向检测、目标运动、停止状态改变检测、目标出现与消失检测、人流量统计、车流量统计、PTZ(pan/tilt/zoom，全方位移动及镜头变倍、变焦控制)自动追踪系统、系统智能自检功能等。

2）视频识别类

该类包括人脸识别、步态识别与车牌识别，其主要技术是在视频图像中找出一些局部画面的共性。如人脸必然有两个眼睛，如果可以找到双目的位置，那么就可以定性人脸的位置及尺寸。

3）视频改善类

该类主要是针对一些不可视、模糊不清，或者是振动的图像进行部分优化处理，以增加视频的可监控性能，具体包括：红外夜视图像增强处理、车牌识别影像消模糊处理、光变与阴影抑制处理、潮汐与物体尺寸过滤处理、视频图像稳定系统等。

从实现方式来看，智能视频分析技术目前有两种常用方式：第一种是基于智能视频处理器的前端解决方案；第二种是基于监控的后端智能视频分析解决方案。

(1)基于视频处理器的前端解决方案。所有的目标跟踪、行为判断、报警触发都是由前端智能分析设备完成，只将报警信息通过网络传输至监控中心。其优点是视频分析设备被放置在 IP 摄像机之后，这样可以有效地节约视频流占用的带宽；其缺点是价格昂贵，安装复杂；前端设备分散、易损率高；报警记录与视频监控分开。

(2)基于监控的后端智能视频分析解决方案。所有的前端摄像机仅仅具备基本的视频采集功能，而所有的视频分析都必须汇集到后端或者关键节点处，由计算机统一处理。其优点是无须红外传感器等前端检测设备，可与现有监控系统有效融合，可针对不同需求规则进行改变，灵活、可扩展性强；其缺点是只能控制若干关键的监控点，并且对计算机性能和网络带宽要求比较高。

2. 智能视频

目前，智能视频技术实现对移动目标的实时检测、识别、分类以及多目标跟踪等功能的主要算法分为 5 类：目标检测、目标跟踪、目标识别、行为分析、图像检索。

1）目标检测

目标检测（object detection）是按一定时间间隔从视频图像中抽取像素，采用软件技术来分析数字化的像素，将运动物体从视频序列中分离出来。运动目标检测技术是智能化分析的基础。常用的目标检测技术可以分为背景减除法（background subtraction）、时间差分法（temporal difference）和光流法（optic flow）3 类。

背景减除法利用当前图像与背景图像的差分检测运动区域。背景减除法假设视频场景中有一个背景，而背景和前景并未给出严格定义，背景在实际使用中是变化的，所以背景建模是背景减除法中非常关键的一步。常用的背景建模方法有时间平均法、自适应更新法和高斯模型等。背景减除法能够提供相对来说比较完整的运动目标特征数据，但对于动态场景的变化，如光线照射情况、摄像机抖动和外来无关事件的干扰特别敏感。

时间差分法充分利用视频图像的时域特征，利用相邻帧图像的相减来提取前景移动目标的信息。该方法对于动态环境具有较强的自适应性，不对场景做任何假设，但一般不能完全提取出所有相关的特征像素点，在运动实体内部容易产生空洞现象，只能够检测到目标的边缘。当运动目标停止时，一般时间差分法便失效。光流法通过比较连续帧，为每个图像的像素赋予一个运动矢量，从而分割出运动物体。

光流法能够在摄像机运动的情况下检测出独立的运动目标，然而光流法运算复杂度高，并且对噪声很敏感，所以在没有专门硬件支持下很难用于实时视频流检测中。

2）目标跟踪

目标跟踪（object tracking）算法根据不同的分类标准，有两种分类方法：根据目标跟踪与目标检测的时间关系分类和根据目标跟踪的策略分类。根据目标跟踪与目标检测的时间关系，目标跟踪可分为 3 种类型。

（1）先检测后跟踪（detect before track），先检测每帧图像上的目标，然后将前后两帧图像上的目标进行匹配，从而达到跟踪的目的。这种方法可以借助很多图像处理和数据处理的现有技术，但是检测过程没有充分利用跟踪过程提供的信息。

（2）先跟踪后检测（track before detect），先对目标下一帧所在的位置及其状态进行预测或假设，然后根据检测结果来矫正预测值。这一方法面临的难点是事先要知道目标的运动特性和规律。

（3）边检测边跟踪（track while detect），图像序列中目标的检测和跟踪相结合，检测要利用跟踪来提供处理的对象区域，跟踪要利用检测来提供目标状态的观察数据。

根据目标跟踪的策略来分类，通常可分为 3D 方法和 2D 方法。相对 3D 方法而言，2D 方法速度较快，但对于遮挡问题难以处理。基于运动估计的跟踪是最常用的方法之一。

3）目标识别

目标识别（object recognize）利用物体颜色、速度、形状、尺寸等信息进行判别，区分人、交通工具和其他对象。目标识别常用人脸识别和车辆识别。

视频人脸识别通常分为 4 个步骤：人脸检测、人脸跟踪、特征提取和比对。人脸检测指在动态的场景与复杂的背景中判断是否存在面像,并分离出这种面像。人脸跟踪指对被检测到的面貌进行动态目标跟踪。常用方法有基于模型的方法、基于运动与模型相结合的方法、肤色模型法等。

人脸特征提取方法归纳起来分为 3 类:①基于边缘、直线和曲线的基本方法;②基于特征模板的方法;③考虑各种特征之间几何关系的结构匹配法。单一基于局部特征的提取方法在处理闭眼、眼镜和张嘴等情景时遇到困难。相对而言,基于整体特征统计的方法对于图像亮度和特征形变的鲁棒性更强。人脸比对是将抽取出的人脸特征与面像库中的特征进行比对,并找出最佳的匹配对象。

车辆识别主要分为车牌照识别、车型识别和车辆颜色识别等,应用最广泛和技术较成熟的是车牌照识别。车牌照识别的步骤分别为:车牌定位、车牌字符分割、车牌字符特征提取和车牌字符识别。

车牌定位是指从车牌图像中找到车牌区域并把其分离出来。车牌字符分割是将汉字、英文字母和数字字符从牌照中提取出来。车牌字符特征提取的基本任务是从众多特征中找出最有效的特征,常用的方法有逐像素特征提取法、骨架特征提取法、垂直水平方向数据统计特征提取法、特征点提取法和基于统计特征的提取法。车牌字符识别可以使用贝叶斯分离器、支持向量机和神经网络分类器等算法。

4)行为分析

行为分析(behavior analysis)是指在目标检测、跟踪和识别的基础上,对其行为进行更高层次的语义分析。现有的行为分析技术根据分析的细节程度和对分析结果的判别要求可以分为 3 类:①使用了大量的细节,并往往使用已经建立好的数据进行分析而较少使用目标的时域信息,基于人脸、手势、步态的行为分析方法属于这一类;②将目标作为一个整体,使用目标跟踪算法来分析其运动轨迹以及该目标与其他目标的交互;③在前两类的基础上做折中,它使用时域和空域的信息,分析目标各部分的运动。

5)图像检索

基于内容的图像检索技术是由用户提交检索样本,系统根据样本对象的底层物理特征生成特征集,然后在视频库中进行相似性匹配,得到检索结果的过程。现有基于内容的检索方法主要分为:基于颜色的检索方法、基于形状的检索方法和基于纹理的检索方法等。数据融合是将来自不同视频源的数据进行整合,以获得更丰富的数据分析结果。

3.6 网络空间安全技术

3.6.1 网络空间安全技术的发展现状

随着网络空间的价值和影响不断放大,网络空间各行为主体围绕网络空间的战略博弈也在全面升级,纵观全球网络空间信息安全威胁格局,呈现出网络信息战广泛应用、网络恐怖主义快速兴起、网络政治动员全球交锋、网络地下经济全面泛滥等典型威胁态势。据美国专注安全领域的投资咨询机构 Cybersecurity Ventures 发布的报告，2015 年通过网络攻击进行的网络犯罪造成商业损失高达 4000 亿～5000 亿美元。而云计算、大数据、移动互联网、物联网等新技术的出现和广泛应用将给网络信息安全带来全新的挑战。面对网络空间的安全挑战，维护网络空间安全已成为各国决策者的共识，已被各主要国家上升到前所未有的战略高度，是新时期新安全观的重要组成部分。

面对由网络信息新技术引发的网络安全威胁和各国网络安全战略博弈产生的日趋严峻的全球网络空间安全形势，我国新一代中央领导集体直面挑战、勇于变革，从战略上谋局，在体制上破冰，提出了加快建设网络强国的战略目标，标志着我国网络信息安全跨入一个全新的征程。

2013 年 11 月，中国共产党第十八届中央委员会第三次全体会议在网络安全的理念和机构设置上迈出重要一步，全会通过《中共中央关于全面深化改革若干重大问题的决定》，提出依法管理网络的 16 字方针，即"积极利用、科学发展、依法管理、确保安全"，并提出要"加快完善互联网管理领导机制，确保国家和信息安全"，目的是整合相关机构职能，形成从技术到内容、从日常安全到打击犯罪的互联网管理合力，确保网络正常应用和安全。2014 年 2 月 27 日，中央宣布成立网络安全和信息化领导小组，标志着我国网络空间安全管理体制的重大突破，我国网络空间安全进入一个全新的发展阶段。2015 年 6 月《中华人民共和国网络安全法(草案)》征求意见以及 2015 年 7 月 1 日《中华人民共和国国家安全法》颁布实施，其中第二十四条、第二十五条、第五十九条与网络信息安全直接相关，都是依法管理网络的重要里程碑。2015 年 6 月 11 日，国务院学位委员会办公室和教育部在"工学"门类下增设"网络空间安全"一级学科(学科代码 0839)，同时建立了中国网络空间研究院等智库，开展网络安全职业培训和资格认证。将网络空间安全人才培养、发现和提高全民信息安全素质作为国家网络空间安全重要抓手。

3.6.2 网络空间安全技术重点技术分析

1. 密码技术

1) 密码算法

密码算法主要包括分组密码、流密码、Hash 函数及 MAC、公钥密码以及新兴的认证加密算法等。20 世纪 70 年代，美国国家标准局发布数据加密标准 DES(Data Encryption Standard，数据加密标准)。但随着网络的发展和计算能力的提高，DES 密钥长度过短的劣势逐渐暴露出来。在 1999 年的 RSA(一种非对称加密算法)竞赛中，Distributed.net 组织利用 10 万台普通计算机协同工作，在 1 天之内通过穷举搜索获得了 DES 密钥。为了取代 DES，美国标准技术研究所发起了征集高级加密标准 AES(Advanced Encryption Standard，高级加密标准)的竞赛，经过三轮筛选，从初始 15 个候选算法中确定 Rijndael 算法作为 AES。AES 可以抵抗包括差分攻击、线性攻击等已知的各种攻击手段，且在软硬件实现速度、内存要求方面都具有很好的性质。AES 发布后，理论研究的重点转为对现有密码结构的安全性进行分析，并取得了一系列重要的成果。分组密码研究中一个值得关注的新方向是在现实应用中有广泛需求的轻量级密码。

自 1976 年 Diffie 与 Hellman 提出公钥密码概念以来，出现了许多公钥密码体制，目前应用最为广泛的包括 RSA 密码、ElGamal 密码和椭圆曲线密码。但公钥密码的密钥证书管理比较复杂，为了简化密钥管理，Shamir 提出了基于身份的公钥密码，Boneh 和 Franklin 基于双线性配对技术构造了实用的方案。随后，很多优秀的基于身份方案陆续提出。新型的公钥密码体制出现，如无证书加密、广播加密、属性加密、谓词加密及函数加密等，其中属性加密、谓词加密、函数加密等已成为解决云计算环境下数据安全及隐私保护问题的重要技术手段。

2) 密码协议

密码协议是指两方或者更多方，为完成某种信息系统安全功能而执行的一系列规定步骤。由于面向应用，密码协议的覆盖范围非常广泛，既包括身份认证、密钥交换、秘密共享、数字签名、零知识证明、多方安全计算等基本工具，又包括电子选举、电子投票等复杂功能。

安全多方计算是一个由多方参与的分布式计算协议，每个参与方分别提供输入信息参与计算，并获得计算结果，但在计算结束后，却无法获得其他参与方的输入信息。安全多方计算最初由"姚氏百万富翁"问题引出，有两方参与计算，后推广成为多方计算。安全多方计算使用秘密共享、零知识、比特承诺、不经意传输等作为其基础工具，以构造电子选举协议、电子拍卖协议等应用协议，并且在门限签名、数据库查询与数据挖掘、隐私保护中有很重要的应用。近年来，新出现的黑盒安全多方计算、计算过程可中止的安全多方计算，及非交互式安全多方计算等新的方法值得研究者关注。

随着各种新型网络及应用的出现，出现了如外包计算、可验证存储等新的应用协议。随着云计算、物联网、车载网、"互联网+"、智慧城市等更广泛的应用，密码协议设计及分析方法的研究也必将获得新的发展。

2. 云计算安全的关键技术

虽然云计算各层的安全风险各异，采取的安全技术和措施也不尽相同，但有几大技术却是有共性的。

1) 虚拟化安全技术

虚拟化是云计算的核心技术之一，虚拟化技术的采用加快了传统应用部署的速度，提高了应用的兼容性和服务的可用性，同时降低了能源消耗。与此同时，虚拟化自身也存在诸多风险和威胁。因此，虚拟化安全成为云计算不得不考虑的重要安全威胁之一。目前使用的虚拟化安全措施包括虚拟机可信平台、虚拟机隔离、虚拟机信息流控制、虚拟机监控、虚拟网络接入控制等。虚拟化安全技术大多已经比较成熟，但仍有部分需要进一步验证和改进。

2) 数据安全

云计算环境下的数据安全是客户最关注的问题。云计算数据生命周期不同阶段的安全挑战包括 4 种。

(1) 数据存放位置。必须保证所有数据(包括所有副本和备份)存储在合同、服务水平协议和法规允许的地理位置。

(2) 不同客户数据的混合。数据(尤其是保密、敏感数据)不能在使用、存储或传输过程中,在没有任何补偿控制的情况下与其他客户数据混合。数据的混合将在数据安全和地理位置选择等方面增加安全挑战。

(3) 数据备份和恢复重建计划。必须保证数据可用,云数据备份和云恢复计划必须到位和有效,以防止数据丢失、意外数据覆盖和破坏。

(4) 数据删除或持久性。必须具备一种可信技术保证全面和有效地定位云计算数据、擦除和销毁数据,保证数据已被完全消除或无法恢复。针对数据安全的解决方案通常是采取数据隔离、数据加密、数据切分、数据屏蔽、数据删除技术。但怎样做好数据的隔离和保密仍然是一个很大的问题,这些技术在云计算平台下如何发挥作用,是否像在传统环境下那样有效仍然有待进一步研究。

3) 云资源访问控制

在云计算环境中,各个云应用属于不同的安全管理域,每个安全域都管理着本地资源和用户。当用户跨域访问资源时,需在域边界设置认证服务,对访问共享资源的用户进行统一的身份认证管理。

传统模式下的身份认证和访问管理技术已经比较成熟,云计算模式下服务商(IaaS、PaaS、SaaS)所支持的标准并不健全,难以满足企业对监测管理、隐私性和数据保护的需求。

3. 物联网安全关键技术

1) 密钥管理机制

密钥系统是安全的基础,是实现感知信息隐私保护的手段之一。由于互联网不存在计算资源的限制,非对称和对称密钥系统都适用,互联网面临的安全主要是来源于其最初的开放式管理模式的设计,是一种没有严格管理中心的网络。移动通信网是一种相对集中式管理的网络,而无线传感器网络和感知节点由于计算资源的限制,对密钥系统提出了更多的要求。因此,物联网密钥管理系统面临两个主要问题:①如何构建一个贯穿多个网络的统一密钥管理系统,并与物联网的体系结构相适应;②如何解决传感网的密钥管理问题,如密钥的分配、更新、组播等问题。

2) 数据处理与数据隐私

物联网的数据要经过信息感知、获取、汇聚、融合、传输、存储、挖掘、决策和控制等处理流程, 而末端的感知网络几乎涉及上述信息处理的全过程, 只是由于传感节点与汇聚点的资源限制, 在信息的挖掘和决策方面不占据主要的位置。物联网应用不仅要考虑信息采集的安全性, 也要考虑信息传送的私密性, 要求信息不能被篡改和非授权用户使用; 同时, 还要考虑网络的可靠、可信和安全。物联网能否大规模推广应用, 很大程度上取决于其是否能够保障用户数据和隐私的安全。

3) 安全路由协议

物联网的路由要跨越多类网络, 有基于 IP 地址的互联网路由协议, 有基于标识的移动通信网和传感网的路由算法, 因此我们要至少解决两个问题, 一是多网融合的路由问题; 二是传感网的路由问题。多网融合的路由问题中, 可以考虑将身份标识映射成类似的 IP 地址, 实现基于地址的统一路由体系; 传感网的路由问题中, 由于传感网的计算资源的局限性和易受到攻击的特点, 要设计抗攻击的安全路由算法。

4) 认证与访问控制

认证指使用者采用某种方式来"证明"自己确实是自己宣称的某人, 网络中的认证主要包括身份认证和消息认证。身份认证可以使通信双方确信对方的身份并交换会话密钥。保密性和及时性是认证的密钥交换中两个重要的问题。为了防止假冒和会话密钥的泄密, 用户标识和会话密钥这样的重要信息必须以密文的形式传送, 这就需要事先已有能用于这一目的的主密钥或公钥。因为可能存在消息重放, 所以及时性非常重要, 在最坏的情况下, 攻击者可以利用重放攻击威胁会话密钥或者成功假冒另一方。

5) 入侵检测与容错检测

容侵就是指在网络中存在恶意入侵的情况下, 网络仍然能够正常地运行。无线传感器网络的安全隐患在于网络部署区域的开放特性以及无线电网络的广播特性, 攻击者往往利用这两个特性, 通过阻碍网络中节点的正常工作, 进而破坏整个传感器网络的运行, 降低网络的可用性。无人值守的恶劣环境导致无线传感器网络缺少传统网络中物理上的安全, 传感器节点很容易被攻击者俘获、毁坏或妥协。现阶段无线传感器网络的容侵技术主要集中于网络的拓扑容侵、安全路由容侵以及数据传输过程中的容侵机制。

6) 决策与控制安全

物联网的数据是一个双向流动的信息流, 一是从感知端采集物理世界的各种信息, 经过数据的处理, 存储在网络数据库中; 二是根据用户的需求, 进行数据的挖掘、决策和控制, 实现与物理世界中任何互连物体的互动。在数据采集处理中, 我们讨论了相关的隐私性等安全问题, 而决策控制又将涉及另一个安全问题, 如可靠性等。前面讨论的认证和访问控制机制可以对用户进行认证, 使合法的用户才能使用相关的数据, 并对系统进行控制操作, 但问题是如何保证决策和控制的正确性和可靠性。

4. 网络内容监控技术

信息内容安全的问题主要表现在有害信息利用互联网所提供的自由流动的环境肆意扩散，其信息内容或者像脚本病毒那样给接收的信息系统带来破坏性的后果，或者像垃圾邮件那样给人们带来烦恼，或者像谣言那样给社会大众带来困惑，从而成为社会不稳定因素。

网络犯罪成为威胁网络健康发展的障碍，网络诈骗、侵犯知识产权、经济间谍、儿童色情、黑客行为、垃圾邮件等都会严重地侵犯个人、企业以及国家的安全与利益，所以网络内容监控非常必要。同时，内容监控也比较复杂，涉及的技术有：信息内容的获取、提取与海量存储；不良信息内容过滤的技术手段；网络舆情的分析技术，态势分析预测，文本话题的自动理解识别跟踪；网络用户行为分析技术，高维复杂多源的海量网络数据的综合分析技术；互联网空间中网络实体活动、特征的基础数据库；信息内容安全管理的仿真模型与分析方法平台等，如图 3-1 所示。

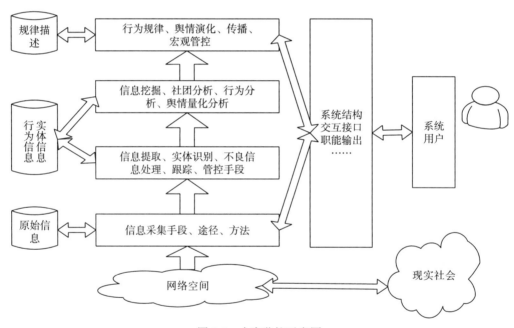

图 3-1　内容监控示意图

信息采集技术主要是 Deep Web(深网)上的信息获取、动态增加或修改的记录识别、查询接口的生成、主题爬行技术、分布式结构、协同爬行技术以及高速的硬件网络支撑等。

信息内容处理技术则是：文本信息内容的在线识别、内容过滤与语义综合分析技术，文本特征提取，文本表示，文本过滤，文本分类，文本话题。从信息类别来看可分为：多媒体信息内容的在线识别、内容过滤与语义综合分析技术，图像视频特征提取与特征匹配技术，音视频对象捕获，多媒体内容分类、监测，多模式多媒体内容过滤。

海量数据分析挖掘技术包括：基于多核、集群等计算机体系结构的最新技术，基于流数据之间的模式相关性，基于流数据的概念漂移技术实现数据挖掘操作的过滤，结合机器学习的相关成果对挖掘结果再分析。

网络舆情分析、预警及掌控技术包括：能够定义舆情关键元素及其关系、特征参量、模型及算法、热点，能够建立对舆情规律的持续提炼和研判能力、对舆情态势的评估和预测能力、对舆情的疏导能力等，并形成良性的反馈和持续改进机制。

3.6.3　网络空间安全技术的发展趋势

随着互联网技术的广泛应用，网络正向泛在互联、移动化、智能化、可定制、更高速化的方向发展，其中存在的安全隐患则不同于传统网络安全问题，需要结合新的技术和背景进行研究。

1. 移动终端安全

随着硬件和软件技术的不断更新，移动终端已经能够提供与个人 PC 相似或相同的功能，逐渐成为具有强大便携和计算能力的个人智能系统。通过多种网络接入技术，例如 IEEE 802.11、蓝牙、GSM（Global Systemfor Mobile Communication，全球移动通信系统）、GPRS、UMTS（Universal Mobile Telecommunications System，通用移动通信系统）等，移动终端能够实现不同环境下与不同设备的互联，并随时共享信息。然而，丰富的网络接入方式导致移动设备容易成为恶意软件和用户的攻击目标。目前，针对移动终端主流的攻击方式包括：无线攻击、入侵攻击、面向基础设施的攻击、蠕虫攻击、僵尸网络和基于用户的攻击。

2. 网络设备安全

随着网络设备逐渐向智能化方向发展，原有计算系统中的安全问题也存在于网络设备当中。例如，智能路由设备的操作系统可能受到恶意用户的攻击而使路由错误转发或失效，导致网络不可用。以路由器为例，其面临的主要安全威胁包括：DDOS（distributed denial of service，分布式拒绝服务）攻击、中间人攻击、TCP（transmission control protocol，传输控制协议）重置攻击以及针对 OSPF（open shortest path first，开放式最短路径优先）的攻击。

3. SDN 安全

由于传统因特网把控制逻辑和数据转发紧耦合在网络设备上，导致网络控制平面管理的复杂化，也使网络控制层面的新技术很难直接部署在现有网络上，灵活性和扩展性较差。而 SDN（software defined networking，软件定义网络）将逻辑控制和数据转发进行分离，减少了网络设备承载的诸多复杂功能，提高了网络新技术和新协议实现和部署的灵活性和可操作性。因此，SDN 能够提供灵活可定制的网络拓扑结构以及虚拟网络设备，能够有效监控网络数据的传输，并支持不同协议的安装和卸载等。然而，灵活性也为 SDN 带来了安全方面的威胁。SDN 的安全需求主要发生在应用层和控制层之间，包括应用的授权、认证、隔离，以及策略冲突的消解等。

4. CPS 安全

信息物理融合系统是通过计算（computation）、通信（communication）与控制（control）技术的有机与深度融合，实现计算资源与物理资源紧密结合与协调的下一代智能系统。信息物理融合系统是由运行在不同时间和空间范围的分布式的、异步的异构系统组成的动态混合系统。由于信息物理融合系统具有跨层、异构、高度互联等特点，因此其面临的安全问题和挑战也呈现较为复杂的特性。信息物理融合系统主要面临 6 个安全挑战，包括机密性、上下文模糊、安全聚合、拓扑模糊、可扩展信任管理与隐私聚合。

5. 5G 网络安全

5G 并不是单一的无线接入技术，也不是几个全新的无线接入技术，而是多种新型无线接入技术和现有无线接入技术（4G 后向演进技术）集成后的解决方案总称。从某种程度上讲，5G 是一个真正意义上的融合网络。5G 终端设备拥有软件定义的无线收发与调制方式以及新的错误控制模式。终端设备能够同时接入和访问多种不同的无线网络，并能够根据服务访问的需求自动进行网络的切换。5G 安全挑战主要包含可重构、自适应并且轻量级保护机制的设计以及预防来自应用层的攻击行为。

3.7　生物信息技术

3.7.1　生物信息技术的发展现状

生物技术（biotechnology）是以生命科学为基础，利用生物（或生物组织、细胞及其他组成部分）的特性和功能，设计、构建具有预期性能的新物质或新品系，以及与工程原理相结合，加工生产产品或提供服务的综合性技术。生物技术和信息技术是 21 世纪的两大经济发展支柱，生物信息学（bioinformatics）是生物科学与计算机科学以及应用数学等学科相互交叉形成的一门新兴学科。通过对生物学实验数据的获取、加工、存储、检索与分析，揭示数据所蕴含的生物学意义。生物信息学已经成为当今生命科学乃至整个自然科学的重大前沿领域之一，其研究成果将对分子生物学、农学、医药、食品和环境等领域产生巨大影响。生物信息学的研究，促进了人类在医药、疾病治疗等领域的发展，并产生巨大的经济效益。

欧美各国及日本相继成立了生物信息数据中心。美国有国家生物技术信息中心，英国有欧洲生物信息研究所，日本有由 70 余家制药、生物及高技术公司组成的"生物产业信息化共同体"等。目前，我国生物信息技术的研究随着人类基因组研究的展开，已显露出蓬勃发展的势头，许多科研单位已经开始或准备从事这方面的研究工作。北京大学于 1997

年 3 月成立了生物信息学中心，中国科学院上海生命科学研究院也于 2000 年 3 月成立了生物信息学中心，分别维护着国内两个专业水平相对较高的生物信息学网站；清华大学正围绕后基因组信息学开展基础和应用研究；复旦大学遗传学研究所为克隆新基因而建立的一整套生物信息系统也已初具规模；中国科学院上海生物化学与细胞生物学研究所、生物物理研究所等单位在结构生物学和基因预测研究方面也有相当的基础。同时，我国许多生物技术医药公司也已展开这方面的研究工作。国家近几年对该领域的研究投入呈快速上升趋势，国家"863 计划"生物和现代农业技术领域专门设有生物信息技术主题，国家自然科学基金委员会将该主题列为重要发展方向，国家"973 计划"也已开始对该主题立项。

3.7.2　生物信息技术重点技术分析

1. 基因测序技术

基因测序技术的出现对生命科学和医学的发展起到了革命性作用，不仅推动了各类基因组学的研究，为复杂疾病的病因学研究提供了新思路，还促进了基因检测在产前诊断、器官移植配型、肿瘤分子诊断和靶向治疗，以及在药物个体化治疗等方面的应用。

1986 年，第一台商用基因测序设备出现，间隔 19 年，第二代测序设备出现，从第二代设备到第三代设备只用了 5 年，说明基因测序设备更新换代速度不断加快。第一代测序技术主要基于 Sanger 双脱氧终止法的测序原理，结合荧光标记和毛细管阵列电泳技术来实现测序的自动化，基本方法是链终止或降解法，人类基因组计划就是基于第一代测序技术。然而，第一代测序技术在通量、成本、读长、测序速度和数据分析系统等方面都不能满足日益增长的全基因组测序需求，因此出现了下一代测序(next generation sequencing，NGS)技术。NGS 技术又称大规模平行测序或深度测序，包括第二代、第三代测序技术。第二代测序技术，早期代表平台包括 Illumina 的 Solexa、Life Technologies 的 Solid、罗氏的 454 平台等，目前第二代测序设备在通量、准确度上都有了较大的提高，测序成本也随之大幅度下降，成为商用测序的主流。第三代测序技术又称为单分子 DNA 测序，即通过现代光学、高分子、纳米技术等手段来区分碱基信号差异的原理，以达到直接读取序列信息的目的。第三代测序设备在 DNA 序列片段读长上优于第二代设备，但在准确度上较第二代设备差，未来随着技术的改善，第三代测序设备将更为稳定和成熟。

Helicos 公司的 Heliscope 单分子测序仪、Pacific Biosciences 公司的 SMRT 技术和 Oxford Nanopore Technologies 公司的纳米孔单分子技术，被认为是第三代测序技术。与前两代技术相比，其最大的特点是单分子测序。其中，Heliscope 技术和 SMRT 技术利用荧光信号进行测序，而纳米孔单分子测序技术利用不同碱基产生的电信号进行测序。

SMRT 技术应用了边合成边测序的思想，并以 SMRT 芯片为测序载体，芯片上有很多小孔，每个孔中均有 DNA 聚合酶。测序基本原理是：DNA 聚合酶和模板结合，4 色荧光标记 4 种碱基(即 dNTP)，在碱基配对阶段，加入不同碱基，会发出不同的光，根据光的波长与峰值可判断进入的碱基类型。DNA 聚合酶是实现超长读长的关键之一，读长主要跟酶的活性保持有关，它主要受激光对其造成的损伤所影响。另外，可以通过检测相邻两个碱基之间的测序时间，来检测一些碱基修饰情况，即如果碱基存在修饰，则通过聚合酶时的速度会减慢，相邻两峰之间的距离增大，可以通过这个检测甲基化等信息。SMRT技术的测序速度很快，每秒约数个 dNTP。但同时，其测序错误率比较高(这几乎是目前单分子测序技术的通病)，达到 15%，但好在它的出错是随机的，并不会像第二代测序技术那样存在测序错误的偏向，因而可以通过多次测序来进行有效的纠错(代价是重复测序，也就是成本会增加)。

Oxford Nanopore Technologies 公司所开发的纳米单分子测序技术与以往的测序技术皆不同，它是基于电信号而不是光信号的测序技术。该技术的关键点之一是设计了一种特殊的纳米孔(只能容纳单分子通过)，孔内共价结合有分子接头。当 DNA 碱基通过纳米孔时，它们使电荷发生变化，从而短暂地影响流过纳米孔的电流强度(每种碱基所影响的电流变化幅度是不同的)，灵敏的电子设备可检测到这些变化，从而鉴定所通过的碱基。

相比于第二代测序，第三代测序具有一些优势；同时，第三代基因测序也存在以下缺陷。

(1)总体上单读长的错误率依然偏高，成为限制其商业应用开展的重要原因。第三代基因测序技术目前的错误率为 15%～40%，极大地高于第二代测序技术 NGS 的错误率(低于 1%)。不过好在第三代技术的错误是完全随机发生的，可以靠覆盖度来纠错(但这要增加测序成本)。

(2)第三代测序技术依赖 DNA 聚合酶的活性。

(3)成本较高，第二代 Illumina 的测序成本是每 100 万个碱基 0.05～0.15 美元，第三代测序成本是每 100 万个碱基 0.33～1.00 美元。

(4)生物信息分析软件也不够丰富。

2. 生物计算机

生物计算机也称仿生计算机，是实现生物芯片替代半导体硅片的新型计算机。生物计算机涉及多种学科领域，包括计算机科学、脑科学、分子生物学、生物物理、生物工程、电子工程等。20 世纪 70 年代以来，人们发现脱氧核糖核酸处在不同的状态下，可产生有信息和无信息的变化。科学家们发现生物元件可以实现逻辑电路中的"0"与"1"、晶体管的通导或截止、电压的高低、脉冲信号的有无等。经过特殊培养后制成的生物芯片可作为一种新型高速计算机的集成电路。生物计算机的主要原材料是生物工程技术产生的蛋白质分子，并以此作为生物芯片。生物芯片比硅芯片上的电子元件要小很多，而且生物芯片本身具有天然独特的立体化结构，其密度要比平面型的硅集成电路高 5 个数量级。让几万亿个 DNA 分子在某种酶的作用下进行化学反应，就能使生物计算机同时运行几十亿次。生物计算机芯片本身还具有并行处理的功能，其运算速度要比当今最新一代的计算机更快。生物芯片一旦出现故障，可以进行自我修复，所以具有自愈能力。生物计算机具有生物活性，能够和人体的组织有机地结合起来，尤其是能够与大脑和神经系统相连。这样，生物计算机就可直接接受大脑的综合指挥，成为人脑的辅助装置或扩充部分，并能由人体细胞吸收营养补充能量，因而不需要外界能源。它将成为能植入人体内，成为帮助人类学习、思考、创造、发明的最理想的伙伴。另外，由于生物芯片内流动电子间碰撞的可能极小，几乎不存在电阻，所以生物计算机的能耗极小。生物计算机是全球高科技领域最具活力和发展潜力的一门学科，通过生物、计算机、电子工程等学科的专家通力合作，有可能在 21 世纪将实用的生物计算机推向世界。

生物计算机的特点如下。

(1)生物计算机的存储与并行处理。生物计算机在存储方面与传统电子学计算机相比具有巨大优势。一克 DNA 存储信息量与一万亿张 CD 相当，存储密度是使用磁盘存储器的 1000 亿～10000 亿倍。生物计算机还具有超强的并行处理能力，通过一个狭小区域的生物化学反应可以实现逻辑运算，数百亿个 DNA 分子构成大批 DNA 计算机并行操作。生物计算机传输数据与通信过程简单，其并行处理能力可与超级电子计算机媲美，通过 DNA 分子碱基不同的排列次序作为计算机的原始数据，对应的酶通过生物化学变化对 DNA 碱基进行基本操作，能够实现电子计算机的各种功能。生物计算机中含有大量遗传物质工具，能够同时进行上百万次计算。传统电子计算机是以电流速度逐个检验所有可能的解决方案，生物计算机同时处理各分子库中的所有分子，无须按照次序分析可能的答案。电子计算机相当于有一串钥匙，一次用一把钥匙开锁，生物计算机在开锁时一次用几百万把钥匙，其计算速度也将比现有超级计算机快 100 万倍。

(2)芯片具有永久性特点。蛋白质分子可以自我组合，能够新生出微型电路，具有活性，因此生物计算机拥有生物特性。生物计算机不再像电子计算机那样，芯片损坏后无法自动修复，生物计算机能够发挥生物调节机能，自动修复受损芯片。因此，生物计算机可靠性非常高，不易损坏，即使芯片发生故障，也可以自动修复。因此，生物计算机芯片具有一定的永久性。

(3)生物计算机硬件。目前最可能成为生物计算机运算单元的，是 DNA(脱氧核糖核酸)或 RNA(核糖核酸)。由于 DNA 本身是依靠 A、T、G、C 四个独立碱基构成，形成了一个四进制组合，与目前半导体开合动作所形成的二进制类似。科学家使用酶作为生物计算机的"硬件"，DNA 作为其"软件"，输入和输出的"数据"都是 DNA 链，把溶有这些成分的溶液恰当地混合，就可以在试管中自动发生反应，进行"运算"。生物计算机硬件需要操作 DNA 分子的酶分子，限制性内切酶主要用于切开包含限制性位点双链 DNA，链接酶则是实现 DNA 链的端点链接，聚合酶用于复制与合成 DNA，外切酶选择性破坏双链或单链 DNA 分子。随着生物计算机技术的发展，还有许多酶正在被开发和投入应用。近年来正在研制的 DNA 酶，是一种识别 DNA 单链特殊位点并切开的酶。限制性内切酶有很大的应用空间，利用不同的酶可以开发出不同的算法，如 McrBC 可以识别两个距离很远的甲基化位点并在其中间的特殊位点切开。广义上讲，能对 DNA 分子进行特异性操作的分子和溶液系统以及其他任何系统都构成 DNA 计算机的硬件。这些硬件系统将逐步由现在的试管溶液系统过渡到容易实现高度自动化的芯片系统。

(4)生物计算机的数据结构。DNA 是由核苷酸单元组成，核苷酸随着其化学组或碱基的不同而分类。多个核苷酸顺序排列形成 DNA 数据链。电子计算机属于二进制数据链，而 DNA 的数据密度更大，碱基沿着 DNA 分子链方向的空间距离为 0.35nm。目前，普通硬盘数据密度为 1Gb，DNA 二维数据密度将是普通硬盘数据密度的 15 万倍。DNA

链的另一个重要性质是双螺旋结构，A 碱基与 T 碱基、C 碱基与 G 碱基形成碱基对。每个 DNA 序列有一个互补序列。这种互补性是生物计算机具备的独特优势。如果错误发生在 DNA 某一双螺旋序列中，修改酶能够参考互补序列对错误进行修复。双螺旋结构相当于计算机硬盘 RAID 1 阵列，一块硬盘为另一块硬盘的镜像，当第一块硬盘被破坏时，可通过第二块硬盘进行数据修复。生物计算机自身具备修改错误特性，因此，生物计算机数据错误率较低。

3. 基因芯片技术

基因芯片是指应用大规模集成电路的微阵列技术，在固相支持物表面(常用的固相支持物有玻璃、硅片、尼龙膜等载体)有规律地合成数万个代表不同基因的寡核苷酸"探针"，或液相合成探针后由点样器有规律地点样于固相支持物表面，然后将要研究的目的材料中的 DNA、RNA 或 cDNA 用同位素或荧光物标记后，与固相支持物表面的探针进行杂交，通过放射自显影或荧光共聚焦显微镜扫描，对这些杂交图谱进行检测，再利用计算机对每一个探针上的杂交信号做分析处理，便可得到目的材料中有关基因表达信息。该技术可将大量的探针同时固定于支持物上，所以一次可对大量核酸分子进行检测分析。

基因芯片又称为 DNA 微阵列(DNA microarray)，可分为 3 种主要类型。

(1)固定在聚合物基片(尼龙膜、硝酸纤维膜等)表面上的核酸探针或 cDNA 片段，通常用同位素标记的靶基因与其杂交，通过放射显影技术进行检测。这种方法的优点是所需检测设备与目前分子生物学所用的放射显影技术相一致，相对比较成熟。但芯片上探针密度不高，样品和试剂的需求量大，定量检测存在较多问题。

(2)用点样法固定在玻璃板上的 DNA 探针阵列，通过与荧光标记的靶基因杂交进行检测。这种方法可提高点阵密度，各个探针在表面上的结合量也比较一致，但在标准化和批量化生产方面仍有不易克服的困难。

(3)在玻璃等硬质表面上直接合成寡核苷酸探针阵列，与荧光标记的靶基因杂交进行检测。该方法把微电子光刻技术与 DNA 化学合成技术相结合，可以使基因芯片的探针密度大大提高，减少试剂的用量，实现标准化和批量化大规模生产，有着十分重要的发展潜力。

基因芯片技术可以对大量的生物样品进行平行、快速、敏感、高效地基因分析，因而在 DNA 序列测定、基因表达分析、药物研究与开发，以及工农业、食品与环境监测等领域得到广泛应用。

(1)DNA 测序。又称 DNA 序列分析，就是通过大量固化的寡核苷酸探针与生物样品的靶序列进行分子杂交，从而产生杂交图谱，并排列出靶 DNA 的序列。将已经荧光标记的待测 DNA 样品与设计在基因芯片上的成千上万已知序列片段杂交，若二者完全配对，则杂交信号较强；若有单个或多个碱基不配对，则信号较弱。

(2)基因表达水平检测。基因表达分析是目前基因芯片应用最多的一个方面，自动化和快速是其主要优势。基因芯片检测表达水平一般采用平行对比的方法，至今已在细菌、酵母菌、植物、哺乳动物等方面进行了研究。现在这种方法已经成功地被用于进化研究及药物、毒物或各种因素对机体的影响等方面的研究。

（3）基因多态性检测。利用 cDNA 芯片技术筛选相关基因具有高通量、高灵敏度、高效率、大规模和并行性等特点，在基因多态性研究中具有广阔的应用前景。

（4）药物筛选。新药开发的途径之一是药物筛选。它以掌握疾病机理为基础，选择特定生物分子作为靶标进行高通量筛选。选择适合的靶标和提高筛选效率是两个关键步骤。

3.7.3　生物信息技术的发展趋势

1. 基因测序技术的发展趋势

总体而言，Illumina 测序平台应用最为普遍，测序成本也已显著降低，首次达到以 1000 美元完成人类基因组测序的目标；Roche 454 因其较长的测序读长，主要用于从头测序和宏基因组学研究；介于第二代和第三代间的 Ion Torrent PGM，因其简单、快速、低成本和小规模优势而得到广泛应用。在应用于临床时，第二代测序的结果仍需要测序金标准——第一代测序技术的验证。与前面几代测序技术相比，第三代测序技术在每个片段能够提供 5～120kb 的读长。然而，根据文献介绍，Pac Bio 测序错误率大约为 15%，Oxford Nanopore 测序的错误率高达 40%，高的测序错误率对使用 3GS 测序进行基因组拼接提出了很大的挑战。

使用三代测序数据进行基因组的从头组装，主要需克服 3 个瓶颈：①找到重复序列；②序列对比；③序列优化/序列纠错。如何高效地纠正这些长错误序列是个重大难题。

目前，第三代测序设备已实现稳定性、小型化，价格也在不断下降，分析软件不断丰富。随着准确度提升、平行测序能力和酶活性等问题的解决，越来越多的研究者选择第三代测序对肿瘤进行研究，或者通过外显子测序鉴定潜在的药物靶点。在诊断儿童遗传性疾病时，也逐渐抛开了传统的诊断方法，转而使用全外显子组测序。第三代测序技术是未来发展趋势，实现大规模商业化将是大势所趋。

2. 生物计算机的发展趋势

当今生物计算机发展非常活跃，不远的未来，生物计算机将能够开发其自身的“语言”，实现四进制编码，还可以与生命系统相融合，完成更多目前电子计算机所不能完成的任务。生物计算机的研究方向主要分两类：一是分子计算机，即制造有机分子元件代替传统的半导体元件；二是进一步将人脑的结构、思维规律与人工智能相结合，构想出生物计算机结构。生物计算机所研究的内容还包括：生物分子或超分子芯片；与生物现象类比的自动机模式；以生物智能为基础的仿生算法、可控生化反应的生物化学算法、DNA 计算机、采用各种生物化学技术实现的细胞计算机等。生物计算机研究方向中最关键的一环是寻找关键 DNA，DNA 是控制生命的最终核心，并且能储存巨量信息，因此寻找或人工制造符合计算机需求的 DNA 是此领域的一个关键。尽管生物计算机尚未取得重大颠覆性的进展，甚至部分学者提出生物计算机目前出现的一系列缺点，例如遗传物质的生物计算机受外界环境因素的干扰、计算结果无法检测、生物化学反应无法保证成功率等。此外，以蛋白质分子为主的芯片上很难运行文本编辑器，但这些并不影响生物计算机这个存在巨大诱惑的领域的快速发展。

3. 基因芯片的发展趋势

尽管基因芯片技术已经取得了长足的发展，得到世人的瞩目，但仍然存在许多难以解决的问题，例如技术成本昂贵、复杂、检测灵敏度较低、重复性差、分析范围较狭窄等。这些问题主要表现在样品的制备、探针合成与固定、分子的标记、数据的读取与分析等方面。基因芯片技术主要包括以下四个方面。

(1)芯片制备。先将玻璃片或硅片进行表面处理，然后使 DNA 片段或蛋白质分子按顺序排列在芯片上。目前，制备芯片主要以玻璃片或硅片为载体，采用原位合成和微矩阵的方法将寡核苷酸片段或 cDNA 作为探针按顺序排列在载体上。芯片的制备除了用到微加工工艺外，还需要使用机器人技术，以便能快速、准确地将探针放置到芯片上的指定位置。

(2)样品制备。生物样品往往是非常复杂的生物分子混合体，除少数特殊样品外，一般不能直接与芯片反应。可将样品进行生物处理，获取其中的蛋白质或 DNA、RNA，并且加以标记，以提高检测的灵敏度。生物样品往往是复杂的生物分子混合体，除少数特殊样品外，一般不能直接与芯片反应，有时样品的量很小。所以，必须将样品进行提取、扩增，获取其中的蛋白质或 DNA、RNA，然后用荧光标记，以提高检测的灵敏度和使用者的安全性。

(3)生物分子反应。芯片上的生物分子之间的反应是芯片检测的关键一步。通过选择合适的反应条件使生物分子间反应处于最佳状况，减少生物分子之间的错配比率。杂交反应是荧光标记的样品与芯片上的探针进行反应产生一系列信息的过程。选择合适的反应条件能使生物分子间反应处于最佳状况，减少生物分子之间的错配率。

(4)信号检测和结果分析。常用的芯片信号检测方法是将芯片置入芯片扫描仪中，通过扫描以获得有关生物信息。杂交反应后的芯片上各个反应点的荧光位置、荧光强弱经过芯片扫描仪和相关软件可以分析图像，将荧光转换成数据，即可以获得有关生物信息。基因芯片技术发展的最终目标是将从样品制备、杂交反应到信号检测的整个分析过程集成化，以获得微型全分析系统(micro total analytical system)或称缩微芯片实验室(laboratory on a chip)。使用缩微芯片实验室，就可以在一个封闭的系统内以很短的时间完成从原始样品到获取所需分析结果的全套操作。

3.8 量子信息技术

3.8.1 量子信息技术发展现状

量子信息是量子物理与信息技术相结合发展起来的新学科，主要包括量子通信和量子计算两个领域。量子通信主要研究量子密码、量子隐形传态、远距离量子通信技术等；量子计算主要研究量子计算机和适合于量子计算机的量子算法。

量子通信是指利用量子纠缠效应进行信息传递的一种新型通信方式。经过 20 多年的发展，量子通信这门学科已逐步从理论走向实验，并向实用化发展，主要涉及领域包括：量子密码通信、量子远程传态和量子密集编码等。

量子通信事关国家信息安全和国防安全的战略性领域，成为世界主要发达国家和地区（如欧盟、美国、日本等）优先发展的信息科技和产业高地。同时，量子技术成为美国军方六大技术方向之一，是对未来美军的战略需求和军事任务行动能产生长期、广泛、深远、重大影响的基础研究领域，并且可以持续发展，能够使美军在全球范围内具备绝对的、不对称的军事优势。美国航空航天局正计划在其总部与喷气推进实验室之间建立一个直线距离为 600km、光纤长 1000km 左右的包含 10 个骨干节点的远距离光纤量子通信干线，并计划拓展到星地量子通信。日本提出以新一代量子通信技术为对象的长期研究战略，并计划在 2020～2030 年建成绝对安全保密的高速量子通信网，从而实现通信技术应用上质的飞跃。欧盟推出用于发展量子信息技术的"欧洲量子科学技术"计划以及"欧洲量子信息处理与通信"计划，并专门成立了包括英国、法国、德国、意大利、奥地利和西班牙等国在内的量子信息物理学研究网，这是继欧洲核子中心和航天技术采取国际合作之后，又一针对重大科技问题的大规模国际合作。

虽然在量子通信技术上中、美并驾齐驱，但在量子通信产业化方面，中国已经走在美国的前列，并在国防、金融等领域铺开。中国量子通信产业起步相对较晚，但近几年发展比较迅速，现在已经有以科大国盾量子、问天量子为代表的几家企业，从事量子通信产品研发的团队也比较庞大。目前，中国已建成的大规模城域量子通信网络较多，且规模也较大。中国科学院也将在山东成立量子通信产业应用的卓越分中心，关于量子通信产业标准也正在研究制定中。未来，随着更大规模实用化量子通信网络和量子通信卫星的成功启用，量子通信产业发展将开启崭新的篇章。

广域量子通信网络建设分三步走：①通过光纤构建城域量子通信网络；②通过加中继器构建城际网络；③通过卫星实现洲际、星际网络。目前，中国已经完成多个城域量子通信网络建设，并正在加快构建城际网络建设和卫星发射工作。2012 年 2 月，由中国科学技术大学和安徽量子通信技术有限公司与合肥市合作的城域量子通信实验示范网建成并进入试运行阶段，使合肥市成为全国乃至全球首个拥有规模化量子通信网络的城市。2013 年 11 月，"济南量子通信试验网"投入使用。这是我国第一个以承载实际应用为目标的大型量子通信网，覆盖济南市主城区，包括 3 个集控站在内共 56 个节点，涵盖政务、金融、政府、科研、教育五大领域。随着量子通信城域网络在中国的迅速发展，越来越多的城市拥有自己的量子通信专网，上海、杭州、广州、深圳、乌鲁木齐等城市也在加紧建设量子通信城域网。为了连接各城市城域网，城际量子通信网络也将逐步建设。

量子计算是一种依照量子力学理论进行的新型计算。量子计算的基础和原理以及重要量子算法为在计算速度上超越图灵机模型提供了可能。

量子的重叠与牵连原理产生了巨大的计算能力。普通计算机中的 2 位寄存器在某一时间仅能存储 4 个二进制数（00、01、10、11）中的一个，而量子计算机中的 2 位量子位（qubit）

寄存器可同时存储这 4 个数，因为每一个量子比特可表示两个值。如果有更多量子比特的话，计算能力就呈指数级提高。

3.8.2 量子信息技术重点技术分析

1. 量子密码通信

量子密码是用物理学知识来开发不能被破获的密码系统，即如果不了解发送者所使用的密钥，接受者几乎无法破解并得到内容。量子密码术与传统的密码系统不同，它依赖于物理学(而不是数学)作为安全模式的关键方面。实质上，量子密码术是基于单个光子的应用和其固有的量子属性开发的不可破解的密码系统，因为在不干扰系统的情况下无法测定该系统的量子状态。理论上其他微粒也可以用，只是光子具有所有需要的品质，它们的行为相对较好理解，同时又是最有前途的高带宽通信介质光纤电缆的信息载体。

假设两个人(命名为 Alice 和 Bob)想安全地交换信息，Alice 通过发送给 Bob 一个键来初始化信息，这个键可能就是加密数据信息的模式，是一个随意的位序列，用某种类型模式发送，可以认为两个不同的初始值表示一个特定的二进制位(0 或 1)。

我们暂且认为这个键值是在一个方向上传输的光子流，每一个光子微粒表示一个单个的数据位(0 或 1)。除了直线运行外，所有光子也以某种方式进行振动。这些振动沿任意轴在 360° 的空间进行，为简单起见(至少在量子密码术中可简化问题)，我们把这些振动分为 4 组特定的状态，即上、下，左、右，左上、右下和右上、左下，振动角度就沿光子的两极。过滤器允许处于某种振动状态的原子毫无改变地通过，令其他的原子改变振动状态后通过(它也能彻底阻塞光子通过，但我们在这里将忽略这一属性)。Alice 有一个偏光器允许处于这 4 种状态的光子通过，实际上，她可以选择沿直线(上、下，左、右)或对角线(左上、右下，右上、左下)进行过滤。

Alice 在直线和对角线之间转换其振动模式来过滤随意传输的单个光子。这样，就用两种振动模式中的一种表示一个单独的位，即 1 或 0。

当接收到光子时，Bob 必须用直线或对角线的偏光镜来测量每一个光子位。他可能选择正确的偏光角度，也可能出错。由于 Alice 选择偏光器时非常随意，那么当选择错误的偏光器后光子会如何反应呢？

Heisenberg 不确定原理指出，我们不能确定每一个单独的光子会怎样，因为测量它的行为时我们改变了它的属性(如果我们想测量一个系统的两个属性，测量一个的同时排除了我们对另外一个量化的权利)。然而，我们可以估计这一组发生了什么。当 Bob 用直线偏光器测量左上/右下和右上/左下(对角)光子时，这些光子在通过偏光器时状态就会改变，一半转变为上下振动方式，另一半转变为左右振动方式。但我们不能确定一个单独的光子会转变为哪种状态。Bob 测量光子时可能正确也可能错误。可见，Alice 和 Bob 创建了不安全的通信信道，其他人员也可能监听。接下来，Alice 告诉 Bob 她用哪个偏光器发送的光子位，而不是她如何两极化光子。她可能说 8597 号光子(理论上)发送时采用直线模式，但她不会说发送时是否用上、下或左、右。Bob 这时确定了是否用正确的偏光器接受了每一个光子。然后，Alice 和 Bob 就抛弃利用错误的偏光器测量的所有的光子。他们所拥有的是传输长度，只有原来一半的 0 和 1 的序列。但这就形成了动态口令(one-time pad, OTP)理论的基础，即一旦被正确实施，就被认为是完全随意和安全的密码系统。

我们假设有一个监听者 Eve，尝试着窃听信息，他有一个与 Bob 相同的偏光器，需要选择对光子进行直线或对角线的过滤。然而，他面临着与 Bob 同样的问题，有一半的可能性他会选择错误的偏光器。Bob 的优势在于他可以向 Alice 确认所用偏光器的类型。而 Eve 没有办法，有一半的可能性她选择了错误的检测器，错误地解释了光子信息来形成最后的键，致使其无用。而且，在量子密码术中还有另一个固有的安全级别，就是入侵检测。Alice 和 Bob 将知道 Eve 是否在监听他们。Eve 在光子线路上的窃听行为将非常容易被发现，原因如下。

我们假设 Alice 采用右上/左下的方式传输编号为 349 的光子给 Bob，但这时，Eve 用了直线偏光器，仅能准确测定上下或左右型的光子。如果 Bob 用了线型偏光器，那么无所谓，因为他会从最后的键值中抛弃这个光子。但如果 Bob 用了对角型偏光器，问题就产生了，他可能进行正确的测量，根据 Heisenberg 不确定性理论，也可能是错误的测量。Eve 用错误的偏光器改变了光子的状态，即使 Bob 用正确的偏光器也可能出错。

一旦发现了 Eve 的恶劣行为，他们一定采取上面的措施，获得一个由 0 和 1 组成的唯一的键序列，除非已经被窃取了，才会产生矛盾。这时他们会进一步采取行动来检查键值的有效性。如果在不安全的信道上比较二进制数字的最后键值是很愚蠢的做法，也是没必要的。

我们假设最后的键值包含 4000 位二进制数字，Alice 和 Bob 需要做的就是从这些数字当中随机选出一个子集(200 位)，根据两种状态(数字序列号 2、34、65、911 等)和数字状态(0 或 1)进行比较，如果全部匹配，就可以认为 Eve 没有监听。如果在监听，那么不被发现的概率是万亿分之一，因此不可能不被发现。Alice 和 Bob 发现有人监听后将不再用这个键值，他们将在 Eve 不可到达的安全信道上重新开始键值的交换。当然，上述比较活动可以在不安全的信道上进行。如果 Alice 和 Bob 推断出他们的键值是安全的，因为他们用 200 位进行了测试，这 200 位将被从最后的键值中抛弃，即 4000 位变为了 3800 位。因此，量子加密术在公共的键值密码术中是连续键值交换的一种相对较容易方便的方式。

实践中，量子密码术在 IBM 的实验室中得到了证明，但仅适合应用于相对较短的距离。在较长的距离上，具有极纯光特性的光纤电缆的传输光子距离达 60km。只是与 Heisenberg 不确定性原理和光纤中的微杂质紧密相连的出错率使系统不能稳定工作。虽然有研究已经能成功地通过空气进行传输，但在理想的天气条件下，传输距离仍然很短。量子密码术的应用需要进一步开发新技术来提高传输距离。

在美国，华盛顿的白宫和五角大楼之间有专用线路进行实际的应用，同时还连接了附近主要的军事地点、防御系统和研究实验室。从 2003 年开始，位于日内瓦的 Id Quantique 公司和位于纽约的 MagiQ 技术公司推出的传送量子密钥的距离超越了贝内特实验中的商业产品。IBM、富士通和东芝等企业也在积极进行研发。市面上的产品能够将密钥通过光纤传送几十公里。

在国内，由问天量子建设的芜湖量子政务网，让我国在该领域取得长足发展。

2. 量子远程传态

量子隐形传态(quantum teleportation)经由经典通道和 EPR(electronic public relation system，网络公关系统)通道传送未知量子态，又称量子遥传、量子隐形传输、量子隐形传送、量子远距传输或量子远传，是一种利用分散量子缠结与一些物理信息(physical information)的转换来传送量子态至任意距离的位置的技术，是一种全新的通信方式。它传输的不再是经典信息，而是量子态携带的量子信息，在量子纠缠的帮助下，待传输的量子态如同经历了科幻小说中描写的"超时空传输"，在一个地方神秘地消失，不需要任何载体的携带，又在另一个地方神秘地出现。

必须说明的是，量子遥传并不会传送任何物质或能量。这样的技术对量子信息与量子计算相当有帮助。然而，这种方式无法传递传统的资讯，因此无法使用在超光速的通信方面。量子遥传与一般所说的瞬间移动没有关系——量子遥传无法传递系统本身，也无法用来安排分子在另一端组成物体。

通俗来讲，量子隐形传态就是将甲地的某一粒子的未知量子态，在乙地的另一粒子上还原出来。量子力学的不确定原理和量子态不可克隆原理，限制我们将原量子态的所有信息精确地全部提取出来。因此，必须将原量子态的所有信息分为经典信息和量子信息两部分，它们分别由经典通道和量子通道送到乙地。根据这些信息，在乙地构造出原量子态的全貌。

量子隐形传态的基本原理，就是对待传送的未知量子态与 EPR 对的其中一个粒子实施联合 Bell 基测量，由于 EPR 对的量子非局域关联特性，此时未知态的全部量子信息将会"转移"到 EPR 对的第二个粒子上，只要根据经典通道传送的 Bell 基测量结果，对 EPR 的第二个粒子的量子态施行适当的幺正变换，就可使这个粒子处于与待传送的未知态完全相同的量子态，从而在 EPR 的第二个粒子上实现对未知态的重现。

光量子通信主要基于量子纠缠态的理论，使用量子隐形传态(传输)的方式实现信息传递。根据实验验证，具有纠缠态的两个粒子无论相距多远，只要一个发生变化，另外一个也会瞬间发生变化，利用这个特性实现光量子通信的过程如下：事先构建一对具有纠缠态的粒子，将两个粒子分别放在通信双方，将具有未知量子态的粒子与发送方的粒子进行联合测量(一种操作)，则接收方的粒子瞬间发生坍塌(变化)，坍塌(变化)为某种状态，这个状态与发送方的粒子坍塌(变化)后的状态是对称的，然后将联合测量的信息通过经典信道传送给接收方，接收方根据接收到的信息，对坍塌的粒子进行幺正变换(相当于逆转变换)，即可得到与发送方完全相同的未知量子态(图 3-2)。

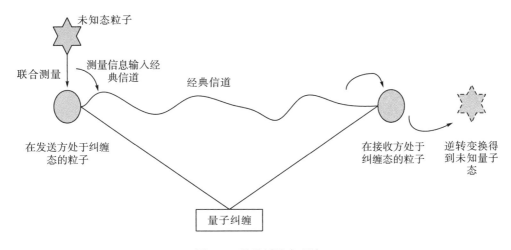

图 3-2 量子纠缠态理论

经典通信与光量子通信相比，其安全性和高效性都无法与之相提并论。量子通信绝不会"泄密"：①量子加密的密钥是随机的，即使被窃取者截获，也无法得到正确的密钥，因此无法破解信息；②分别在通信双方手中具有纠缠态的两个粒子，其中一个粒子的量子态发生变化，另外一方的量子态就会随之立刻变化，并且根据量子理论，宏观的任何观察和干扰，都会立刻改变量子态，引起其坍塌，因此窃取者由于干扰而得到的信息已经破坏，并非原有信息。被传输的未知量子态在被测量之前会处于纠缠态，即同时代表多个状态，例如一个量子态可以同时表示 0 和 1 两个数字，7 个这样的量子态就可以同时表示 128 个状态或 128 个数字，即 0～127。光量子通信的这样一次传输，就相当于经典通信方式的128 次。可以想象如果传输带宽是 64 位或者更高，那么效率之差将是惊人的。

1997 年，奥地利 Zeilinger 小组在室内首次完成了量子隐形传态的原理性实验验证，成为量子信息实验领域的经典之作。2004 年，该小组利用多瑙河底的光纤信道，成功地将量子隐形传态距离提高到了 600m。但是由于光纤信道中的损耗和退相干效应，传态的距离受到极大的限制，如何大幅度地提高量子隐形传态的距离成为量子信息实验领域的重要研究方向。

2004 年，中国科学技术大学的潘建伟、彭承志等开始探索在自由空间信道中实现更远距离的量子通信。该小组于 2005 年在合肥创造了距离为 13km 的双向量子纠缠分发世界纪录，同时验证了在外层空间与地球之间分发纠缠光子对的可行性。

2007 年开始，中国科学技术大学-清华大学联合研究小组开始在北京八达岭与河北怀来之间架设长达 16km 的自由空间量子信道，并取得了一系列关键技术突破，最终在 2009年成功实现了世界上最远距离的量子隐形传态，证实了量子隐形传态过程穿越大气层的可行性。

2012 年 8 月，中国科学家潘建伟等在国际上首次成功实现百公里量级的自由空间量子隐形传态和纠缠分发，为发射全球首颗"量子通信卫星"奠定技术基础。在高损耗的地面成功传输 100km，意味着在低损耗的太空传输距离将能达到 1000km 以上，基本上解决了量子通信卫星的远距离信息传输问题。

2012 年 9 月，维也纳大学和奥地利科学院的物理学家实现了量子态隐形传态最远距离——143km，创造了新的世界纪录。

2015 年，由中国科学技术大学潘建伟院士及其同事陆朝阳、刘乃乐等组成的研究小组在国际上首次成功实现多自由度量子体系的隐形传态。这是自 1997 年国际上首次实现单一自由度量子隐形传态以来，量子信息实验研究领域取得的又一重大突破，为发展可扩展的量子计算和量子网络技术奠定了坚实基础。

2016 年 8 月 16 日 1 时 40 分，我国长征二号运载火箭成功将世界首颗量子科学实验卫星墨子号发射升空。量子卫星是中国科学院空间科学先导专项首批科学实验卫星之一，其主要科学目标是：①借助卫星平台，进行星地高速量子密钥分发实验，并在此基础上进行广域量子密钥网络实验，以期在空间量子通信实用化方面取得重大突破；②在空间尺度进行量子纠缠分发和量子隐形传态实验，开展空间尺度量子力学完备性检验的实验研究。

未来两年，墨子号将在世界上首次开展 4 项实验任务以达成两大科学目标：进行经由卫星中继的"星地高速量子密钥分发实验"，并在此基础上进行"广域量子通信网络实验"，以期在空间量子通信实用化方面取得重大突破；进行"星地双向纠缠分发实验"与"空间尺度量子隐形传态实验"，开展空间尺度量子力学完备性检验的实验研究。除了卫星之外，地面上也建设了 4 个量子通信地面站(分别位于河北兴隆、新疆乌鲁木齐、青海德令哈、云南丽江)以及位于西藏阿里的量子隐形传态实验站。除此以外，奥地利科学院和维也纳大学的科学家也与中国合作，在维也纳和格拉茨设置了地面站。墨子号的成功发射，将使我国在世界上首次实现卫星和地面之间的量子通信，构建天地一体化的量子保密通信与科学实验体系。

量子卫星的成功发射和在轨运行，将有助于我国在量子通信技术实用化整体水平上保持和扩大国际领先地位，实现国家信息安全和信息技术水平跨越式提升，有望推动我国科学家在量子科学前沿领域取得重大突破，对于推动我国空间科学卫星系列可持续发展具有重大意义。

3. 量子计算机

量子计算机(quantum computer)是一类遵循量子力学规律进行高速数学和逻辑运算、存储及处理量子信息的物理装置。当某个装置处理和计算的是量子信息，运行的是量子算法时，它就是量子计算机。量子计算机的概念源于对可逆计算机的研究。研究可逆计算机的目的是解决计算机中的能耗问题。

1982 年，美国著名物理物学家理查德·费曼在一次公开演讲中提出利用量子体系实现通用计算的新奇想法。1985 年，英国物理学家大卫·杜斯提出了量子图灵机模型。理查德·费曼当时就想到如果用量子系统所构成的计算机来模拟量子现象，则运算时间可大幅度减少，从而诞生了量子计算机的概念。

量子计算机对每一个叠加分量实现的变换相当于一种经典计算，所有这些经典计算同时完成，并按一定的概率振幅叠加起来，给出量子计算机的输出结果。这种计算称为量子并行计算，也是量子计算机最重要的优越性之一。

　　经典计算机从物理上可以被描述为对输入信号序列按一定算法进行变换的机器,其算法由计算机的内部逻辑电路来实现。

　　(1)其输入态和输出态都是经典信号,用量子力学的语言来描述,即:其输入态和输出态都是某一力学量的本征态。如输入二进制序列0110110,用量子记号,即|0110110>,所有的输入态均相互正交, 对经典计算机不可能输入如下叠加态:C1|0110110 >+ C2|1001001>。

　　(2)经典计算机内部的每一步变换都演化为正交态,而一般的量子变换没有这个性质,因此经典计算机中的变换(或计算)只对应一类特殊集。

　　相应于经典计算机的以上两个限制,量子计算机分别做了推广。量子计算机的输入用一个具有有限能级的量子系统来描述,如二能级系统(称为量子比特),量子计算机的变换(即量子计算)包括所有可能的幺正变换。

　　(1)量子计算机的输入态和输出态为一般的叠加态,其相互之间通常不正交;

　　(2)量子计算机中的变换为所有可能的幺正变换。得出输出态之后,量子计算机对输出态进行一定的测量,给出计算结果。

　　由此可见,量子计算对经典计算做了极大的扩充,经典计算是一类特殊的量子计算。量子计算最本质的特征为量子叠加性和量子相干性。量子计算机对每一个叠加分量实现的变换相当于一种经典计算,所有这些经典计算同时完成,量子并行计算。

　　普通的数字计算机在0和1的二进制系统上运行,称为"比特"(bit)。但量子计算机更为强大,它们可以在量子比特(qubit)上运算,可以计算0和1之间的数值。假想一个放置在磁场中的原子,它像陀螺一样旋转,于是它的旋转轴不是向上指就是向下指。常识告诉我们:原子的旋转可能向上也可能向下,但不可能同时向上或向下。但在量子的奇异世界中,原子被描述为两种状态的总和,一个向上转的原子和一个向下转的原子的总和,每一种物体都被使用所有不可思议的状态的总和来描述。

　　想象一串原子排列在一个磁场中,以相同的方式旋转。如果一束激光照射在这串原子上方,激光束会跃下这组原子,迅速翻转一些原子的旋转轴。通过测量进入和离开的激光束的差异,我们已经完成了一次复杂的量子"计算",涉及许多自旋的快速移动。

　　从数学抽象上看,量子计算机执行以集合为基本运算单元的计算,普通计算机执行以元素为基本运算单元的计算(如果集合中只有一个元素,量子计算与经典计算没有区别)。以函数$y=f(x)$,$x \in A$为例。量子计算的输入参数是定义域A,一步到位得到输出值域B,即$B=f(A)$;经典计算的输入参数是x,得到输出值y,要多次计算才能得到值域B,即$y=f(x)$,$x \in A$,$y \in B$。

　　量子计算机有一个待解决的问题,即输出值域B只能随机取出一个有效值y。虽然通过将不希望的输出导向空集的方法,已使输出集B中的元素远少于输入集A中的元素,但当需要取出全部有效值时,仍需要多次计算。

　　正如大多数人所了解的,量子计算机在密码破解上有着巨大潜力。当今主流的非对称(公钥)加密算法,如RSA加密算法,大多数都是基于大整数的因式分解或者有限域上的离散指数的计算。他们的破解难度也就依赖于解决这些问题的效率。用传统计算机求解这两个数学难题,花费时间为指数时间(即破解时间随着公钥长度的增长以指数级增长),这在实际应用中是无法接受的。而为量子计算机量身定做的秀尔算法可以在多项式时间内（即破解时间随着公钥长度的增长以 k 次方的速度增长，其中 k 为与公钥长度无关的常数）进行整数因式分解或者离散对数计算，从而为 RSA、离散对数加密算法的破解提供可能。但其他不是基于这两个数学问题的公钥加密算法，比如椭圆曲线加密算法，量子计算机还无法进行有效破解。

针对对称（私钥）加密，如 AES 加密算法，只能进行暴力破解，而传统计算机的破解时间为指数时间，更准确地说，是 $O(2^n)$，其中 n 为密钥的长度。而量子计算机可以利用 Grover 算法进行更优化的暴力破解，其效率为 $O(\sqrt{2^n})$，也就是说，量子计算机暴力破解 AES-256 加密的效率跟传统计算机暴力破解 AES-128 是一样的。

更广泛而言，Grover 算法是一种量子数据库搜索算法，相比传统的算法，要达到同样的效果，它的请求次数要少得多。对称加密算法的暴力破解仅仅是 Grover 算法的其中一个应用。

在利用 EPR 对进行量子通信的实验中，科学家发现，只有拥有 EPR 对的双方才可能完成量子信息的传递，任何第三方的窃听者都不能获得完全的量子信息，正所谓"解铃还需系铃人"，这样实现的量子通信才是真正不会被破解的保密通信。

此外，量子计算机还可以用来做量子系统的模拟，人们一旦有了量子模拟计算机，就无须求解薛定谔方程或者采用蒙特卡罗方法在经典计算机上做数值计算，便可精确地研究量子体系的特征。

4. 量子算法

量子分解算法是美国科学家 Peter Shor 提出的，是迄今为止量子计算领域最著名的算法。它利用量子计算的并行性，可以快速分解出大数的质因子，将使量子计算机很容易破解目前广泛使用的密码（如 RSA 公钥加密系统），严重威胁银行、网络和电子商务等的信息安全以及国家安全。因此，该算法的提出迅速引起了世界各国对量子计算研究的高度关注。

该算法在量子计算机上的实验实现一直是国际公认的难题。2001 年，美国 IBM 公司和斯坦福大学合作，利用核磁共振技术演示了分解 15 的实验。但是由于核磁共振的固有缺陷，他们的实验不能显示该算法的量子属性，也无法扩展到更多比特，限制了进一步的应用。

2008 年伊始，中国科学院公布，中国科技大学潘建伟、杨涛、陆朝阳等，与英国牛津大学的研究人员合作，在国际上首次利用光量子计算机实现了该量子分解算法，研究成果发表在当年 1 月出版的美国权威物理学期刊《物理评论快报》上，这标志着我国光学量子计算研究达到了国际领先水平。

3.8.3 量子信息技术的发展趋势

量子密码方面，除了最初利用光子的偏振特性进行编码外，还出现了一种新的编码方法，即利用光子的相位进行编码。与偏振编码相比，相位编码的好处是对偏振态要求不那么苛刻。

要使这项技术可以操作，大体上需要经过这样的程序：在地面发射量子信息—通过大气层发送量子信号—卫星接收信号并转发到散布在世界各地的接受目标。这项技术面对的挑战之一，就是大气层站的空气分子会把量子一个个弹射到四面八方，很难让它们被指定的卫星吸收。

来自德国与英国的研究小组在《自然》上表示，科学家借由金钥，在相距 23.4km 的两地，以波长为 850nm 的激光，在空气中互相传送加密资料。由于两地并没有光纤，资料传递是在一般的空气中进行，因此为了降低环境的干扰，科学家选择在空气稀薄处(海拔 2244～2950m)以及夜间(避免光害)进行实验。这样的距离(23.4km)已经打破由美国科学家所建立的世界纪录(10km)。

如今科学家已经能在光纤中传递量子金钥。然而随着时代进步，人类信息交换越来越频繁，科学家希望能建立 1600km 远的量子金钥传输，如果这种数据传输方式成熟，就可以在地表上快速、安全地传送资料，也可使用此技术作为地表与低轨道卫星的通信方式，进而建立全球资料保密传送系统。

量子计算机方面，用原子实现的量子计算机只有 5 个量子比特，放在一个试管中，而且配备有庞大的外围设备，只能做简单运算，正如 Bennett 教授所说，"现在的量子计算机只是一个玩具，真正做到有实用价值也许是 5 年、10 年，甚至是 50 年以后"，我国量子信息专家中国科技大学的郭光灿教授则宣布：他领导的实验室将在 5 年之内研制出实用化的量子密码。科学技术的发展过程充满了偶然和未知，就算是物理学泰斗爱因斯坦也不会想到，为了批判量子力学而假想出来的 EPR 态，在 60 多年后不仅被证明是存在的，而且还被用来设计量子计算机。在量子的状态下不需要任何计算过程、计算时间，量子进行空间跳跃。可以说量子芯片，是终极的芯片。迄今为止，世界上还没有真正意义上的量子计算机。但是，世界各地的许多实验室正在以巨大的热情追寻着这个梦想。如何实现量子计算，方案并不少，问题是在实验上实现对微观量子态的操纵确实太困难了。已经提出的方案主要利用了原子和光腔相互作用、冷阱束缚离子、电子或核自旋共振、量子点操纵、超导量子干涉等。还很难说哪一种方案更有前景，只是量子点方案和超导约瑟夫森结方案更适合集成化和小型化。将来也许现有的方案都派不上用场，最后脱颖而出的是一种全新的设计，而这种新设计又是以某种新材料为基础，就像半导体材料对于电子计算机一样。研究量子计算机的目的不是要用它来取代现有的计算机。量子计算机使计算的概念焕然一新，这是量子计算机与其他计算机如光计算机和生物计算机等的不同之处。

3.9 虚拟现实技术

3.9.1 国内外虚拟现实技术的研究状况

1. 虚拟现实技术概述

自从计算机被发明以来，其一直是传统信息处理环境的主体，但它只具有在数字化的单维信息空间中处理问题的能力。而事实上，人类是依靠自己的感知和认知能力全方位地获取知识，是在多维化的信息空间中认识问题。这样就产生了人类认识问题的认识空间与计算机处理问题的信息空间不一致的矛盾，人类被排斥在以计算机为主体的信息处理环境之外，而且较难以直接理解信息处理工具的处理结果，更难以把人类的感知能力和认知经验与计算机信息处理环境直接联系起来。因此，人们迫切需要突破现有的数字计算机只能处理单纯数字信息的限制，建立一个能包容图像、声音、气味等多种信息源的信息空间，人们不但可以从外部观察信息处理的结果，而且能通过视觉、听觉、嗅觉、口令、手势等多种形式参与到信息处理环境中去，这种信息处理环境被称为虚拟环境。虚拟环境是由计算机生成的，通过视、听、触觉等作用于用户，使之产生身临其境的感觉的交互式视景仿真。虚拟现实是一种可以创建和体验虚拟世界的计算机系统(其中虚拟世界是全体虚拟环境的总称)。通过虚拟现实系统所建立的信息空间，已不再是单纯的数字信息空间，而是一个包容多种信息的多维化的信息空间(cyberspace)，人类的感性认识和理性认识能力都能在这个多维化的信息空间中得到充分的发挥。要创建一个能让参与者具有身临其境感，具有完善的交互作用能力的虚拟现实系统，在硬件方面，需要高性能的计算机软硬件和各类先进的传感器；在软件方面，主要是需要提供一个能产生虚拟环境的工具集。虚拟现实技术随着计算机技术、传感与测量技术、图形理论学、仿真技术和微电子技术等的飞速发展而发展，其应用领域比较广泛，总结如下。

1) 虚拟现实地图的应用

虚拟现实技术在地图学中一个主要应用是制作虚拟现实地图，涉及以下技术：①利用 VR(virtual reality，虚拟现实)技术强大的三维场景构建技术，构造三维地形模型，制作各种地物，真实地再现自然景观；利用其他的环境编辑器对环境进行渲染。②利用 VR 技术多感通道编辑器对以视觉为主的感觉进行仿真，使用户能以真实地感觉"进入"地图。③利用数据手套、头盔显示器等交互工具从分析应用工具箱中提供应用工具，模拟人在现实环境中进行工作，如距离量算、面积计算等。

2) 在军事现代化中的应用

怎样进行无人战争是当今的发展趋势。要进行无人战争的前提是要熟悉敌方的各种情况以及能灵活指挥，通过虚拟现实技术就能实现此目的。利用 VR 技术的强大三维场景模型，就可使指挥官亲临前线，掌握敌人的情况。导弹发射就是利用虚拟现实技术，使人在屏幕上跟踪其运动轨迹，动态调整其运动方向，使其顺利到达目标。VR 技术在军事中的应用随着高科技的发展会越来越重要，其发挥的威力也会更大。

3) 在 GIS(Geographic Information System，地理信息系统)中的应用

在 GIS 中利用 VR 技术的三维场景模型和多感通道编辑器来对三维地物进行视觉的仿真，使人亲临地物之中，具有逼真的感觉。在利用 VR 技术过程中，地理空间数据库的支持特别重要。地理数据库以地形数据为主，包括地形、水下、居民点、交通线、地物的三维数据等，是生成空间定位地形图像的基础。与之相配合的是地面影像数据库，该数据库

根据已定位的航空照片与卫星照片数字化而成,是构成地形三维图像的重要数据来源。

4) 在空间信息可视化的应用

空间信息可视化一直是中国地图科学家关注的问题,其实现的主要途径是虚拟现实技术。

5) 在其他方面的应用

VR 技术在图像处理、电影、文艺、医疗、娱乐、机器视觉等方面都有广泛的应用前景。

2. 国内外虚拟现实技术的研究状况

虚拟现实提供了一个适合人类与计算机沟通且具有多重感知能力的接口,通过这个接口,强化了人类利用计算机解决问题的能力。由于它具有相当多潜在的应用领域,随着虚拟现实技术的不断进步与成熟,它对人类的影响与冲击也愈来愈大,成为各国研究机构的研究热点。

1) 美国的研究状况

美国是从事虚拟现实研究最早、研究范围最大、水平最高、相关研究对国家发展贡献最大的国家,从事虚拟现实研究的大学包括华盛顿大学、麻省理工学院等几乎所有著名的大学,其研究内容侧重新概念发展(如虚拟现实的概念模型)、单项关键技术(如触觉反馈)和系统实现,并参加了许多有关虚拟现实的国家项目。美国 VR 研究技术的水平基本上就代表国际 VR 发展的水平。目前,美国在该领域的基础研究主要集中在感知、用户界面、后台软件和硬件 4 个方面。

2) 日本的研究状况

在当前虚拟现实技术的研究与开发中,日本是领先的国家之一,主要致力于建立大规模 VR 知识库的研究。另外,日本在虚拟现实的游戏方面也做了很多研究工作。但日本大部分虚拟现实硬件是从美国进口的。

3) 英国的研究与开发状况

在 VR 开发的某些方面,特别是在分布并行处理、辅助设备(包括触觉反馈)设计和应用研究方面,英国属于领先。到 1991 年底,英国已有从事 VR 的 6 个主要中心,它们是 W Industries、British Aerospace、Dimension International,Division Ltd、Advanced Robotics Research Center 和 Virtual Presence Ltd。

4) 欧洲其他国家的研究状况

欧洲其他一些较发达的国家(如荷兰、德国、瑞典等)也在积极进行 VR 的研究与应用。瑞典的 DIVE 分布式虚拟交互环境,是一个基于 Unix 的,不同节点上的多个进程可以在同一世界中工作的异质分布式系统。荷兰国家应用科学院的物理电子实验室开发的训练和模拟系统，通过改进人机界面来改善现有模拟系统，以使用户完全介入模拟环境。德国的计算机图形研究所的测试平台，用于评估 VR 技术对未来系统和界面的影响，以及向用户和生产者提供通向先进的可视化、模拟技术和 VR 技术的途径。另外，德国在建筑业、汽车工业及医学界等也较早应用了 VR 技术，如德国一些著名的汽车企业(奔驰、宝马、大众等)都使用了 VR 技术；制药企业将 VR 技术用于新药的开发，一些医院开始用人体数字模型进行手术实验。

5) 中国的研究状况

我国 VR 技术起步较晚，和一些发达国家相比还有一定的差距，但已引起政府有关部门和科学家们的高度重视，根据我国的国情制定了开展 VR 技术的研究计划，"九五"规划、国家自然科学基金委、国家高技术研究发展计划等都把 VR 列入了研究项目。国内一些重点院校已积极投入到这一领域的研究工作中。北京航空航天大学计算机系着重研究了虚拟环境中物体物理特性的表示与处理；在虚拟现实中的视觉接口方面开发出部分硬件，并提出有关算法及实现方法；实现了分布式虚拟环境网络设计，可以提供实时三维动态数据库、虚拟现实演示环境、用于飞行员训练的虚拟现实系统、虚拟现实应用系统的开发平台等。浙江大学 CAD&CG 国家重点实验室开发出了一套桌面型虚拟建筑环境实时漫游系统，还研制出在虚拟环境中一种新的快速漫游算法和一种递进网格的快速生成算法。哈尔滨工业大学已经成功地虚拟出特定人脸图像的合成、表情的合成和唇动的合成等技术问题。清华大学计算机科学和技术系对虚拟现实和临场感进行了研究。西安交通大学信息工程研究所对虚拟现实中的关键技术——立体显示技术进行了研究，提出了一种基于 JPEG 标准压缩编码新方案，获得了较高的压缩比、信噪比以及解压速度。北方工业大学 CAD 研究中心是我国最早开展计算机动画研究的单位之一，中国第一部完全用计算机动画技术制作的科教片《相似》就出自该中心。当前，我国专注于虚拟现实与仿真领域的软硬件研发与推广，已具备了国际上比较先进的虚拟现实技术解决方案和相关服务，主要有产品有：虚拟现实编辑器、数字城市仿真平台、物理模拟系统、三维网络平台、工业仿真平台，三维仿真系统开发包，以及多通道环幕立体投影解决方案等，能够满足不同领域、不同层次的客户对虚拟现实的需求。

3.9.2　虚拟现实技术的特征及其构成

1. 虚拟现实技术的特征

Burdea G 在"虚拟现实系统和它的应用"一文中，用 3 个"i"——immersion、interaction、imagination 来说明虚拟现实的特征，即沉浸、交互、想象，三者缺一不可。

(1)沉浸性(immersion)指用户作为主角存在于虚拟环境中的真实程度。使用者戴上头盔显示器和数据手套等交互设备，便可将自己置身于虚拟环境中，成为虚拟环境中的一员。使用者与虚拟环境中的各种对象的相互作用，就如同在现实世界中一样。使用者在虚拟环境中，一切感觉都是那么逼真，有一种身临其境的感觉。

(2)交互性(interaction)指用户对模拟环境内物体的可操作程度和从环境中得到反馈的自然程度。虚拟现实系统中的人机交互是一种近乎自然的交互，使用者不仅可以利用电脑键盘、鼠标进行交互，而且能够通过特殊头盔、数据手套等传感设备进行交互。计算机能根据使用者的头、手、眼、语言及身体的运动，调整系统呈现的图像及声音。使用者通过自身的语言、身体运动或动作等自然技能，能对虚拟环境中的对象进行考察或操作。

(3)多感知性(imagination)。由于虚拟现实系统中装有视、听、触、动觉的传感及反应装置，因此使用者在虚拟环境中通过人机交互，可获得视觉、听觉、触觉等多种感知，从而达到身临其境的感受。研究和开发 VR 是为了扩展人类的认知与感知能力，建立和谐的人机环境。VR 技术是人与技术完善的结合，它是计算机图形学和人机交互技术发展的产物，人在整个系统中占有十分重要的地位。利用 VR 技术，使我们对所研究的对象和环境获得"身临其境"的感受，从而提高人类认知的广度与深度，拓宽人类认识客观世界的"认识空间"和"方法空间"，最终达到更本质地反映客观世界的实质。

2. 虚拟现实系统的种类

分类的依据不同，虚拟现实的种类也就不同。根据目前的发展来看，最常见的虚拟现实分类标准是按照其功能来进行划分。虚拟现实按其功能大体可分为 4 类：桌面级虚拟现实系统、沉浸式虚拟现实系统、分布式虚拟现实系统和增强现实性虚拟现实系统。

1) 桌面级虚拟现实系统

桌面级虚拟现实系统是利用个人计算机和低级工作站实现仿真，计算机的屏幕作为参与者或用户观察虚拟环境的一个窗口，各种外部设备一般用来驾驭该虚拟环境，并且用于操纵虚拟场景中的各种物体。由于桌面级虚拟现实系统可以通过桌上型机实现，所以成本较低，功能也比较单一，主要用于计算机辅助设计、计算机辅助制造、建筑设计、桌面游戏等领域。

2) 沉浸式虚拟现实系统

沉浸式虚拟现实系统采用头盔显示，以数据手套和头部跟踪器为交互装置，把参与者或用户的视觉、听觉和其他感觉封闭起来，使参与者暂时与真实环境相隔离，而真正成为虚拟现实系统内部的一个参与者，并可以利用各种交互设备操作和驾驭虚拟环境，给参与者一种充分投入的感觉。沉浸式虚拟现实能让人有身临其境的真实感觉，因此常常用于各种培训演示及高级游戏等领域。但是，由于沉浸式虚拟现实需要用到头盔、数据手套、跟踪器等高技术设备，因此其价格比较昂贵，所需要的软件、硬件体系结构也比桌面级虚拟现实系统更加灵活。

3) 分布式虚拟现实系统

分布式虚拟现实系统，是指在网络环境下，充分利用分布于各地的资源，协同开发各种虚拟现实。分布式虚拟现实是沉浸式虚拟现实的发展，它把分布于不同地方的沉浸式虚拟现实系统通过网络连接起来，共同实现某种用途，它使不同的参与者联结在一起，同时参与一个虚拟空间，共同体验虚拟经历，使用户协同工作达到一个更高的境界。目前，分布式虚拟现实主要基于两种网络平台，一类是基于因特网的虚拟现实，另一类是基于专用网的虚拟现实。

4) 增强现实性虚拟现实系统

增强现实性虚拟现实系统又称为混合虚拟现实系统，它是把真实环境和虚拟环境结合起来的一种系统，即可减少构成复杂真实环境的开销，因为部分真实环境由虚拟环境代替，又可对实际物体进行操作，且部分系统就是真实环境，从而真正达到亦真亦幻的境界。

另外，还有一些其他的分类方法。如根据虚拟现实生成的方式，可将其分为基于几何模型的图形构造虚拟现实系统和基于实景图像的虚拟现实系统；根据虚拟现实生成器的性能和组成可将其分为基于 PC 机的虚拟现实系统、基于工作站的虚拟现实系统、高度平行的虚拟现实系统、分布式虚拟现实系统；根据交互界面的不同可将其分为世界之窗、视频映射、沉浸式系统、遥控系统、混合系统。

3. 虚拟现实系统的构成

虚拟现实系统的模型如图 3-3 所示。用户通过传感装置，直接对虚拟环境进行操作，并得到实时三维显示和其他反馈信息(如触觉、力觉反馈等)。当系统与外部世界通过传感装置构成反馈闭环时，在用户的控制下，用户与虚拟环境间的交互可以对外部世界产生作用。

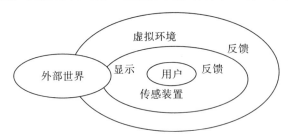

图 3-3　虚拟现实系统的模型表示

虚拟现实系统主要由 6 个模块构成，如图 3-4 所示。

(1) 检测模块：检测用户的操作命令，并通过传感器模块作用于虚拟环境。

(2) 反馈模块：接受来自传感器模块信息，为用户提供实时反馈。

(3) 传感器模块：一方面接受来自用户的操作命令，并将其作用于虚拟环境；另一方面将操作后产生的结果以各种反馈的形式提供给用户。

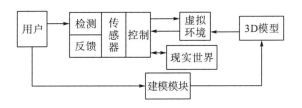

图 3-4　虚拟现实系统的模块

(4)控制模块：对传感器进行控制，使其对用户、虚拟环境和现实世界产生作用。

(5)建模模块：获取现实世界组成部分的三维表示，并由此构成对应的虚拟环境。

4.虚拟现实系统的关键技术

虚拟现实的关键技术包括 5 个方面。

1)动态环境建模技术

虚拟环境的建立是虚拟现实技术的核心内容。动态环境建模技术的目的是获取实际环境的三维数据，并根据应用的需要，利用获取的三维数据建立相应的虚拟环境模型。三维数据的获取可以采用 CAD 技术(有规则的环境)，而更多的环境则需要采用非接触式的视觉建模技术，两者的有机结合可以有效地提高数据获取的效率。建模包括几何建模、物理建模、运动建模。

2)实时三维图形生成技术

三维图形的生成技术已经较为成熟，其关键是如何实现实时生成。为了达到实时的目的，至少要保证图形的刷新率不低于 15 帧/s，最好是高于 30 帧/s。在不降低图形的质量和复杂程度的前提下，如何提高刷新频率将是该技术的研究内容。

3)立体显示和传感器技术

虚拟现实的交互能力依赖于立体显示和传感器技术的发展。现有的设备还远不能满足系统的需要，如头盔过重，数据手套有延迟大、分辨率低、作用范围小、使用不便等缺点。另外，力觉和触觉传感装置的研究也有待进一步深入，虚拟现实设备的跟踪精度和跟踪范围也有待提高，因此有必要开发新的三维显示技术。

4)应用系统开发技术

虚拟现实应用的关键是寻找合适的场合和对象，即如何发挥想象力和创造力。选择适当的应用对象可以大幅度地提高生产效率、减轻劳动强度、提高产品开发质量。为了达到这一目的，必须研究虚拟现实的开发工具。例如，虚拟现实系统开发平台、分布式虚拟现实技术等。

5）系统集成技术

由于虚拟现实中包括大量的感知信息和模型，因此系统的集成技术起着至关重要的作用。集成技术包括信息的同步技术、模型的标定技术、数据转换技术、数据管理模型、识别和合成技术等。

3.9.3　虚拟现实技术未来的发展与展望

虚拟现实技术是 20 世纪末才兴起的一门崭新的综合性的信息技术，尚处于初创时期，远未达到成熟阶段。虽然我们不能清楚地设想 21 世纪里虚拟现实出现并普及的新形式，但我们能通过应用媒介形态变化原则和延伸媒介领域的主要传播特性，对未来的发展方向做一些展望。

1. 动态环境建模技术

虚拟环境的建立是虚拟现实技术的核心内容，而动态环境建模技术的目的就是对实际环境的三维数据进行获取，从而建立对应的虚拟环境模型，创建虚拟环境。

2. 实时三维图形生成和显示技术

在生成三维图形方面，目前的技术已经比较成熟，关键是怎么样才能够做到实时生成，在不对图形的复杂程度和质量造成影响的前提下，如何让刷新频率得到有效的提升是今后重要的研究内容。另外，虚拟现实技术还依赖于传感器技术和立体显示技术的发展，现有的虚拟设备还不能够让系统的需要得到充分的满足，需要开发全新的三维图形生成和显示技术。

3. 适人化、智能化人机交互设备的研制

虽然手套和头盔等设备能够让沉浸感增强，但在实际使用中效果并不尽如人意。交互方式使用最自然的视觉、听觉、触觉和自然语言，能够让虚拟现实的交互性效果得到有效提高。

4. 大型网络分布式虚拟现实的研究与应用

网络虚拟现实是指多个用户在一个基于网络的计算机集合当中，利用新型的人机交互设备介入，产生多维的、适用于用户的虚拟情景环境。分布式虚拟环境系统除了要让复杂虚拟环境计算的需求得到满足之外，还需要让协同工作以及分布式仿真等应用对共享虚拟环境的自然需求得到满足。分布式虚拟现实可以看成一种基于网络的虚拟现实系统，可以让多个用户同时参与，让不同地方的用户进入同一个虚拟现实环境当中。目前，分布式虚拟现实系统已经成为全世界的研究热点，我国也由杭州大学、北京航空航天大学、中国科学院软件所、中国科学院计算所以及装甲兵工程学院等单位共同开发了一个分布虚拟环境基础信息平台，为我国开展分布式虚拟现实的研究提供了必要的软硬件基础环境和网络平台。

　　虚拟现实为当前热门的话题之一，它所包含的技术与应用层面相当广，此外它对人类的生活所造成的影响与冲击正与日俱增。它将带领人类进入一个崭新的、前所未有的且多样感知的仿真世界，提供人类与计算机之间沟通的接口，并强化计算机解决问题的能力，甚至将成为人与人之间互动的媒介。

第4章　云南信息工业设备制造
的技术创新与应用

4.1　第三代半导体材料与器件技术创新与应用

4.1.1　第三代半导体材料与器件技术创新与应用的意义

半导体产业的发展先后经历了以硅为代表的第一代半导体材料，以砷化镓为代表的第二代半导体材料。20世纪50年代以来，这两代半导体材料为工业进步、社会发展做出了巨大贡献。如今，以碳化硅、氮化镓、氧化锌、金刚石、氮化铝等为代表的宽禁带半导体材料以更大的优势力压第一、二代半导体材料成为佼佼者，它们被统称为第三代半导体材料。

作为一种新型宽禁带半导体材料，第三代半导体材料在许多应用领域拥有前两代半导体材料无法比拟的优点，其具有高击穿电场、高饱和电子速度、高热导率、高电子密度、高迁移率等特点，可实现高压、高温、高频、高抗辐射能力，被誉为固态光源、电力电子、微波射频器件的"核芯"，以及光电子和微电子等产业的"新发动机"。而从目前第三代半导体材料和器件的研究来看，较为成熟的是碳化硅和氮化镓半导体材料，而氧化锌、金刚石、氮化铝等材料的研究尚属起步阶段。

实际上，与在第一代、第二代半导体材料及集成电路产业上的多年落后、很难追赶国际先进水平的形势不同，我国在第三代半导体领域的研究工作一直紧跟世界前沿，工程技术水平和国际先进水平差距不大，已经发展到从跟踪模仿到并驾齐驱，进而可能在部分领域获得领先和比较优势的阶段，并且有机会实现超越。随着国家战略层面支持力度的加大，且具有迫切需求和巨大的应用市场，我国将有望集中优势力量一举实现"弯道超车"和"占位领跑"。

根据预测，到2020年，第三代半导体技术的应用将催生我国多个领域均出现上万亿元的潜在市场价值，届时将催生巨大市场应用空间。发展第三代半导体材料与器件，需要掌握第三代半导体材料生长技术、第三代半导体器件加工技术。

4.1.2　第三代半导体材料与器件的技术创新

1. 第三代半导体材料生长技术

第三代半导体材料生长技术主要采用气相沉积法。化学气相沉积是半导体工业中应用最广泛的用来沉积多种材料的技术，包括大范围的绝缘材料、大多数金属材料和金属合金材料。从理论上来说，它是很简单的：将两种或两种以上的气态原材料导入一个反应室内，它们相互之间发生化学反应，形成一种新的材料，沉积到晶片表面。

金属有机物化学气相沉积是在气相外延生长的基础上发展起来的一种新型气相外延生长技术。MOCVD 是以Ⅲ族、Ⅱ族元素的有机化合物和 Ⅴ、Ⅵ族元素的氢化物等作为晶体生长原材料，以热分解反应方式在衬底上进行气相外延，生长各种Ⅲ-Ⅴ族、Ⅱ-Ⅵ族化合物半导体以及它们的多元固溶体的薄层单晶材料。

金属有机物化学气相沉积系统制造商有德国 Aixtron 公司、美国的 Emcore 公司、英国的 Thomass 公司等，目前全世界 90%的金属有机物化学气相沉积设备都来自这 3 家公司。国内拥有进口金属有机物化学气相沉积系统 700 台左右，主要用于氮化镓等材料和器件的研究和制造。

2. 第三代半导体器件加工技术

氮化镓器件的制作流程主要分为 3 个步骤：①薄膜外延生长；②器件芯片制造；③封装。

1) 薄膜外延生长

外延生长是用化学或物理的方法在基片上(衬底)生成所需材料结构的过程。生长氮化镓常用的衬底有碳化硅、蓝宝石、硅等。一般使用碳化硅衬底材料，因为碳化硅的晶格常数与氮化镓最接近，利于低缺陷材料的生长，并且碳化硅还具有低射频传输损耗和高导热率的特性，适合于高频率和大功率的器件。生长方法为金属有机物化学气相沉积。材料生长的主要技术含量在于低缺陷的晶体结构、低杂质浓度、材料的组分控制、生长的稳定性和均匀性、材料分层结构的控制等，材料分层结构的控制与器件结构的设计密不可分。

2) 器件芯片制造

器件芯片的制造流程如下：①场效应管源、漏极光刻；②源、漏极欧姆接触的金属沉积，管芯通过欧姆接触与外封装引脚相连；③第一层氮化硅介质保护膜沉积；④台面刻蚀；⑤栅极光刻；⑥欧姆接触退火处理；⑦栅极的金属沉积；⑧第二层氮化硅介质沉积；⑨金属互联线沉积；⑩通孔正面刻蚀；⑪通孔正面金属沉积；⑫基片减薄；⑬通孔反面刻蚀；⑭通孔反面金属沉积；⑮切割。

3) 封装

第三代半导体功率器件具有高温、大功率等特点。碳化硅、氮化镓器件的工作温度可高达 600℃。传统的半导体封装技术是塑料封装，在大功率半导体器件封装中并不适用。目前，多采用陶瓷封装，如 AlN 陶瓷基板。

4.1.3 第三代半导体材料与器件技术创新的建议

云南在集成电路与信息产业方面相对落后,但在原材料与原材料的加工技术方面处于领先地位。第三代半导体产业目前处于材料生产和单个器件的发展期,技术积淀时间短,而且产业整体上还没形成区域优势。为云南实现跨越式发展,可购买德国 Aixtron 公司、美国的 Emcore 公司、英国的 Thomass 公司的金属有机物化学气相沉积设备,与中国科学院半导体材料科学重点实验室合作,并引进相关人才,开展以下技术的研究和产业化。

1. 发展碳化硅单晶材料及产业化

研究 6 英寸(1 英寸=2.54cm)低缺陷低阻碳化硅单晶材料生长及高均匀度外延关键技术;实现碳化硅单晶材料直径≥6 英寸,微管密度≤0.5 个/cm^2,电阻率≤30 mΩ·cm;实现 6 英寸 N 型外延材料,表面缺陷密度≤5 cm^{-2}、外延厚度≥200μm,实现 P 型重掺杂外延材料。

2. 发展碳化硅外延片生长及产业化

研究半绝缘碳化硅衬底上高均匀性、高耐压、低漏电氮化镓基异质结构外延生长技术;研究碳化硅衬底上氮化镓基异质结构的外延生长动力学和缺陷调控规律;研究氮化镓基异质结构中点缺陷性质及其新型表征手段;研究表面/界面局域态、体缺陷态对氮化镓基异质结构及电子器件性能的影响机制和规律,实现碳化硅衬底上的氮化镓外延片。

3. 开展碳化硅器件及其在电动汽车充电设备中的应用示范

开展碳化硅 MOSFET 器件设计仿真及制备工艺技术的研究;突破碳化硅器件高压封装关键技术,实现大容量碳化硅功率器件和模块;掌握碳化硅器件及模块测试检验全套技术;研制基于全碳化硅器件的电力电子变压器,并在柔性变电站及汽车充电设备中开展示范应用。碳化硅 MOSFET 芯片容量≥1200 V/100 A,模块容量≥1200 V/200 A;无线充电装备容量≥60 kW,总体效率≥92%,有线充电装备容量≥400 kW,总体效率≥96%。

4. 开展氮化镓器件及其在移动通信中的应用示范

设计和研制高工作电压、高功率、高效率、高线性度氮化镓基微波功率器件;研发低栅漏电流、低电流崩塌效应、低接触电阻氮化镓基器件制备工艺与提高成品率的规模制备技术及其可靠性技术;研究高热导率封装基材与高频低损耗封装技术;开展氮化镓基射频电子器件在移动通信宽带、高效率放大设备上的应用研究。研制出高性能的高效器件、宽带器件和超高频器件,高效器件工作频率为 2.6 GHz、功率>330 W、效率>70%,宽带器件工作频率为 1.8~2.2 GHz、功率>330 W、效率>60%,超高频器件工作频率为 30~80 GHz、带宽>5 GHz、脉冲功率>10 W、效率>28%；研制出基于氮化镓射频器件的高线性度功率放大器系统和多载波聚合功放系统，在移动通信基站领域实现批量应用。

4.2　物联网技术创新与应用

4.2.1　物联网技术创新与应用的意义

北斗导航系统、卫星遥感系统、地理信息系统三大系统相互联系，但缺少一个实体系统将三大系统统一联系。随着物联网技术的发展，可逐渐将这三大系统进行统一，发挥最大作用。

导航定位技术作为物联网的核心技术之一，可以实现目标的识别、定位、跟踪、监控和管理。现有的高精度北斗导航系统的定位技术可以为物联网提供厘米级精度的动态实时定位服务，这将极大地提高物联网位置服务质量，并由此带来巨大的经济效益和社会效益。

遥感技术本身属于传感技术，虽然不是物联网中的主要传感方式和手段，但对于一些特定的物联网应用，如精细农业、环保监测、重要设施状态监测等，遥感具有速度快、覆盖面广、成本低等优势，将发挥十分重要的作用。而随着高分辨率遥感技术的发展以及解译水平的提高，航空航天遥感技术在物联网时代也将发挥越来越重要的作用。

地理信息系统是以计算机为基础，对地理空间的位置等信息进行采集、存储、管理、分析、可视化与应用的软件工具。物物相连的网络必须要有相关空间信息处理平台的支撑，尤其是对于大规模、复杂、现实的物联网而言，地理信息系统技术将是一种不可或缺的支撑技术，它能让物联网更加好用、更加有序、更加智慧。因此，有必要发展物联网技术，将这三大系统发挥最大作用，提高工业信息化水平。

4.2.2　物联网的技术创新

1. 平台技术

构建基于物联网的一体化应用平台，平台充分融合北斗导航系统、卫星遥感系统、地理信息系统等共享专业数据，开放统一标准接口，搭建服务平台，实现了基于物联网的一站式服务。

2. 数据采集技术

以新材料和新器件为基础，研发具有智能传感功能的低功耗物联网终端，统一数据传输标准，采集气象、环保、水利、工业、农业等要素监测数据。

3. 北斗导航技术

卫星应用终端以车载和移动便携终端为载体，预装基础地理信息、遥感影像以及相关业务数据，通过集成北斗、导航定位兼容模块，结合移动通信技术，实现遥感数据实时接收、处理、分发及存储；现场图像信息的采集、编码处理及存储，终端导航和定位；短消息发送与接收，实时的信息查询、指挥调度、任务协同、无人机操控等功能，可为智慧城市建设提供空间信息服务。

4. 数据处理技术

数据处理融合子系统具备全息空间数据处理加工能力，提供自动处理海量的卫星、航空遥感影像数据、智能感知数据的强大功能。围绕对遥感数据增值产品、全息空间信息产品生产、加工提出的高精度、快速化、规模化的需求，整合并发展全息空间数据技术成果，突破数据快速处理、高精度空间定位、流水化信息技术平台等核心技术问题，开发面向全息空间信息产品的处理融合系统。

5. 数据存储技术

开发数据管理子系统，为平台提供数据技术支撑，通过解决全息空间数据存储、管理，以及网络共享与服务等方面关键技术问题，实现对基础地理信息数据、智能感知数据等一体化集成管理，为全息空间数据管理提供技术支撑。

4.2.3　开展物联网技术的建议

1. 低成本、低功耗、微型化、高可靠性智能传感终端

研发专用及多用途感知设备，如集成加速度、温湿度、光感等传感技术，RFID 技术及定位技术的智能终端，基于环保监测、森林资源安全监管、油气供应、粮食储运监管、电网管理、食品质量安全监控等物联网应用，并支持多种通信传输方式的远程监控智能终端等。

2. 发展物联网应用系统

(1)研究开发物联网技术在工业生产过程控制、生产环境检测、制造供应链跟踪、产品全生命周期检测等方面的运用。

(2)研究开发物联网技术在农业生产、经营，农产品质量追溯等方面的应用。

(3)研究开发物联网技术在电力设施状态监测、安全防护、电力设施的智能巡检等方面的应用。

(4)研究开发物联网技术在空气质量和水质在线监测、污染源在线监控、环境应急管

理、环保业务管理等方面的应用，以及相关支撑平台建设(包含环境数据中心、环境地理信息系统、环保视频统一监控服务系统等)。

(5)研究开发物联网技术在物联网生命体征监测系统、物品追溯管理与冷链管理系统、智能血液净化管理系统、远程会诊平台、医院环境智能管控等方面的应用。

4.3　智能高端装备技术创新与应用

4.3.1　智能高端装备技术创新与应用的意义

智能高端装备制造产业指装备制造业的高端领域，"高端"主要表现在 3 个方面：①技术含量高，表现为知识、技术密集，体现多学科和多领域高精尖技术的继承；②处于价值链高端，具有高附加值的特征；③在产业链占据核心部位，其发展水平决定产业链的整体竞争力。近年来，由于通信、计算机网络等现代信息技术的发展，定制化、个性化电子产品的设计系统、生产装置得到飞速发展，利用计算智能技术进行产品的可靠性分析、优化设计及设计效果的综合评判成为行业未来趋势。此外，工业机器人发展产生了包括"快速原型制造""实体自由制造"等增材制造新概念，对传统通信、电子制造产生较长远的影响。

4.3.2　智能高端装备技术创新

1. 高精数控机床的柔性制造

传统数控机床生产周期较长，只有在大批量、设备专用、工艺稳定的条件下才能构成规模经济效益，不适应目前灵活多变、快速发展的市场环境。引进柔性生产线可以把多台可以调整的专用机床联结起来，用架设在工控网上的计算机管理平台将多种生产模式结合起来，从而减少生产成本，做到物尽其用。针对高速、精密、复合数控机床(国内领先企业为沈阳机床集团有限责任公司)，升级生产过程的智能监控系统，利用数字化工具及仪器对加工状态(如刀具磨/破损状态)进行实时监管，并利用各种智能技术对机械设备故障进行智能诊断，对非正常状态进行自适应控制与决策，实现加工状态智能检测、预测与监控。

2. 个性定制化产品的云制造

自进入互联网时代以来，人们不再满足于同质化严重的机械大生产，对个性化、定制化的需求与日俱增。对以云技术为支撑的数控机床、工业机器人(领先企业为武汉奋进智能机器人公司)等进行技术创新，形成具有模块化、互联功能的智能产品，实现分布式、分级式、分享式制造，提高生产效率并缩短产品研发周期。通过引进智能数控机床实现智能编程、图形诊断、在线工艺、图形模拟等智能化功能，集成机械平台、功能平台、控制平台和应用平台，增强对不同工业环境的适应能力。可将其应用于航空、汽车、消费电子、高精度磨具等行业的叶轮、复杂曲面零件、汽车复杂零件、液压曲面零件等高精度、复杂零件的加工任务中。

3. 支持逆向设计的增材制造

增材制造可应用于消费电子、航空航天、医疗牙科、工业等行业，然而由于目前设备及材料价格偏贵，产品开发成本相对较高，远不能满足产品多样化需求。因此，针对关键器件可以采用逆向设计来缩短研发周期、节省成本。逆向设计指对产品实物样件表面进行数字采样处理，并利用可实现逆向三维造型设计的软件来重新构造实物的三维 CAD 模型（曲面模型重构），然后用 CAD 实现分析、再设计的过程。在用激光、CT (computed tomography，电子计算机断层扫描) 等测量、采集实物模型的表面数据，形成"点云"资料，再进行数据分析处理等工作。完成逆向设计的技术创新，可以实现"制造决定设计"向"功能引领设计""设计指导制造"的转变，从而加速增材制造行业的发展。

4. 无人仓储物流的协同调度

无人仓储物流是智能物流的重要组成部分，为保障安全、提高效率，应将物联网、传感网与现有的互联网整合起来，通过以精细、动态、科学的管理，实现物流的自动化、可视化、可控化、智能化、网络化，从而提高资源利用率和生产力水平。智能物流使整个物流系统能模仿人的智能，具有思维、感知、学习、推理判断和自行解决物流中某些问题的能力，即达到一个动态的、实时进行选择和控制的管理水平。同时构建智能物流集散中心，包括全自动仓储装卸系统、物流货品安全管理系统、自动送货无人机、无人车辆等。加快各种集传感、监测和控制为一体的专用嵌入式集散控制系统的研发及应用。

5. 开放式集成工厂智能体系

开放式集成工厂提供生产计划和车间运作的无缝集成，具有灵活响应实时情况的强大适应性。通过建立一个由软件应用和带通信功能的产品以及设备组件组成的网络，实现产品的自主加工。此外，可配置的开放式系统和通信标准使设备、自动化技术、生产控制和订单管理的无缝对接得以实现。目前，开放式集成工厂属于 SAP、Festo Didactic 和 Elster 等大公司工业 4.0 的试点应用。因此，实现工业 4.0 战略需要发展新一代工业信息标准，可参考开放式集成工厂的技术标准，开展必要的技术合作并引进国际先进解决方案进行试点，以打开工业信息管理、处理、整合的新局面。

6. 智能交通电子装备技术

智能交通电子装备集成交通信号控制、高速公路收费、RFID 射频车牌识别等技术，从而构建可实时监管、交互的智能交通系统。其中，高速公路专用 PLC (programmable logic controuer，可编程逻辑控制器) 控制器应支持 IEC 61131-3 国际标准规范，可对交通区域控制系统所涉及的所有自动化任务和驱动进行快速、直观地编程、开发和调试。此外，交通智能信号控制机产品支持定周期、分时段、自感应、多协调、行人请求以及人工管控等多种控制方式，适应多种应用场景控制需求，可对接交通大数据云平台进行数据共享和远程协同控制。同时，超高频 RFID 汽车电子车牌系统可实现车辆身份管理、车辆年检管理、违章自动记录、车辆稽查布控、自由流多路径识别、被动定位追踪、区间速度监测、园区门禁、高速公路不停车收费等功能。

4.3.3　智能高端装备技术应用

1. 构建柔性制造开放式集成环境

面向烟草、机床及船舶等大型企业，构建柔性制造开放式集成环境，通过引入模块化、标准化、资源共享的智能车间来增加柔性制造能力，实现传统制造向个性化设计、柔性化生产、自主式加工的新一代工业规范过渡。目前，云南大型国有制造行业，例如烟草、电力和汽车制造等，由于制造体系更新周期较长，还处于工业 2.0 向工业 3.0 迈进阶段，生产产品从市场调研、研发、技术引进、生产销售到用户反馈，周期较长，生产线引进、投放后缺乏对市场变化的适应能力，因此需要引入模块化、标准化、资源共享的智能车间来增加制造的柔性能力，例如引进开放式集成制造体系概念下的云管理系统、标准生产单元、总线协议等。同时，开展集计算、通信与控制于一体的信息物理系统顶层设计，探索构建贯穿生产制造全过程和产品全生命周期，具有信息深度自感知、智慧优化自决策、精准控制自执行等特征的智能制造系统。此外，针对一些有前景的新兴制造行业，如新材料、3D 打印、电子产品、精密器件等，要争取在短时间内引进、研发一批具备信息反馈、管理、整合的制造体系，包括协议标准、智能设备、软件平台等，并建设测试验证平台，完善智能制造标准体系。此外，在高新技术园区等范围内采取政策扶植、招商引资、技术研发等形式，积累、储备下一代制造体系核心技术，加快对先进制造体系的引进、改良、推广。

2. 发展智能物流仓储无人化装备

在工业园区、仓库、集散口岸等区域发展无人智能化物流仓储系统，实现自动装卸货、打包、导引运输的无人化协同调度，提高生产效率、降低成本、强化安全保障，同时还具有示范意义及良好展示度。根据云南产业布局，应重点突破智能传感与控制装备、智能检测与装配装备、智能物流与仓储装备，开展套装备研究开发和推广应用，提高质量与可靠性。云南省作为旅游大省，旅游商品品种繁多、特色鲜明，但目前旅游产品缺乏标准质量管理平台，以及运输存储、定点销售等一体化布局。针对以上问题，云南省可与广州吉特科技有限公司合作，利用无人仓储技术来推动云南特色商品的管理、集散、销售、宣传一体化平台的建设。旅游购物是与国内外经济交流的纽带，结合境内外旅游观光购物项目，来打造绿色科技与地方传统特色商品相结合的新窗口。此外，采用信息技术对无人仓储的调度管理，也可应用于其他工业、服务业等，例如长水机场的物资调度。

3. 引进民航机场智能航空运输装备

目前，如何加强昆明长水机场运输资源管理与分配、提高物资集散吞吐量、降低生产成本是一个迫切需要解决的问题。通过发展无人仓储装备、服务机器人等技术来优化效能与提高质量是一个重要应用方向。在机场客运地勤服务方面，可以引进安防机器人完成不间断全天候值守、巡检等任务，及时发现、处理机场各类安全隐患，并大力发展服务型机器人的引进及创新，与人相比，机器人能够实现全天不间断服务，并根据机场旅客的具体需求提供更多的服务。现有人工智能技术已能实现与人用语言、文字、手势等的良好交互，可应用于航班咨询、登机引导、行李看管与搬运协助、残疾人登机服务等。在机场货运智能化装备方面，可以借鉴智能物流装备应用经验，发展无人智能化物流仓储系统，实现自动装卸货、打包、导引运输的无人化协同调度。为发展民航机场智能航空运输装备，还需要引进航空运输装备，集成智能化单元、分布式工业标准、信息综合决策等技术以提高机场运输、服务、维护的质量及效能。

4. 构建以电子智能装备为核心的智慧交通

云南省政府规划未来 15 年新建高速公路里程近 10^4km，投资约 1.5 万亿，涉及的智能装备系统涉及资金近 1000 亿。同时，随着智慧城市建设全面推进，城市智慧交通系统建设投资近 100 亿，并且公安部计划于 2017～2018 年立法推进中国汽车电子车牌系统应用，计划 5 年内所有汽车实现电子车牌管理，初步估计全国有近 1000 亿的市场，云南省也有 30 亿～50 亿。因此，需要大力发展以电子智能装备为核心的智慧交通综合平台，集成交通信号控制、高速公路收费、RFID 射频车牌识别等技术，从而构建可实时监管、交互的智能交通系统。应重点面向高速公路、市内交通领域，集成分布控制、实时监管、信息交互等智能电子设备，例如"高速公路专用控制器 PLC""城市交通智能信号控制机"和"超高频 RFID 汽车电子车牌系统"等高端装备系统进行技术合作、产品研发，实现智慧交通平台整体升级、技术重点突破，以此来推动省内交通系统的智能化进程。

目前，云南省的高端装备制造在传统优势行业中有较好基础。云内动力研发的多缸小缸轻型车用柴油发动机、西仪股份研发的轻微型汽车发动机连杆国内销量和市场占有率居国内第一；昆明中铁大型铁路养路机械成套设备的国内市场占有率高达 80%；昆船公司开发的我国首台套大型枢纽机场行李处理系统在长水国际机场、丽江机场等成功投入使用，部分关键设备实现出口。云南省大型数控铣镗床、铁路养护机械产品、金融电子设备、铁路牵引变压器产量居全国第一。然而，在柔性制造、3D 打印、智能物流等方面，与先进省份相比，云南省内的企业尚未具备核心竞争力。为发展高端装备技术创新，在柔性制造方面，国外的 3DExperience 公司具有先进的工业标准、集成方案，国内沈阳机床集团制造智能设备实力领先，云南可与其合作引进柔性技术体系"达索系统"来升级原有工业标准，引进智能化机床装备以更新老旧装备。在增材制造方面，新兴企业如湖南华曙高科科技有限责任公司具备一定自主核心技术，可与其合作研发"3D 打印系统"等增材制造技术，以打开云南、东南亚市场。在民航机场装备方面，中国民航技术装备有限责任公司在设备销售、技术咨询、培训等方面具备一定实力，可与其开展合作以引进国内外先进装备技术；在智慧交通装备方面，昆明联诚科技股份有限公司在嵌入式交通控制、监管系统方面具有一定技术实力，可与其开展技术引进合作。

4.4　机器人技术创新与应用

4.4.1　机器人技术创新应用的意义

在《中国制造 2025》中，机器人与高档数控机床被列为政府需大力推动实现突破发展的领域之一。《机器人产业"十三五"发展规划》已正式发布，机器人发展必将迎来投资良机。未来 10 年将围绕汽车、机械、电子、危险品制造、国防军工、化工、轻工等工业机器人、特种机器人，以及医疗健康、家庭服务、教育娱乐等服务机器人应用需求，积极研发新产品，促进机器人标准化、模块化发展，扩大市场应用。目前，云南省的工业机器人应用集中于传统优势产业，商用、服务机器人尚处于起步阶段，需要加大力度发展机器人引进及技术创新。

4.4.2　智能机器人技术创新

1. 基于云平台的工业机器人

云机器人借助互联网与云计算，帮助机器人相互学习和知识共享，解决单个机器自我学习的局限性。在工业环境中，云机器人不仅能够依托网络功能，将机器人的任务、轨迹、参数和生产进度信息实时共享给工业云，还能作为信息枢纽，将其周边的机器、云传感器、云执行器和人员信息采集融合后共享给工业云。大型国有企业可率先引进云工业机器人，尽快掌握技术流程，从而实现与已有设备的整合。

2. 场景定制的商用机器人

目前，全球机器人市场中，工业机器人占市场份额约为 80%，但从未来趋势看，服务机器人将成为热点。商用服务机器人主要运用于商用服务领域，根据行业需求开发相应功能，主要为银行、餐厅、企业、大型卖场、专卖店等商户提供商用系统服务。我国在商用领域开发的商用服务机器人代表有沈阳新松餐厅服务机器人、科沃斯商用服务机器人旺宝、哈尔滨工业大学迎宾机器人威尔以及塔米智能的售货机器人。发展场景定制商用机器人替代或辅助人工，以降低人员成本，提高管理效率，抢占机器人行业制高点。

3. 自主学习的服务机器人

传统机器人需要预编大量程序，不会通过反复练习学习做一件事，然而利用增强学习能够让机器人在自主行为模式下不断尝试，并评估行为结果（对每次行为打分），从而学习并执行最优决策。因此，大力发展自主学习的服务机器人技术，面向工业、商业、服务业等包含复杂决策的场景，发挥自主学习的适应能力。并且，自主学习是通向人工智能时代的关键一步，需要加大技术引进与自主研发，让自主学习服务机器人融入我们的日常生活。

4. 执行巡检的安防机器人

当前，公共场所安全保障日益严峻，基于传统静态安防技术体系已难以满足当下社会快速发展的智能化需求。从传统的安防系统过渡到以现代服务为理念的"机器人+安防"系统，将大大加快机器人与智能安防市场的发展。可引进安防机器人生产、制造技术，并同时加大安防机器人研究的投入及政策支持，在最短时间内改进、升级已有技术，形成自主研发的安防机器人型号，缓解重要场所安防严峻形势，并推动安防机器人产业的迅速发展。

5. 类脑运算的云脑机器人

云脑机器人具有类人认知能力，比如自主学习、对于多种模态的快速切换和自由融合、运动与感知的一体化等。为了实现类人认知，需要发展开放、可扩展、可重构的云脑计算体系结构，制造类脑神经元网络等新型机器人的"大脑"。发展云脑机器人技术，实现云端基于大数据的类脑计算，需要引进大数据获取、存储、预处理软硬件平台，更重要的是与国内领先企业、研究所开展对类脑计算、类脑芯片的技术研发合作，抢占下一代机器人核心技术的制高点，最终形成自主研发的类脑机器人，打开机器人产业的新市场。

6. 支持智能物流的无人驾驶

无人驾驶汽车为整个汽车产业带来革命性的变化，未来这项技术让汽车不再只是单纯的代步工具，而是逐步演化成为移动智能终端。因此，在城市局部范围内，可投入一定数量的无人驾驶交通工具，并作为终端通过移动网络进行信息交互，同时将所有终端信息汇集于云平台，实现调度优化、管理整合。此外，作为无人驾驶技术基础的辅助驾驶技术能很大程度上提升了乘车的舒适度与安全度，未来将会受到越来越多的消费者、车企与汽车电子企业的青睐。因此，云南省几家大型汽车制造厂商可以考虑引进、整合辅助驾驶技术，实现汽车消费产品的更新升级。

4.4.3　智能机器人技术应用

1. 建设工业云脑机器人

云南的传统制造业生产技术较为成熟，积累了大量生产数据资源，这些资源能够通过云平台存储、管理及复用于工业机器人终端，大大减少了新产品研发周期，提高生产效率，并为实现下一代个性化、定制化生产提供基础资源。针对机器人终端的低耦合、开放式、集散处理体系，在云南一些传统优势制造行业，如电力设备、烟草、汽车等，率先构建工业 4.0 云资源存储运算平台，实现信息技术对改造工业流程的有力支持，为未来新一代整合经济系统、生产系统、装备系统的工业制造体系提前做好信息技术的基础建设。进一步深化制造业与互联网融合发展，推动"中国制造+互联网"取得实质性突破，发展面向制造业的信息技术服务，构筑核心工业软硬件、工业云、智能服务平台等制造新基础，大力推广智能制造、网络化协同、个性化定制、服务化延伸等新业态、新模式。同时，在一些具备潜力的经济拉动行业，如航空、电子、新材料、生物医药器械等，也可以是用云上资源平台来推动研发、设计、生产流程，扩大信息化再生产内涵与外延。

2. 发展社区安保服务型机器人

随着云南城市化进程的不断发展，一方面，城市居民老龄化程度日益明显，另一方面，社区安保问题较为突出。此外，云南交通不便，边远地区老年人的养老、陪护问题未来将较为突出。针对以上情况，需要推动社区安防机器人完成不间断全天候值守、巡检等任务，并大力发展服务型机器人的引进及创新，以适应未来应用需求与前沿技术趋势。与人相比，机器人能够实现全天不间断服务，并根据市场需求提供更多种类服务。现有人工智能技术已能实现与人用语言、文字、手势等的良好交互，未来在养老、医疗陪护、教育培训、咨询引导等领域可以进一步展开应用范围，根据具体需求解决实际问题。通过引进多种服务型机器人技术，鼓励各行业加强与人工智能融合，逐步实现智能化升级。利用人工智能创新城市管理，建设新型智慧城市。推动专业服务机器人和家用服务机器人应用，培育新型高端服务产业。

3. 引进区域自治智能交通装备

"十三五"产业规划提出对接绿色低碳试点示范项目，在具备条件的区域，以绿色低碳技术综合应用为核心，以互联网为纽带，建设新能源汽车与智慧交通系统。云南交通资源不足，市区交通存在高峰期拥堵、局部交通秩序混乱、违章追查较困难等一系列问题。对于这些现代城市的通病，短期内得到解决不太现实。目前，下一代交通体系应建立在自动导航、辅助驾驶、智能车辆终端网络等最新技术的基础上。交通系统的更新换代是一个较长的过程，但可以在局部试点再展开。例如，在工业园区、会展中心等特殊区域内，引进自动驾驶交通工具、驾驶终端管理平台，试点建设自治交通系统，解决区域内自动路径规划、协同调度、人与交通资源交互等下一代交通体系核心问题，从而推动云南省智能交通技术的应用、研发及推广。在不远的将来，城市交通资源短缺现象会持续，但能够通过自治交通系统得到有效缓解。推广自治交通系统，不仅能提高生产效率，方便生活出行，对动态更新、实时管理分析交通运行数据形成决策，推行绿色环保交通也将产生根本性的突破。

4. 研发水下环境监测机器人集群

云南有独特的水资源，高原湖泊、河溪江川等水体形成高原独有的水利、地质、生态、渔业、水产养殖等丰富的资源类型，值得花大力气从长远角度去保护、利用、研究。然而，目前仍无法有效地对高原水体完成深层、大范围、动态的监测，对水体物质的空间运动趋势进行跟踪溯源，对区域分布数据进行采集、分析、决策。这类复杂任务涉及水下动力学控制、各类传感器综合、机器人集群路径规划、数据通信及分析等多学科前沿理论及技术。因此，云南应研发支持高原湖泊、江河等水文资源观测的机器人集群技术，应用水下机器人集群采集丰富的水体数据，通过数据分析，有力支持水力、渔业、环境等方面的决策。发展水下机器人集群技术是一个具有挑战性的创新，可以逐步推进，并与国内技术领先、有研发实力的单位进行合作，通过技术引进、合作研究等形式开展该领域技术创新，实现针对几个典型水体的大范围数据采集及监测，并将该技术与云南环境监测、地质、渔业等部门进行密切结合，在多方面推进该项技术创新。

目前，云南在机器人技术发展方面总体情况较为滞后。近几年成立的几家中小企业，例如云南睿驰机器人有限公司、云南龙行机器人科技开发有限公司、云南梦工厂机器人有限公司等，主要经营范围为智能机器人通用平台及其网络智能传感器、网络机器人智能终端的生产和销售；智能机器人定制开发技术服务、技术咨询、机器人操作技术培训等。云南省内机器人企业普遍存在规模有限、核心技术与开发管理经验欠缺、资金不足等多方面困难。为发展云南机器人技术创新，苏州科沃斯商用机器人有限公司生产的商用服务机器人已得到广泛应用，云南可与其合作并开展特定场景的机器人定制、技术引进、研发支持等合作；在安防机器人领域，中智科创机器人有限公司具备技术领先优势，可与其合作并在社区引进安保巡逻机器人和安保服务机器人等产品，开展相关技术培训；在自动辅助驾驶方面，前向启创数码技术有限公司有自主研发实力，可与其开展技术合作并引进自动辅助驾驶预警系统；在水下环境监测机器人方面，中国科学院沈阳自动化研究所研发实力在国内具有领先地位，可与其合作完成自主水下机器人科学研究、工程应用、产品开发等项目。

4.5　通用终端设备技术创新与应用

4.5.1　通用终端设备技术创新与应用的意义

通用终端是一个技术综合体，涉及通信、计算技术以及工艺技术，兼具软硬件开发技术。目前，中国产业在诸多方面已经获得突破，但在很多关键环节仍存在短板。核心芯片、关键器件和安全可控系统、开放高效平台以及与之相关的软硬件结合，是终端技术创新的制高点。目前，行业正处在一个转弯的路口。从技术层面看，在智能终端基础上，伴随智能传感技术、物联网技术的更快发展，智能硬件、各种可穿戴设备正成为智能终端产业创新最活跃的领域，各种与物联网技术结合的智能硬件得到开发者的青睐，未来市场规模潜力巨大。

4.5.2　通用终端设备前沿技术选择

1. 类脑硬件及深度学习芯片

深度学习处理器，就是给电脑创造出模仿人类大脑多层大规模人工神经网络的芯片。在深度学习运算平台中，提高并行运算能力是决定效率的关键。目前，主要依赖系统总线上 GPU（graphics processing unit，图形处理器）的超线程流处理器实现并行运算，例如英伟达的 GTX 系列显卡。然而，这种方式需要在 GPU 的标准接口上再搭设处理软件，软硬件的分离导致运行效率不高；GPU 硬件并未为深度学习量身定制优化方案。随着人工智能时代的到来，未来便携专用芯片的全球竞争、国产化浪潮将更加汹涌。为抢占核心技术制高点，可尽快与国内几家已经率先开始芯片设计的研究机构、公司进行合作，必要时引进一些已有设计、制造技术。由于深度学习网络结构、运算相对标准，对于二次开发形成自主创新、催生新产业链条并非不可能完成。

2. 可穿戴智能医疗设备

近年来，日常保健、健康咨询、运动健身市场保持持续稳定增长的趋势，传统医疗行业与信息技术结合具有巨大潜力。开发大健康医疗体系周边智能可穿戴设备，利用互联网、云计算突破医疗时空局限，构建集健康、养老、养生、医疗、康体等为一体的大健康医疗体系。个性化诊疗包括智能便携式采集、监护设备，采集数据实时上传至个人定制的健康云，能够进行实时监护、病情预警与诊断。应发展人员定位健康管理设备及平台、无线网络生理参数监测系统、高端数字化智能康复诊疗设备等基础平台，真正形成广覆盖、实时监测的大健康网络。

3. 基于生物特征的身份识别

目前，移动终端身份识别大部分采用密码、指纹等方式，效率较低且容易出现安全隐患。未来，取而代之的将是生物特征识别，例如通过指纹、视网膜、心率，甚至 DNA 等每个人独有的特征进行数字验证来完成某些用户行为。当人借助智能终端设备并接入网络之后，每个人所佩戴、控制的设备所具备的唯一属性与安全性就成为确保网络信息安全、保障个人隐私一个关键因素。因此，应大力发展生物特征识别技术，提高政府部门网络安全保密级别，在此基础上催生新的网络应用模式，形成经济增长点。

4. 语音、手势、体感人机交互

随着可穿戴设备、智能家居、物联网等领域的快速发展，全面打造智能化的生活成为未来的聚焦点，而人机交互方式将成为实现这种生活的关键环节。目前，传统交互方式，例如苹果的 Siri、微软的 Cortana、谷歌安卓的 Google Now 等产品，已经实用化、个性化，而许多新兴交互方式，比如体感交互、眼动跟踪、脑电交互等，是下一阶段发展的重点。发展前沿人机交互技术，不仅催生新的应用热点、增强安全性及使用效率，并且掌握用户通过终端接入互联网的"第一道关口"也具有重要的意义。因此，可重点发展带地方口音的语音交互技术，面向聋哑人、旅游者的手势识别，以及在涉外口岸、通道设立体感应设备，以点带面，逐渐展开人机交互应用范围。

5. 无线体域网

体域网是一门新兴的技术，它是由一组植入人体内或放置于人体上的各类传感器组成的网络，在医疗保健、体育训练等各个领域有着广阔的应用前景。特别是随着全球人口老龄化的进一步加剧，患有如心脏病、高血压、糖尿病等慢性疾病的人数量会越来越多，对相关医疗设备的需求将会快速增长。由于体域网技术有着广阔的应用前景和巨大的需求，全世界各国研究机构和企业都投入巨大的物力和财力研究这一技术。

4.5.3 通用终端设备前沿技术应用

1. 引进智能芯片设计装配生产线

人工智能及类脑芯片技术正在逐步成为智能终端未来的核心竞争力及盈利增长点。发展智能芯片的研发设计、加工装配一体的产业链，是未来的人工智能时代最重大的产业热点，极具发展潜力与价值。"十三五"产业规划提出推动类脑研究等基础理论和技术研究，加快基于人工智能的计算机视听觉、生物特征识别、新型人机交互、智能决策控制等应用技术研发和产业化，支持人工智能领域的基础软硬件开发。目前，云南省内还处于落后观望状态，而国内大中城市及发达地区已经将其作为一个优先发展产业，突破了关键领域。通过与目前国内几家处于领先地位的研究院、创业公司合作，争取在下一代通用终端的产业浪潮中提前布局，形成集智能芯片研发、设计、制造装配于一体的生产线。首先，培训一批具有智能芯片设计能力的专业工程师，引进人工智能所需的软硬件平台，或成立省内智能芯片研究基地，用几年时间掌握核心技术，形成实用化产品；然后酌情引进生产线发展制造与装配工厂，用技术驱动带动整条智能芯片及终端产业链的兴起。

2. 构建医疗终端互联的健康网

"十三五"产业规划提出大力推动开发智能医疗设备及其软件和配套试剂、全方位远程医疗服务平台和终端设备,发展移动医疗服务,制定相关数据标准,促进互联互通,初步建立信息技术与生物技术深度融合的现代智能医疗服务体系。云南山区较多,交通不便,发展较不均衡,而未来老龄化程度将进一步加重,为医疗体系的效能提出更严峻的考验。在互联网覆盖区域,构建大健康医疗网并完善网上健康档案,实现实时上传数据、在线诊疗、医疗就诊咨询等,在省内医疗资源存在地区不均衡、使用过渡集中并存在浪费的情况下具有前瞻意义。目前,由于云南省内医疗系统自身较为封闭保守,存在技术及人为壁垒较多,需要推进大健康网标准的统一,加快制定相关法律、法规来规范一般智能终端与专业医疗终端的界定范围。专业医疗终端需要与传统医疗体系进行有机结合,打通线上、线下一体化医疗。此外,对互联网采集的用户医疗信息要能够实现统一管理,做到有效整合、分类,以利于对传染病、遗传病和地区多发病种的预防及治疗。

3. 建设智能终端虚拟交互平台

目前,智能终端更新换代较快,各类新产品层出不穷,普遍趋势为整合交互、虚拟现实、数据采集、媒体处理等技术。对于终端产品,云南目前仅处于销售、维护等产业链末端,核心技术较为缺乏。"十三五"产业规划提出以数字技术和先进理念推动文化创意与创新设计等产业加快发展,促进文化科技深度融合、相关产业相互渗透。到 2020 年,形成文化引领、技术先进、链条完整的数字创意产业发展格局,相关行业产值规模达到 8 万亿元。因此,应大力研发数字艺术呈现技术,提升艺术展数字化、智能化、网络化应用水平,支持文物保护装备产业化及应用。在有限空间内打造一种对最新科技的真实体验,一方面,能够起到推广智能产品的作用,促进省内终端技术研发制造等合作交流,另一方面,选取主题与编辑素材,在虚拟交互技术层面展示云南旅游、文化、政策、经济发展等各方面动态,也能起到宣传扩大影响的作用。同时,结合使用者反馈来完善智能产品的研发、设计及应用,也可以让用户自主参与新型智能产品的定制化过程。此外,若结合线下、线上的体验设计,可以收集各类智能终端的市场潜力信息,从而为小型的初创公司提供一个良好的平台来进行新终端的研发与推广。

4. 研发生物特征电子支付终端

近年来,我国发达地区已将移动电子支付、互联网金融作为未来最具潜力的应用热点,并进行大力推广及扶植。作为互联网应用的身份验证、支付行为交互接口,支付终端的技术创新在其中占据了重要位置。过去采用的各类密码输入方式进行身份验证,存在较多的安全隐患,同时支付过程较为烦琐,缺乏自然便捷的体验。针对以上问题,需要加快研发基于生物传感器实现的非接触、高可靠性的智能支付终端。目前,云南省内由于没有国内一流大型互联网公司,缺乏研发新型支付方式的强大动力,在支付终端技术创新方面处于落后局面。为布局未来互联网热点应用,可以通过研发生物特征电子支付终端来实现技术突破,从而抢占未来互联网硬件终端设备的制高点。在此基础上,还可以催生更多、更新的互联网应用类型,包括逐步更新一些传统领域的支付终端,在未来让各类支付方式及相关应用更加可靠、安全、便捷。

目前，云南在通用终端设备发展广度及深度方面均存在局限。在专用终端领域，创建于 2012 年的云南 GPS 智能终端标准定位平台——海谷米实业有限公司，主要业务方向为 GPS 定位系统、智能化车载 GPS 定位系统、GPS 定位仪产品的研发、生产、销售；2013 年成立的云南昆船智能装备有限公司(前身为昆船智能输送装备公司)，负责昆船 AGV(automated guided vehicl，自动导引运输车)产品(系统)及其相关智能装备的研发、设计、生产、经营和售后服务。然而，云南省内智能终端设备无法有效向通用领域发展，除了技术、资金和管理的欠缺，还有传统领域市场竞争激烈等外部因素。为加速云南通用终端设备技术发展，在智能芯片技术引进方面，北京中科寒武纪科技有限公司技术上处于领先地位，已率先开发完成寒武纪深度学习处理器的设计及制造，云南可与其开展技术引进、研发创新等合作。在可穿戴智能终端方面，国内初创公司如安徽华米科技、北京北科慧识科技股份有限公司具备一定领域相关的核心技术，云南可与其合作开发定制化的智能终端产品，通过共同研发来打开云南及东南亚市场。在终端交互技术方面，国内技术领先的公司如北京捷通华声语音技术有限公司，其已开发并投入使用灵云全方位人工智能平台等典型产品，云南可与其开展技术引进、研发创新等合作。

4.6 智能电力装备技术创新与应用

4.6.1 云南智能电力装备技术创新与应用的意义

云南是中国重要的能源大省和西电东输的省份之一，云南要建成国家清洁能源基地、西电东输基地、跨区域油气通道枢纽和面向南亚、东南亚的电力交易中心。经过 10 余年的发展，云南电力装备制造业发生了很大变化，形成了具有一定规模和一定技术水平的产业体系，取得很大成就。云南电力装备技术水平不断提高，支撑了国家重大工程，如云南—广东±800kV 高压直流输电工程、向家坝—上海±800kV 高压直流输电工程等一批国家重大工程，有力地确保了国家西电东送能源战略的顺利实施，由此可见云南电力在国家社会发展中的重要地位。但云南电力装备仍面临严峻形势：经济发展要求电力装备制造业必须向质量效益型转变；科技革命与产业变革要求电力装备制造业必须向智能化转变；环境保护与污染治理要求电力装备制造业必须向绿色低碳转变等。因此，在《中国制造 2025》政策支持下，云南省进行电力装备技术创新，启动智能制造模式，是提升云南核心竞争力的有效途径，将对云南经济社会发展起到重大作用。

4.6.2 智能电力装备技术创新

1. 智能云发电机组技术创新

智能云发电机组是建立在云计算技术、物联网技术上的一种新型发电机组，是将其他形式的能源转换成电能的成套机械设备，主要由发电机组、数据采集、云控制器系统组成，包含动力系统、控制系统云、消音系统、减震系统、排气系统。智能发电机组采用云控制器作为电控系统，可以通过手机或电脑等终端设备实现远程监测和控制、故障诊断、初期故障预防、健康检查、运行数据记录等功能，提高机组的可靠性。智能云发电机组采用新型的云控制器作为主控系统，在任何地点和条件下都可以将发电机组连接到云服务器和用户终端。而普通机组采用传统控制器作为电控系统，只能对基本的运行参数进行监测和控制。

2. 高参数大容量火力发电机组制造技术创新

火力发电要符合国家节能减排政策，掌握二次再热技术是能源科技"十二五"规划的重要内容。二次再热机组增加了一级再热系统，目的是达到比一次再热更高的热力循环效率，从而进一步提高发电效率，降低煤耗及发电成本。云南火力发电可以采用国电智深自主研发的 EDPF-NT+分散控制系统，该控制系统满足高性能、大容量、高可靠性及处理能力强的要求，适应二次再热机组生产过程智能化、复杂化、大型化、精密化需要，以及实现快速控制、快速保护的运行控制需求。我国在江苏泰州建成世界上首台百万千瓦二次再热超超临界机组，该机组为目前世界上系统结构和动静态特性最为复杂、控制对象设备数量最多、测控 I/O 规模最大的火电机组。借助该控制系统，云南火力发电将获得转型升级发展的时机。

3. 智能风力发电机技术创新

风力受气候、季节和地域特性影响较大，传统风力发电机不适应环境变化，发电效率不高，而且不稳定。为了提高风力发电效率，有必要对传统风力发电机组进行技术创新，智能风力发电机就是技术创新的成果。智能风力发电机采用大数量传感器和负责控制技术，能准确感知自身状态和外部环境，根据环境、电网的特点及需求的变化，不断进行动态调整。智能风力发电机之间能够进行实时、双向的交流，可以协同，获得最高发电效率。

4. 集成式智能隔离断路器和电容器设备技术创新

集成式智能隔离断路器是在隔离断路器的基础上，再集成智能组件、接地刀闸、电子式电流互感器、电子式电压互感器等部件形成的，能够实现在线检测、就地控制与智能操作等功能。集成式智能隔离断路器将测量、检测、保护、控制等功能统一集成到间隔智能组件柜中，其智能化与一体化水平较高。智能变电站将串联电抗与电容器集成于一体，形成集成式电容器设备，布局紧凑，可节省约 45%的占地面积，系统运行的稳定性与可靠性得到提高，维护量少，使用寿命长，外形美观。

5. 智能可控电抗器技术创新

智能可控电抗器结合了电力电子新技术及现代控制技术，能够根据电网运行状态，实时对电抗器参数进行连续调节与控制，从而使系统运行在最优的状态。智能可控电抗器具有提高电网输送能力、改善电能质量、确保系统稳定运行的功能。新材料及自动控制技术的快速发展为智能可控电抗器的发展提供了条件，超导型可控电抗器及自饱和磁阀式可控电抗器是智能可控电抗器发展的两个主要方向。

6. 智能电表技术创新

智能电表可以采集电压、电流、电量等电气参数和计量负载功率等，配有数据传输、话音服务、室内监控、报警、远程家庭控制等功能，应用最新的通信技术传输数据和网络通信，实时监控用电情况，动态调整用电，以达到节能效果。

7. 智能变电站一次设备技术创新

智能变电站采用先进、环保、集成、可靠、低碳的智能设备，能够自动完成信息采集、测量、计量、保护、在线监测、自诊断等基本功能，支持电网实时智能调节、自动控制、协同互动、在线分析决策等功能。新一代智能变电站技术是在传统变电站技术基础上的不断创新和变革，其不断融合先进、前瞻的新技术，运行经济环保，设备先进、适用、可靠，使电网运行更安全稳定。

智能变电站一次设备技术创新包含：集成式智能隔离断路器、集成式电容器设备、自动调谐消弧线圈、整合型变压器综合监测控制智能组件、整合型变压器综合监测控制智能组件等。

8. 虚拟同步机技术创新

虚拟同步机技术使得并网逆变器能够模拟同步发电机的运行机理、有功调频以及无功调压等特性，使并网逆变器从内部运行机制和外部运行特性上可与传统同步发电机一样，促进风电、光伏发电上网的稳定性、安全性，防止脱网。虚拟同步机技术改变了原来仅由发电端调节的单向模式，实现了负荷端和发电端的双向调节模式。例如，普遍使用的空调在引入虚拟同步机技术后，就可以根据电网的电量来自动调节空调的功率。当电量不够时，空调能够自动减少用电量，帮助电网实现自动平衡。

4.6.3 智能电力装备技术应用

1. 创新发展智能电力设备产业

云南在光伏发电、风力发电、水力发电和火电等方面有比较雄厚的基础和较强实力。虽然如此，随着智能电网的发展，这些发电设施有些已不能满足智能电网的需求。因此，云南发展智能电力设备产业是电力行业发展形势下的明智选择。规划《云南省智能电力设备产业技术创新战略》，通过建立资源共享、技术交流渠道，实现强强联合，共同致力于智能电力设备产业的共性、关键和前沿技术研究与装备水平升级，促进产业科学技术成果的迅速转化，不断延伸产业链、促进产业集约、集群和集聚发展。以云南省现有电力企业、科研院所和高校为基础，联合以华自科技、威胜集团等知名企业，从电力规划、设计到一、二次设备厂家实现全产业链覆盖。结合实际情况，云南省可重点发展以下智能电力设备。

1) 高参数大容量火力发电机组

云南可以对传统火力发电机组进行转型升级，引入高参数大容量火力发电机组来提高发电效率。目前，该机组在江苏已经成功应用到火力发电中，是目前世界上系统结构和动静态特性最为复杂、控制对象设备数量最多、测控 I/O 规模最大的火电机组。同时，实现二次再热技术，极大提高能源转换率，是云南火力发电企业转型升级的极佳选择之一。在引入该机组的同时，掌握机组技术和控制系统，云南也可适当规划生产，推广应用到周边省市，带动发电产业链。该领域可合作的企业有哈尔滨电站设备集团公司和东方汽轮机有限公司。

2) 智能风力发电机系统

据国家能源局 2014 年发布的数据，云南风电平均利用小时数排名全国第一，达到2919h。这得益于云南电网开展智能微网和超导磁储能技术研究；加强风电并网管理，保障电网安全运行；提升调度管理水平，打造首个风电调度示范管理基地。但是，风力发电机最大的挑战是台风和雷击，云南需要借助当前新技术研发智能风力发电机，使云南的风力发电技术更上一层楼。

在智能风力发电技术领域，可引进西门子公司的技术和相关软件系统。无人机、大数据、移动智能设备等最新的技术成果都已经在西门子风电设备上得以应用，这会让人类对于风电的控制变得得心应手。同时，西班牙公司 Vortex Bladeless 制造出一种没有风机扇叶就能发电的新型风机，得到人们极大关注。如果可以使无叶片风力发电机智能化，则风力发电利用会更充分。

3) 智能风光互补控制器系列产品

风光互补控制器是专门为风能、太阳能发电系统设计的，是集风能控制、太阳能于一体的智能型控制器。充分利用风能和光能资源发电，可减少采用单一能源可能造成的电力供应不足或不平衡的情况。可引进合肥为民电源有限公司相关技术，拓展应用范围，研发风光互补路灯控制器、光伏控制器、光伏控制逆变器、风光互补控制逆变器以及智能风光互补控制器等系列产品。在云南省新能源开发中，虽然风力发电所占比例还小，但还是可以挖掘利用的。该产品结合光伏发电，可形成主要能源补充形式，前景可观。

4) 智能电表系列产品

智能电表是智能电网的智能终端。智能电表除了具备传统电能表基本用电量的计量功能以外，为了适应智能电网和新能源的使用，它还具有双向多种费率计量功能、用户端控制功能、多种数据传输模式的双向数据通信功能，及防窃电功能等智能化的功能。智能电表代表着未来节能型智能电网最终用户智能化终端的发展方向。云南要建设智能电网，智能电表是不可或缺的部分。可选购或者自主生产智能电表。目前，智能电表领域技术成熟的企业是安科瑞电器股份有限公司。云南可以和该公司合作，研发相关系列产品，包括智能电力监控仪表、智能马达控制器、电量传感器、导轨式安装电表、火灾监控装置、光伏汇流箱等。

2. 智能光伏发电站

光伏发电在云南有较好基础，云南省已有光伏发电企业 49 家，但是光伏发电利用率比较低，需要进一步研究提高。云南省将现代信息技术应用到光伏发电，已经取得初步成果。比如华为进入光伏领域后，一直在思考将华为数字信息技术领域的深厚积累引入光伏领域，通过跨界融合和创新，为光伏产业持续健康发展贡献力量。华为提出的"智能光伏电站"创新解决方案，获得规模应用。云南省有光伏发电基础，引进或开展信息技术与光伏技术高度融合而形成新型电站是有条件的。这样的智能光伏发电站能充分满足客户对光伏电站的高发电量、低初始投资、低运维成本、高可靠性和安全性的需求。

华为公司提出智能光伏电站有三大核心理念：一是全数字化电站，二是让电站更简单，三是全球自动化运维。通过全数字化电站，让电站更简单，打造智能、高效、安全、可靠的智能光伏电站整体解决方案，实现客户价值最大化。

3. 研发继电保护及自动化设备

继电保护设备主要包括故障信息传感器、断路器、控制压板(也称连接片)等。继电保护也是智能建设的重要环节，在过载时，继电保护装置应发出警报信号；在短路故障时，继电保护装置应立即动作，要求准确、迅速地自动将有关的断路器跳闸，将故障部分从系统中断开，确保其他回路的正常运行。为了保证电源不中断，继电保护装置应将备用电源投入或经自动装置进行重合闸。云南正在加强智能电网建设和应用，发展继电保护设备产业，有助于加快云南智能电网建设。国内继电保护设备领域领先的企业是国电南瑞科技股份有限公司等。

电力自动化是运用现代计算机技术、通信技术、信息处理技术、自动控制等，对发电、输电、变电、配电、用电五个环节进行控制、监测、保护、运行、管理的系统和设备，既包括硬件也包括软件，主要可分为发电厂(电站)自动化、变电站自动化、调度自动化和配用电自动化。国内电力自动化设备领域领先企业有国电南京自动化股份有限公司、深圳市科陆电子科技股份有限公司等。

4. 新一代智能变电站及相关设备

新一代智能变电站采用了隔离式断路器等新型一次设备，优化主接线设计和总平面布局，可节省占地面积；采用智能电力变压器等一次设备，近期集成状态检测传感器和智能组件，远期可进一步集成电子互感器，一次设备的智能化水平大幅提升。在新形势下，要使社会经济长足发展，能源是必不可少的一环。云南发展新一代智能变电站意义重大，构建智能变电站需要智能辅助设备。

1) 智能隔离断路器

2016 年，国内报道智能隔离断路器的应用研究，由平高集团、中国电力科学研究院、国网智能电网研究院等单位共同参与完成的智能隔离断路器，部分产品已在国家电网挂网运行，并产生了可观的经济效益。该项目的研究成果，打破了国外企业的技术垄断，填补了国内开关领域的技术空白，为国家电网建设提供了强有力的支撑。

2) 智能可控电抗器

前面已经叙述了智能可控电抗器的原理和优点，它在智能电网的建设中有重要作用，云南有条件开展智能可控电抗器生产，这也为云南的智能电网创造了可行条件。超导型可控电抗器及自饱和磁阀式可控电抗器是智能可控电抗器发展的两个方向。云南在超导材料方面已经具备研究和生产条件，为超导型可控电抗器生产创造了条件。磁阀式可控电抗器也有很多研究，有的取得可行应用，包括 DSP（digital signal processing，数字信号处理）控制、基于 ARM（advanced RISC machines，RISC 微处理器）等的磁阀式可控电抗器都已经研制成功并获得应用。但云南没有利用超导材料研究生产超导型可控电抗器的技术。国内较好的企业是天威保变电气股份有限公司。据相关文献报道，我国首台 800kV 智能可控并联电抗器在天威保变研制成功。云南相关企业可以引进或者与天威保变合作，研发智能可控电抗器相关产品。

5. 智能变压器设备及智能组件

业界普遍认为，智能变压器是智能电网的核心设备，其技术水平的提升对智能电网建设具有巨大的推动作用。要满足智能电网发展的需求，变压器等设备首先要实现智能化，即要与电网系统进行交互管理，实现设备状态的可视化、控制终端的网络化和自动化，确保设备在安全、可靠、经济的条件下运行。智能变压器整体包括变压器本体、传感器等，智能组件都要求具备智能变压器的检测试验能力，这为智能变压器的发展指明了方向，对云南而言也是机遇和挑战并存。云南可选择适当时机开展智能变压器研究。目前，国内智能变压器设备及智能组件领域较好的企业是山东电工电气集团。云南利用现有条件学习或引进技术，与山东电工电气集团合作开展智能变压器设备及智能组件研发，助力云南智能电网建设，为云南经济发展贡献力量。

6. 构建规范便捷的充电基础设施体系

在云南各城市优先发展公共服务区域充电基础设施，积极推进居民区与单位停车位配建充电桩，推进充电基础设施互联互通。逐步实现无线充电、移动充电等新型充换电技术及装备应用。发展"互联网+充电基础设施"，提高充电服务智能化水平，到 2020 年，形成满足电动汽车需求的充电基础设施体系。

7. 生成虚拟同步机

国家电网公司国家级特聘专家钟庆昌潜心研究多年后，于 2008 年发明同步逆变器，把电力电子变流器控制成为同步机，在世界上率先实现了虚拟同步机。该同步机能使未来智能电网电力系统稳定、安全、高效和可靠运行。云南未来要发展可再生能源，可和国家电网公司合作，引入虚拟同步机，保障云南未来能源顺利接入智能电网。

4.7 医疗设备技术创新与应用

4.7.1 医疗设备技术创新与应用的意义

医疗设备产品复杂，形式多样，涉及声、光、电、磁、医学、生物、化学等多个专业学科，对技术能力有较高要求。由于医疗产品复杂，涉及专业学科领域广，设备和人员的投入不足，近年来云南医疗设备产业的发展存在不足和短板，特别是本省企业在产品注册检验、产品研发中不具备技术能力。

为积极响应国家提出的《中国制造 2025》，大力推动高性能医疗器械等领域的突破发展，抢抓健康领域新一轮科技革命的契机，以早期诊断、精确诊断、微创治疗、精准治疗为方向，系统加强核心部件和关键技术攻关，重点突破一批引领性前沿技术，协同推进技术提升、标准体系建设、应用解决方案、示范应用评价研究等工作，加快推进云南医疗设备领域创新链与产业链的整合，促进云南省医疗设备产业整体提升。

4.7.2 医疗设备技术创新

1. 医疗设备前沿和共性技术

在先进治疗技术方面，探索基于声、光、电、磁等新原理、新机制、新材料、新发现，在诊疗一体化前沿技术方面，研究基于虚拟现实与增强现实诊断的微创植入和精准介入；研究基于定量医学影像诊断的精准外科手术规划和精准实时导航，解决临床重大问题的新型诊疗一体化前沿技术。

2. 医学影像设备可靠性与工程化技术

围绕医学影像设备的可靠性与工程化瓶颈问题，开展核心部件的失效模式效应分析及制定预防措施，加速寿命试验与验证评价方法等可靠性技术研究；开展整机可靠性设计、建模、仿真和验证技术研究；建立医学影像设备及核心部件的可靠性模型库和数据库，开发相关的软件工具和专用可靠性检测装备；探索可靠性与工程化技术，及共享推广服务模式。

3. 多模态分子成像技术

多模态分子成像技术是通过各种成像设备和成像技术的融合，实现取长补短，优势互补，从而实现更全面、更完整地获取生物体解剖结构水平、功能代谢水平和细胞分子水平的生理病理信息。

近年来，国际上所做的一些研究主要将成熟的影像模式，如 CT、MRI（magnetic resonance imaging，磁共振成像）以及 PET（positron emission computed tomography，正电子发射型计算机断层显像）与光学影像，尤其是 FMT 和 BLT 进行模态融合，以获取成像质量更高、信息更为全面的多模态光学分子影像。具体的进展有光学分子影像与 CT 融合成像系统、光学分子影像与 MRI 融合成像系统、光学分子影像与 PET 融合成像系统。分析国内外研究现状，可以看出多模态光学分子影像仍处在发展初期，大多数原型系统只是尝试性地将不同模态的系统融合在一起，并探索其可行性。相关技术和设备的产业化还需要进一步改善成像系统的性能，提高其实际应用中的可靠性、稳定性和易操作性。

4. 复合内窥镜成像技术

现代医疗器械开始进入无创伤或微创伤的时代，一些微型化、智能化的医疗器械将是未来的发展方向。使用内窥镜的微创手术以其创伤小、手术时间短、术后康复快等优势，备受医患双方的青睐。随着光导纤维技术和数字微电子技术的日趋成熟，内窥镜已成为世界医械行业中增长最快的一个大类产品。因此，可研发高清电子内镜，重点研究高柔性弯曲内镜镜体、大视场角高像素 CCD/CMOS 光学探测器等核心部件；可研发高频超声内镜，重点研究宽带环扫/扇扫高频超声换能器等核心部件；可研发超高分辨共聚焦荧光显微内镜，重点研究光纤荧光显微内窥成像探头、共聚焦荧光显微成像探头等核心部件；可研发随机光学重建/结构光照明复合显微成像系统，重点研究大数值孔径物镜、EMCCD（electron-multiplying CCD，电子倍增 CCD）相机等核心部件。

5. 微创手术辅助机器人关键技术

心脑血管、骨科等手术对智能化手术器械有迫切需求，手术机器人应具备结构简单、使用成本低、安全可靠性高、易于操作维护等特点。针对心脑血管微创介入手术，应研究低剂量 X 射线影像平板探测、三维心脑血管重建、介入导管置入辅助机构、组合导航等关键技术。针对微创脊柱类手术，应研究手术机械臂与术中影像设备的集成技术、患者术前/术中 CT 影像匹配及三维重建、手术器械高精度动态跟踪、神经电位监测等关键技术。针对常见膝关节前交叉韧带损伤修复手术，以减轻医生操作疲劳度、提高手术精确度与成功率为目标，研究基于光学导航的空间精确定位、膝关节空间的方位及屈曲角度的精确控制、关节镜下交叉韧带隧道定位及钻孔等关键技术。

4.7.3 医疗设备技术创新产品

1. 高性能医学设备核心部件

云南可与核心部件专业制造企业展开合作，研发 CT 球管、CT 探测器等医疗设备核心部件。可由华润万东医疗装备股份有限公司、东软医疗系统有限公司牵头，展开产、学、研、医、检合作。万东和东软公司均建有由数字影像设备工厂、磁共振产品工厂、核心部件工厂构成的研发基地和生产制造基地。产品包括医用 X 射线诊断设备、磁共振成像设备领域内的多个门类，具有较强的产业化能力。可重点研发高热容量 CT 球管，着重解决液态金属轴承、电磁动态聚焦、栅控飞焦点、单端高压阳极水冷等关键技术。可研发 CT 探测器，进行核心部件的可靠性设计和失效模型设计，争取在探测器像素尺寸、几何效率、电子学噪声等方面获得突破。

2. 多模态分子成像系统

通过由研究基础和产业化能力较强的企业牵头，进行产、学、研、医、检合作，围绕多模态光学分子影像系统展开技术创新。

为此，云南可与中国科学院自动化研究所开展合作。该所围绕多模态光学分子影像成像速度、深度、精度等挑战性问题，在理论算法、关键技术、成像系统和生物医学应用方面展开了相关研究工作，取得了一定研究成果。相关技术和系统在广州中科恺盛医疗科技有限公司进行了应用，实现了成果技术的转移和产业化。

3. 复合内窥镜成像系统

虽然我国的内镜诊疗水平已经得到了一定的发展，但在设备市场上，国内的内窥镜市场约七成一直为国外品牌所垄断。从应用来看，国外高端品牌主要应用于胃镜、输卵管、尿道、小肠镜、支气管等专业医疗中。

云南可通过与研究基础和产业化能力较强的企业，如奥林巴斯、沈大内镜、上海澳华等合作，进行产、学、研、医、检合作，联合医疗机构，通过其临床资源对技术进行不断改进和实践，形成一定的核心技术，提升竞争能力。

4. 专科型手术辅助机器人系统

面向心脑血管、骨科等手术对智能化手术器械的迫切需求，满足手术机器人结构简单、使用成本低、安全可靠性高、易于操作维护等条件，研制用于专科型的手术机器人，并开展临床试验。微创医疗器械(上海)有限公司为中国领先的医疗器械开发商、制造商，主要专注于治疗血管疾病及病变的微创介入产品。云南省可与该公司展开合作，研制心脑血管实时介入机器人样机系统，实现血管高精度实时三维重建以及介入导管在血管中的定位、定向与实时引导，借助机器人实现导管的自动置入。研制微创骨科手术机器人样机系统，实现术前规划与术中影像的动态融合、手术过程连续可视化、操作力反馈、神经损伤预警，以及手术机械臂的半自主操作。

4.8　通信设备技术创新与应用

4.8.1　通信设备技术创新与应用的意义

云南地处西南边陲，是国家"一带一路"倡议面向南亚、东南亚的辐射中心，发展先进通信技术，打造以昆明为中心的国际通信枢纽，建设技术先进、传输快捷、品质保障的国际信息大通道，促进云南和南亚、东南亚地区的交流。第五代移动通信技术(5G)是新一代宽带移动通信的发展方向，全球产业界已将研发重点转向 5G。未来移动互联网将推动人类信息交互方式的再次升级，将为用户提供增强现实、虚拟现实、超高清(3D)视频、移动云等身临其境的极致业务体验，推动 5G 技术和产业的新一轮变革。"万物互联"将是引发新一轮科技革命和产业变革的核心基础，在给传统产业带来巨大变革的同时，将创造出规模空前的新兴产业。云南应该抓住机遇，积极开展以 5G 为核心的通信领域基础研究，为云南通信发展奠定基础。

4.8.2　通信设备技术创新

1. 硅光子通信设备技术创新

目前，光通信系统在功耗、成本、集成度方面遇到提升瓶颈。硅光子技术利用 CMOS 微电子工艺实现光子器件的集成制备，该技术结合了 CMOS 技术的超大规模逻辑、超高精度制造的特性和光子技术超高速率、超低功耗的优势。目前的 100G 光传输难以满足未来视频、云计算、大数据、物联网等新兴业务对网络带宽的需求，可以研究超高速大容量智能光传输技术来解决这一问题。现代通信业务复杂，设备种类繁多，海量数据的分组呈指数级增长，对超大容量路由运算能力提出越来越高的要求，解决策略是 IP 与光网络深度融合。为了实现绿色通信，一些新的技术正在或逐渐被采用，如新能源、高集成度芯片、高效率电源模块、智能风扇、液体制冷、智能流量聚合、硬件休眠、新型材料等技术。

2. 新型多天线传输设备技术创新

研究有源大规模阵列新型多天线设备，将有望实现频谱效率提升数十倍甚至更高，是目前 5G 技术重要的研究方向之一，由此形成了新颖的 3D-MIMO 技术，支持多用户波束智能赋型，将进一步改善无线信号覆盖性能。未来将支持更多的用户空分多址(space division multiple access，SDMA)，显著降低发射功率，实现绿色节能，提升覆盖能力。

3. 核心路由交换机技术

核心交换机并不是交换机的一种类型,而是放在核心层(网络主干部分)的交换机。典型的核心交换机是华为公司的 S9700 系列交换机,该交换机是华为公司面向下一代园区网核心和数据中心业务汇聚而专门设计开发的高端智能 T 比特核心路由交换机。

4. 超高速大容量智能光传输技术

据业内权威预测,到 2030 年,全球网络数据流量、人均网络数据流量都将比 2010 年增长 1000 倍。试想,如果没有高速大容量的传输设备技术做支撑,将会是什么状况。业界已开始研究解决这类问题的技术。2014 年,我国超高速、超大容量、超长距离光传输基础研究又创新纪录,首次实现一根普通单模光纤在传输总容量达 100.23Tbit/s 时,传输距离突破 80km。将为国家下一代网络建设提供必要的核心技术储备,也将为国家宽带战略、促进信息消费提供有力支撑。该项技术由是由武汉邮电科学研究院牵头承担,华中科技大学、复旦大学、北京邮电大学、西安电子科技大学共同参与的国家"973"项目。

5. 高端服务器

在面对虚拟化、云计算、大数据等趋势下,高端服务器已经成为 IT 部署的主流配置,华为公司的 RH5885H V3 可满足客户业务的灵活扩展,浪潮高端八路服务器也有较好性能。

6. 新型智能终端

为满足人们多样化通信需求,联想于 2016 年推出一系列的新型终端产品,其中有中国市场首款内置 LTE(long term evolution,长期演进)模块的 Windows 平板电脑 MIIX 4 LTE、4K 高清的 17TV 智能电视、智能儿童手表乐妹、可通话平板 PHAB,以及联想的互联网手机品牌 ZUK。笔记本和平板电脑两个品类的产品中,都预置了 Lenovo Connect 智能连接解决方案,已经能够实现真正意义上的实时在线,随时随地接入互联网,接入云服务,实现了"一云多屏"的互动体验。

7. 下一代网络设备

未来网络发展使得数据访问速度加快,数据量加大,40/100G 以太网标准已经正式获批通过并向业界发布,成为大型数据中心网络规模部署的最新技术标准。该标准的制订,对下一代数据中心网络设备提出了更加严格和先进的端口容量和接口密度等技术要求。

4.8.3　云南通信设备技术应用

1. 拓展光通信设备应用

目前的光通信技术面临流量快速增长、运维管控复杂、业务开通速度慢、成本和功耗高等挑战，光网络设备将向高速、大容量、分组、智能、绿色和低成本方向演进。

1) 光纤交换机

光通信是未来通信发展的必然趋势，光纤交换机较传统交换机具有速度快、抗干扰能力强等优点，在光通信中发挥重要作用。目前，在光纤交换机方面真正有实力的主要有：IBM、Brocade（博科）、Cisco、McDATA 等。云南没有生产光纤交换机的企业，可选基础较好和技术实力雄厚的企业给予政策扶持，研发生产光纤交换机。

2) 硅衬底氮化镓产品及硅光子集成设备

硅光子技术利用 CMOS 微电子工艺实现光子器件的集成制备，该技术结合了 CMOS 技术的超大规模逻辑、超高精度制造的特性和光子技术超高速率、超低功耗的优势，是一种能够解决长期技术演进与成本矛盾的颠覆性技术。现在，该领域的研究已在商业中有部分应用，为了深入发展通信，开展硅光子集成设备研制具有现实意义。在此方面，目前世界上较先进的公司是 MACOM，云南可以和 MACOM 合作，开展硅衬底氮化镓产品及硅光子集成设备研发。光通信领域通信设备的生产还为将来 5G 的移动通信的发展做准备，当然也是为其他新能源行业需要的大功率器件做准备。

3) 智能高端光传输设备

智能高端光传输设备，主要应用于城域传输网中的汇聚层和骨干层。华为公司生产的 OptiX OSN 3500 智能光传输设备，支持 MSTP（multi-service-transfer platform，多生成树协议）技术的全部特点，可与传统 SDH（synchronous digital hierarchy，同步数字体系）、MSTP 网络结合，集 SDH/PDH（plesiochronous digital hierarchy，准同步数字条例）、以太网、WDM（wavelength division multiplexing，波分复用）、ATM（asynchronous transfer mode，异步传输模式）、ESCON（enterprise systems connection，管理系统连接）/FC（fibre channel，网状通道）/FICON（fiber connector，光纤连接器）、DVB（digital vide broadcasting，数字视频广播）-ASI（asynchronous serial interface，异步串行接口）、RPR（resilient packet ring，弹性分组环）等技术为一体在汇聚层的新一代集成型 10G/2.5G 多业务智能光传输平台。云南可引进华为等通信公司，联合研发智能高端光传输设备。

4) 其他相对成熟的产品

光通信领域其他相对成熟的产品有光传输设备、光缆分纤箱、光调制解调器等，可以考虑适当发展上述产品。

2. 智能通信设备

1）智能天线

智能天线是一种安装在基站现场的双向天线，通过一组带有可编程电子相位关系的固定天线单元获取方向性，并可以同时获取基站和移动台之间各个链路的方向特性。据现有资料，应用于电视的智能天线所支持的设备类型相当丰富，包括 iPhone/iPad、智能电视、PC，以及多个品牌的智能机顶盒/电视棒，让你不必坐在电视机前也能轻松收看电视节目。康凯科技在智能天线领域中已有数十年的丰厚积累，分别在美国硅谷和中国杭州设有研发中心，产品拥有多项国际专利。云南在该领域无相关研发企业，可与上述公司合作研究相关产品。

2）第四层交换机

第四层交换机是基于传输层数据包的交换过程，是一类基于 TCP/IP 协议应用层的用户应用交换需求的新型局域网交换机。也就是说，第四层交换机是一类以软件技术为主、以硬件技术为辅的网络管理交换设备。在此方面，国内较好的企业是华为公司。

3. 新一代移动通信设备应用

移动通信技术在不断发展，5G 时代已经来临。在密集住宅区、办公室、体育场、露天集会、地铁、快速路、高铁和广域覆盖等具有超高流量密度、超高连接数密度、超高移动性特征的场景也能提供超高清等功能满足人们需求的通信服务。未来物联网技术也将渗透各行各业，新一代移动通信技术也将渗透到物联网及各种行业领域，满足工业设施、医疗仪器、交通工具等融合，满足工业、医疗、交通等垂直行业的多样化需求，实现真正的"万物互联"。

4. 尝试量子通信设备应用

首颗量子通信卫星于 2016 年 8 月发射，目前与量子通信直接相关的传统通信设备企业主要包括新海宜、中天科技、中兴通讯等。量子通信有望在未来几年持续催化，量子加密的应用场景有望全面拓展到各行各业，带来通信设备产业的一次大变革。

5. 石墨烯通信设备及材料应用

1）石墨烯晶体管

目前的研究表明，石墨烯是硅的理想替代品。石墨烯晶体管传输速度远超目前的硅晶体管，如果将石墨烯制备的晶体管用于通信处理设备，调制、解调设备的处理速度及性能将会得到飞跃性提升。另外，石墨烯将会使通信电子设备的体积成倍变小，重量成倍变小，而性能成倍提升。在石墨烯数字逻辑方面，已出现了双层石墨烯晶体管、纳米带晶体管和隧穿 FET 及相关电路。

2) 石墨烯通信材料

用石墨烯传输信号，不仅传输线缆的重量降低，强度增大，信道降噪抗干扰能力也会得到极大提升。虽然光纤传输速度快，效率也高，但是在数据传输过程中，光电转换比较麻烦。如果用石墨烯替代光纤应用于有线传输，不仅能保障传输速度和质量，还能免除广电转换过程，进而省去了一大堆光电转换设备及研究、制造经费。另外，大规模天线阵列、超密集组网、新型多址技术和全频谱接入等技术成为 5G 无线技术的发展方向，而这些技术很有可能需要依赖石墨烯材料的广泛应用。

3) 石墨烯传感器

石墨烯仅吸收 2.3% 的光，并使所有光谱的光均匀地通过，具有非常好的透光性，可以用于传感器的制作。据新加坡一个科研团队展示的科研成果显示，石墨烯感光元件的性能比传统传感器强 1000 倍——在昏暗的光线环境中，这类传感器依然能够捕捉到较为清晰的物体影像。

4) 石墨烯屏幕

在屏幕制造方面，因具有轻、薄、几乎完全透光、强度大、柔韧性好等特点，石墨烯是最有潜力替代氧化铟锡的材料。采用石墨烯技术的屏幕和现在的手机屏幕相比，不仅更薄、透光性更好，而且还具有更好的韧性，更不容易破损，甚至还能做成能够卷起的柔性屏幕。

6. 移动智能通信终端

除了应用已较为成熟的智能手机、Pad (portable android device，平板电脑) 和可穿戴设备外，还需要加强卫星移动通信终端、智能生态手机、智能摄像机、智能芯片等的研究。

7. 构建高速、移动、安全、泛在的新一代信息基础设施

为实现云南建成面向南亚、东南亚的国际通信枢纽和区域信息汇集中心的目标，云南要推进高速光纤网络建设进程，构建基本覆盖到行政村的光纤网络；构建新一代无线宽带网，从 4G 通信逐步过渡到 5G，创新应用新型通信卫星和终端，构建天地一体化信息网络；构建下一代广播电视网，推进云南有线电视网络整合和互联互通，加强地面无线广播电视与互联网的融合创新，创建移动、交互、便捷的地面无线广播电视新业态。

第5章 云南信息工业数据制造的技术创新与应用

5.1 小语种软件技术创新与应用

5.1.1 小语种软件技术创新与应用的意义

随着国家"一带一路"倡议的不断落实，以及云南面向南亚、东南亚辐射中心的建设不断推进，加强与南亚、东南亚国家在政治、经济、人文等多方面的交流，对于国家以及云南都具有重要作用。语言是所有交流的基础。语言若不通，则所有交流之路都难以畅通。南亚、东南亚国家语言众多，不同国家之间语言差异较大。掌握南亚、东南亚国家语言的小语种人才数量难以满足政府、企业以及个人的需求。小语种软件，通过计算机实现对小语种语言数据的自动采集、翻译、检索以及分析理解，正是解决与南亚、东南亚国家语言障碍最有效的工具。

小语种软件，包括小语种电子词典、小语种实时翻译 App（Application，手机软件）、小语种跨语言信息检索系统、小语种社交网络、小语种企业竞争情报分析服务系统、小语种跨境电子商务平台等，可以为政府、企业以及个人提供多种便捷的语言信息服务。面向南亚、东南亚语言的小语种软件的研发与应用，对于云南省小语种教学、对外汉语的推广、发展小语种语言信息服务产业、促进跨境旅游、跨境贸易等都具有重要作用。

小语种语言软件研发及应用，是集多种语言资源、计算机技术、数据挖掘技术、人工智能技术等于一体的系统性工程。目前，针对南亚、东南亚语言的小语种软件还相对较少，很多语言还没有相关软件。BHMedia 公司开发了汉语—越南语的电子词典。Google 公司开发了针对印度语、越南语、泰语等语言的机器翻译和信息检索系统。一方面，这些软件的效果还都有待提高，另一方面，已有软件还不能满足政府、企业以及个人多样的语言信息服务需求。

云南与南亚、东南亚国家山水相邻，有相对其他地区更加丰富的小语种人才资源，这是云南省的优势所在。云南省近年来在小语种软件的研发和应用方面投入了大量的资金，引进了包括微软、浪潮在内的多家国内外知名企业，培育了像云南省海量语言信息处理工程研究中心等一批高水平的研究机构，具有很好的基础。

5.1.2　小语种软件相关技术创新

1. 面向南亚、东南亚国家语言的自动分析理解技术

利用计算即时对南亚、东南亚国家语言进行自动理解，包括对文本的词语切分，词性标注，词义理解，人名、地名、组织机构名识别，句子以及篇章结构解析，主题的分类等，是实现面向南亚、东南亚国家自动翻译、跨语言检索等工作的基础。

由于语言广泛存在的歧义现象，以及表达灵活的特点，不同语言在构词、语法、表达习惯等很多方面也都存在差异，这些因素都使得计算机自动分析理解语言变得十分困难。面向南亚、东南亚国家语言的自动分析理解技术涉及计算机、人工智能、语言学等多个领域的知识。目前，针对南亚、东南亚国家小语种语言分析理解的相关技术研究还非常少，效果更是难以满足实际应用的需求。

模式分类是当前语言分析理解技术主要采用的方法。其关键问题在于如何构建训练语料，如何针对语言特点进行特征和算法的设计。面向南亚、东南亚国家语言的分析理解技术，必须要在这两个方面开展一定的技术创新，才能取得较好的分析效果，从而为面向南亚、东南亚国家语言的信息服务提供支持。

2. 面向南亚、东南亚国家语言的小语种智能翻译技术

面向南亚、东南亚国家语言的小语种智能翻译技术，就是利用计算机实现对汉语—越南语、越南语—汉语、越南语—老挝语、老挝语—越南语等不同语言字、词、句、篇章之间的自动翻译。相较于人工翻译，智能翻译的速度更快，而且能够同时处理大量的翻译任务。利用智能翻译技术，可以为个人的生活、工作、出行提供随时随地的语言信息服务，也可以为政府和企业提供针对专业信息，以及大数据文本的翻译服务。同时，也可以为其他软件提供翻译接口，使其能够在不同国家间进行应用。

面向南亚、东南亚国家语言的小语种智能翻译技术，首先需要大量的电子版的双语互译资源，包括双语词典、双语句对、互译文本等。其次，需要针对不同语言、不同领域语言文本的特点，定义翻译特征，构建翻译模型。然而，一方面，缺乏与南亚、东南亚国家语言相关的小语种语言电子资源，双语资源更是几乎没有；另一方面，由于语言文字的表达非常灵活，人工定义的翻译特征难以准确表征源语言的语义。此外，现有的翻译模型只能利用文本的局部信息，对文本的主题、前后句子之间的关系等进行判断，全局信息利用能力差，导致针对南亚、东南亚国家语言的智能翻译技术还很不成熟，更是难以适应不同专业领域的翻译需要。

南亚、东南亚国家语言的智能翻译，需要在如何进行双语翻译资源的自动构建，如何利用枢轴语言进行智能翻译，如何构建一个针对不同语言进行翻译特征的自动学习的翻译模型，如何提高模型的领域适应能力等方面进行一定技术创新，提高面向南亚、东南亚国家语言的自动翻译效果。

3. 面向南亚、东南亚国家的跨语言检索技术

面向南亚、东南亚国家的跨语言信息检索，允许人们使用自己熟悉的语言，从海量的语言数据中，快速获得自己需要的信息。相较于传统的搜索引擎，可以获得更多更全面的信息。通过跨语言检索技术，可以开发出搜索引擎，面向行业的人物搜索、产品搜索，服务搜索等产品，为国内以及南亚、东南亚国家提供搜索引擎服务。

跨语言检索技术，是建立在对不同国家新闻、人物、产品、应用、商家等不同类型数据实时采集的基础之上的。通过分析用户的检索需求，将用户需要的不同国家互联网上的相关信息返回给用户。目前的搜索引擎只能进行单一语言的网页搜索，缺少对人物、产品等其他类型数据的支持能力。此外，其分析用户需求的能力十分有限，也不能够支持对多种语言信息的检索。

面向南亚、东南亚国家的跨语言信息检索，需要解决对不同类型多语言数据进行实时采集与存储、对多语言的用户检索需求进行分析、计算不同类型数据与用户需求之间的相关度、对召回信息进行排序这几个关键问题。可以在提高对不同类型数据支撑能力、提高跨语言检索能力、在检索排序过程中融入用户画像等方面进行一定的技术创新，提高检索的准确性。

4. 面向南亚、东南亚国家的网络舆情分析技术

网络舆情是一个国家社情民意的体现。及时掌握南亚、东南亚国家的舆论动态，对于政府搞好与相关国家的关系，企业搞好与客户的关系等都具有重要作用。网络舆情分析，就是实现网络热点自动发现、事件抽取与跟踪、观点挖掘等功能。

网络舆情分析技术，本质上是在对语言理解的基础上，对网络上与人物、机构、事件、产品、评论等相关的信息以及它们之间的联系进行更深层次分析与挖掘，以获取隐藏在文字背后更重要的信息。现有的网络舆论分析工具，仅限于对汉语的舆情分析，难以处理南亚、东南亚国家的相关信息。

面向南亚、东南亚国家的舆情分析，关键在于如何针对南亚、东南亚国家的互联网上的舆论信息，通过不同信息之间内容上的关联获得互联网上不同国家，或者整个地区的网络热点。如何根据人物、产品、事件等对网络上不同语言的信息进行自动归类，如何获取与这些信息相关的不同国家的观点，如何掌握不同信息，包括不同国家信息之间的内在联系，以及如何对这些信息的数量、走势、强度等信息进行定量统计与可视化分析，这些问题目前都没有得到很好的解决。因此，面向南亚、东南亚国家的舆情分析可以在这些方面进行一定的技术创新，从而为政府或者企业提供优质的舆情服务。

5. 面向南亚、东南亚国家互联网的商业情报分析技术

随着互联网的发展，互联网成为获取各类信息的重要渠道。很多企业关注的产业政策、法律法规、竞争对手、市场需求、原材料价格、消费者评论、科技水平等信息也可以通过

互联网获取。面向南亚、东南亚国家的互联网商业情报分析，主要是对企业关注的南亚、东南亚国家互联网上相关信息进行分析和挖掘，从而为我国以及周边国家的政府、企业、行业协会提供决策支撑。

基于互联网商业的情报分析技术涉及经济、营销、法律、计算机、国际贸易等多方面的知识，目前相关研究还非常少。

面向南亚、东南亚国家互联网的商业情报分析技术，需要在如何实时获取不同语言的情报数据，如何针对不同企业进行竞争对手识别、竞争对手活动监测，如何对原材料价格的变化进行跟踪预测，如何进行贸易壁垒预警，如何对不同国家产业发展趋势、技术装备水平进行准确分析等多个方面进行一定的技术创新。

6. 面向南亚、东南亚国家的互联网内容安全检测技术

随着国内网络内容安全措施的不断加强，境外网络成为一些犯罪分子从事黄、赌、毒、暴恐等违法犯罪活动的重要平台。面向南亚、东南亚国家的互联网内容安全检测，就是要自动识别南亚、东南亚国家网站中与我国相关的一些违法信息。南亚、东南亚国家与我国地理位置接近，加强对南亚、东南亚国家网络内容安全的检测，对帮助政府净化网络空间、维护边境地区以及国家的安全稳定具有重要作用。

一方面，网络信息数据量大，违法信息只是其中极小的一部分，另一方面，犯罪分子为了逃避打击，往往会对其发布内容进行一定程度的伪装，而且伪装的方法层出不穷。这都给网络内容安全监测带来了挑战。网络内容安全监测技术，是在对网络内容进行理解的基础上，对网络信息进行分类的一种技术，涉及违法特征提取、分类模型的构建等关键问题。

面向南亚、东南亚国家的互联网内容安全检测技术，需要从针对不同语言网络非法内容特征构建模型，提高模型的快速识别以及自学习的能力等方面进行一定技术创新，从而提高网络内容安全监测的准确率和效率。

7. 面向南亚、东南亚国家语言的社交网络技术

面向南亚、东南亚国家语言的社交网络，就是要使得不同国家网民能够使用自己熟悉的语言，在同一个平台下，进行自由的交流。这对于加深不同国家人民之间的友谊具有重要的作用，也为基于社交网络的一些商业应用提供了可能。

多语言的社交网络，一方面，面临不同国家的巨大用户量，以及包括用户个人信息、用户发布的信息、用户之间的社交信息，用户的浏览行为等在内的不同语言的大数据信息的处理；另一方面，面临着由不同国家人民的社交习惯、宗教信仰、文化背景、表达方式等差异所导致的对社交网络的使用习惯的差异。这都给多语言社交网络建设提出了很大挑战。

面向南亚、东南亚国家语言的社交网络技术，可以在对不同语言海量数据处理、不同国家用户之间朋友圈构建、自动发现网络社区中不同国家以及整个地区的热门话题、准确

分析不同用户行为特点、准确为用户推送需要的信息等方面进行一定的技术创新，使得用户具有较好的用户体验。

5.1.3 小语种软件相关应用开发

1. 开发面向南亚、东南亚国家语言的分析理解平台

面向南亚、东南亚国家语言的分析理解平台，是一种集成针对南亚、东南亚国家语言文本的自动切分，词性标注，人名、地名、组织机构名识别，句子、篇章结构分析，主题分类等多种功能于一体的服务平台。它是面向南亚、东南亚国家语言的分析理解技术的直接应用，可以为用户提供界面化操作，也可以为我国以及南亚、东南亚国家开发相关语言信息服务、语言教学等相关软件，提供接口支持。

2. 开发面向南亚、东南亚国家语言的教学软件

面向南亚、东南亚国家语言的教学软件，是在对语言进行自动理解的基础上，为老师和学生提供服务，教学辅助设备包括点读机、自动批改机器人、内容辅助理解机器人等。

3. 开发面向南亚、东南亚国家语言的智能翻译平台

面向南亚、东南亚国家语言的智能翻译平台，是在面向南亚、东南亚国家语言的智能翻译技术的基础上实现的，可以对南亚、东南亚语言以及中文，甚至所有语言之间进行互译。能够同时处理多个用户的翻译需求，以及对大量文本进行并行翻译，能够支持对不同专业文献的翻译，为不同国家政府、企业等大客户以及专业人员提供语言翻译服务。

4. 开发面向南亚、东南亚国家语言的随身翻译 App

面向南亚、东南亚国家语言的随身翻译 App，也是在面向南亚、东南亚国家语言的智能翻译技术的基础上实现的，可以为不同国家人们的日常生活提供一些简单的针对字、词、句以及有限长度篇章的翻译服务。

5. 开发面向南亚、东南亚国家的跨语言搜索引擎

面向南亚、东南亚国家的跨语言搜索引擎，是在跨语言检索技术的基础上实现的，可以为不同国家用户提供针对企业、商品、商家、服务、应用软件、个人信息、知识、新闻、网页等不同类型信息的检索服务。用户直接获得其需要的信息，而不是一堆网页。同时，搜索引擎也可以为不同国家企业提供广告投放、竞价排名等功能。帮助企业对不同国家、不同类型的用户进行有针对性的广告投放。

6. 开发面向南亚、东南亚国家的自动问答系统

面向南亚、东南亚国家的自动问答系统是在语言分析理解技术、翻译技术以及检索技术的基础上实现的。用户可以通过问答系统，以人机对话的方式，获得其需要的不同国家的相关信息。例如旅游信息问答、法律信息问答等。也可以让机器来代替人工完成一些简单的操作，包括酒店预订、订餐、订票等。

7. 开发面向南亚、东南亚国家的社交网络平台

面向南亚、东南亚国家的社交网络平台，是在面向南亚、东南亚国家社交网络技术、智能翻译技术的基础上实现的。可以为不同国家用户提供统一信息交流的平台。用户可以在平台上关注其他国家的用户，可以通过实时翻译阅读其他用户发布的信息，也可以自己发布信息。用户可以通过社交平台，获得当前不同国家以及整个地区的热门话题，可以建立包含不同国家用户的朋友圈。企业用户可以在社交网络上进行产品的推广，政府可以通过平台了解社情民意，对舆论进行引导。

8. 开展面向南亚、东南亚国家的网络内容安全监测预警平台

面向南亚、东南亚国家的网络内容安全监测预警平台，是在内容安全监测技术的基础上实现的。能够自动过滤南亚、东南亚国家互联网中的不良信息，使得国内用户无法访问，也可以追踪不良信息的源头，为打击危害我国网络安全的行为提供目标。

9. 开展面向南亚、东南亚国家的网络舆情监测平台

面向南亚、东南亚国家的网络舆情检测平台，利用网络爬虫技术，自动收集各国网络数据，通过自然语言处理、信息检索、数据挖掘技术，对采集到的数据进行加工与分析处理，自动筛选各个国家相关的舆情信息，实现敏感信息预警、网络热点自动发现、热点事件舆情追踪、重点人物舆情汇总、舆情信息分类、舆情信息检索、相关舆情数据的定性定量分析等功能。

10. 开展面向南亚、东南亚国家互联网的商业情报分析平台

面向南亚、东南亚国家互联网的商业情报分析平台，利用网络爬虫技术自动收集相关行业网络数据，通过计算机算法，对这些海量数据进行分析，挖掘行业未来的发展趋势、行业热门商品等信息，为行业创新发展提供可靠依据，同时将重要的参考数据及时提供给政府有关部门，为政府未来的招商引资提供方向。

5.2　智能电网技术创新与应用

5.2.1　智能电网技术创新与应用的意义

当前，云南省在发电、输电和配用电等方面存在很多问题，需要优化云南电网结构。智能电网概念的提出可以指导云南智能电网建设，云南智能电网建设后具备资源配置优化能力，在大型水电、火电、光伏发电和清洁能源以及可再生能源的跨区域、远距离、大容量、低损耗、高效率输送，及区域间电力交换的能力将明显提升。云南智能电网对电网的安全性和可靠性有大幅提升，实现高度智能化的电网调度，能满足现代化新型设备对用电的需求，如电动汽车充放电等。实现智能用电管理平台，采取分布式电源、智能电表、分时电价政策以及电动汽车充放电机制，有效平衡电网负荷，降低负荷峰谷差，减少电网及电源建设成本，同时能带动其他产业的发展，比如有利于促进装备制造和通信信息等行业的技术升级，为云南占领国内电力装备制造领域的制高点奠定基础。

5.2.2　智能电网技术创新

1. 大规模可再生能源并网调控技术

1）大型光伏电站直流升压汇集接入关键技术

目前，云南新能源发电并网已初具规模。2015 年，云南省已有 49 家光伏发电企业投产，但光伏发电具有的间歇性与随机性特征，难以适应电力生产消费的同时性要求，全省范围内部分时段存在弃光问题，这对智能电网的调节能力是个考验。为提高大型光伏电站接入系统的送出能力和系统效率，要研究大型光伏电站直流升压汇集接入系统总体设计集成技术，提升云南综合电力输送水平。

2）分布式可再生能源发电集群灵活并网集成关键技术

传统电网主要由火电厂、水电厂提供电力，电网的设计和调度长期保持平衡。但随着风能、太阳能等清洁能源的发展，电网技术开始出现种种"不适应"。现在大多数风电、太阳能发电都属于低质量电力，直接并网会影响电能质量。智能电网必须通过技术延伸，容纳更多分布式能源。针对分布式可再生能源发电大规模灵活并网集成和消纳需求，要研究高渗透率(可再生能源发电装机容量占最大负荷的比例)分布式可再生能源发电集群的规划设计技术，解决分布式能源并网问题。

3）大型可再生能源外送与调控技术

为增强智能电网的调控能力，满足特殊的供电需求，形成多功能互补的分布式能源供给(目前主要是风能和太阳能),需要研究大型可再生能源基地风、光储多种能源汇集外送的柔性直流和交直流混联送出技术;可再生能源高精度功率预测技术,多能源互补协调调度与控制技术;多能互补的分布式能源与微网系统及其相关技术、交直流混合配电网技术;与可再生能源发电融合的充电设施网络关键技术,实现可再生能源外送与调控。

2. 大电网柔性互联技术

1) 更高电压等级的柔性输电技术

云南输电有一定基础和工程经验,存在的主要问题是大容量、远距离输电能力仍显不足,适用于特殊场合的新型输电技术和更高电压等级的柔性直流输电技术尚待突破。

2) 大型交直流混联电网运行控制技术

由于智能电网有多种能源并网,除了交流电,大量的直流电也并入网络,形成交直流混联电网,如何对交直流混联电网进行控制以保证电力输送质量是个关键问题。要研究多换流站潮流快速控制及其与交流电网协同控制方式,考虑多回直流场景下的系统稳定控制方法与恢复控制方法;交直流系统发生故障后的电网故障特性及交直流保护协调配合策略。

3) 高压大容量柔性直流输电关键技术

研究换流阀功率模块及其不同拓扑的组合技术,换流阀成套设计与集成技术;高浪涌电流耐受能力的低损耗换流阀关键技术;换流阀电磁场分析及屏蔽技术。

3. 现代配电网多元用户供需互动用电技术

1) 智能配电和用电技术

现代用电模式发生了很大改变,大量可再生分布式能源并网,大容量电动汽车充电设施的普遍设立,使电网负荷峰谷差更加难以调整,传统的被动型配电网将难以适应这些新的需求与变化,需要采用主动配电网技术解决现代配电网建设中遇到的新问题。因此,需要研究市场竞争机制下的用户用电和行为特征、多元用户侧的可调度潜力和可靠性分析方法,建立用户互动模型;基于互联网的家庭能源管理系统关键技术,研制支持双向互动的家庭智慧能源核心设备及能效管理系统;电力需求侧主动响应的市场机制,构建电力网与信息网融合的电力供应及需求互动服务平台等,实现智能配电和用电。

2) 电力光纤到户关键技术

按照"互联网+智慧能源"行动计划要求,完成光纤复合低压电缆成套和电力光纤到户关键技术研究,建设电力光纤到户示范应用工程。要具体研究电力光纤到户网络结构设计,不同结构的光纤复合低压电缆中光纤耐热特性、导线热场分布对光纤的影响,克服电缆短暂高温时光纤衰减变化技术。

3）多能源互补的分布式供能与微网

要开发可再生能源与化石能源互补的源头蓄能原理，系统变工况性能提升机理，可再生能源、环境能源与化石能源互补的品位耦合机理；多能源输入与多产品输出条件下的动力循环、供热循环、制冷循环等热力循环的耦合机制；分布式能源系统变工况性能的主动调控方法，以及与配电网的互动调控方式。

4. 储能新技术

储能是智能电网建设的关键环节，云南电力行业需要在储能技术上进行更深入研究。目前，抽水蓄能电站是电力系统大规模储能的主要形式，但抽水蓄能电站受地理位置和水资源的限制。随着新型储能电池研究的深入运行，研究新型化学储能技术逐步向大容量、高效率、长寿命阶段发展。例如，针对大规模可再生能源消纳的新型化学储能系统应用技术；功率为兆瓦级的新型电能与其他能源形式的转化装备；重点突破用于电力储能的百兆瓦级新型化学储能系统的集成与监控关键技术。

5. 能源互联网技术

1）能源互联网战略规划技术

能源互联网是未来发展趋势，云南要抓住机遇，紧跟时代步伐，规划能源互联网。由于能源互联网规模大、结构复杂，需要在规划分析理论、市场空间预测、电力流格局规划和特大规模电网结构设计等方面开展重点攻关。预计 2020 年，建成全省风能、太阳能、海洋能等多种可再生能源资源数据库，客观和精确掌握全球可再生能源的资源储量、分布情况和可开发规模，接入全国能源互联网，进而接入全球能源网。

2）大容量、远距离输电技术

云南具有特高压交直流输电技术。对于特高压直流的换流变压器、直流穿墙/换流变套管、直流场开关器件等高端装备少数核心器件的制造技术，国内尚未完全掌握，云南省可组织人员进行重点攻关。

5.2.3 智能电网技术创新应用

1. 实现云南电网的统一智能控制

根据云南能源特点和用户需求情况，对云南电力调度实行统一调度控制。构建一个平台，使 6 个环节为实现云南智能电网奠定基础。智能电网要以构建网架为基础，以通信信息平台为支撑，以智能控制为手段，包含电力系统的发电、输电、变电、配电、用电和调度六大环节，覆盖所有电压等级，实现"电力流、信息流、业务流"的高度一体化。在智能电网统一调度控制领域，技术成熟和应用广泛的企业是国电南瑞科技股份有限公司。云南要建设智能电网，实现统一智能控制，可借鉴国电南瑞科技股份有限公司开发的智能电网调度控制系统 D5000。

2. 实现云南广域可再生能源的时空互补性

云南的确存在着可再生能源大量输出、电网无法消纳等方面的问题。但如果从全国，乃至全球能源互联网的角度来看，可以很好地利用各种可再生能源的时空互补性来解决这些问题。合理利用广域可再生能源时空互补性能，实现能源网跨地理区域资源优化配置，同时有助于改善电网有功功率瞬态平衡问题，提高电网运行经济性和稳定性。广域可再生能源时空互补性的研究，对于解决以交流电网为主的电网供应模式有很大的帮助。在可再生能源的时空互补性研究领域，中国科学院电工研究院的研究成果已初步取得应用，特别是云南要开展电动汽车产业，作为储能与可调控资源，也可以与可再生能源进行互补利用。

3. 发展云南大容量、远距离输电技术应用

云南智能电网的输电环节至关重要，特别是大容量、远距离输电。为此，云南需要建设以特高压电网为骨干网架、各级电网协调发展的坚强智能电网。要解决柔性交流输电技术、输电线路运行状态监测技术、输电线路智能化巡检技术、输电线路状态检修和全寿命周期管理。全面实施输电线路状态监测、智能巡检、状态检修和全寿命周期管理，广泛应用灵活输电技术，技术和装备全面达到国内甚至国际领先水平。在大容量、远距离输电技术领域，南方电网科学研究院取得了一定成果。云南发展风能、光伏发电和水力发电，必须解决大容量、远距离输电技术，才能更好地利用风能、光伏发电等清洁能源。

4. 开发云南智能电网智能配电监控系统

云南智能配电包括配电网、配电变电站和辅助设备等部分。建成安全可靠的配电网络，具备灵活重构、潮流优化能力和可再生能源发电接纳能力。先进的配电自动化相关技术包括：配电 SCADA（supervisory control and data acquisition，数据采集与监视控制系统）/GIS/快速仿真与模拟、DER（distinguished encoding rules，可辨别编码规则）运行、分布式发电及新能源接入技术、AC/DC（alternating current/direct current，交流变直流）微网运行、需求侧管理、储能技术等。在智能配电监控系统研发领域，安科瑞电气股份有限公司拥有成熟技术，云南采取引进或合作的方式研发适合云南的智能配电监控系统。

5. 开发云南智能用电控制系统

云南智能用电范围包括智能电器、智能家居、智能楼宇和智能小区。通过改变终端用户用能模式，提高用户用电效率。重点发展智能营销组织模式和标准化业务体系，提供全面智能用户管理与服务；研发用电信息采集系统、自动抄表系统、高级量测体系和分布式

电源及储能系统；提供智能化双向互动体系，提升用户服务质量，满足用户多元化需求。建成智能用电双向互动服务平台，实现用电信息采集 "全覆盖、全采集、全费控"，推广建设智能用电小区、智能用电楼宇。建设充电设施网络，满足电动汽车发展需要，推进高效用能服务。在智能用电控制领域，常州瑞信电子科技有限公司技术实力雄厚，应用经验丰富，值得借鉴。

6. 创新云南电力通信应用

云南电力通信是确保电网安全、稳定、经济运行的重要手段，是电力系统的重要基础设施。目前，云南已由南方电网建设了电力系统专用通信网。传统的电力线载波通信已不能满足人们需求。因此，需要结合现代通信技术和信息技术研究电力通信，从硬件平台、软件平台和网络管理等方面进行研究，使未来的 PLC 能实现通信业务的综合化、传输能力的宽带化和网络管理的智能化，并能实现与远程网的无缝连接。云南虽然有发展基础，但仍需开展技术创新研究，为云南智能电网的建设提供保障。在电力通信技术领域，国内技术先进的企业有沈阳中兴电力通信有限公司等。

7. 发展云南新能源汽车

随着全球能源变革发展，云南应顺应国家产业绿色转型发展要求，推动新能源汽车发展。现代能源和技术催生电动汽车，电动汽车构造相对简单。现代电子技术和物联网技术发展、能源结构的调整都促进电动汽车发展。电动汽车将是未来交通工具的必然发展趋势。据相关资料显示，2015 年，云南省共生产新能源汽车 1270 辆，销售 1233 辆。云南要提升纯电动汽车和插电式混合动力汽车产业化水平，推进燃料电池汽车产业化，推动电动汽车与智能电网、新能源、储能、智能驾驶等融合发展。虽然在电动汽车领域还没有形成有代表性的企业，但国内外知名企业在电动汽车领域都在开展研究，比如京东、百度和腾讯等公司都注资或者与国外公司合作开展电动汽车研发。

8. 云南储能新技术应用

云南风能、光伏发电以及其他清洁能源相对较丰富，但是包括风电在内的新能源发电由于受天气影响，发电功率难以保证平稳，轻则影响电能质量，重则引发停电等事故。为解决这一问题，云南电网从 2011 年开始着手研究超导磁储能技术，南方电网在云南电网建设综合性超导试验室，以国内一流的智能微网示范基地为依托，研究超导磁储能技术，虽取得一定成果，但仍需加强研究。近年来，国内发展较好的企业是中国华能集团清洁能源技术研究院有限公司，其采取灵活方式开展储能新技术应用。

9. 智能节能技术应用

利用智能节能设备和系统整合高耗能企业的余热、余压、余气资源，鼓励利用余热采暖、余能和低温余热发电。拓展智能能源计量和远程诊断设备应用，借助信息网络技术加强系统自动监控和智能分析能力，促进提高综合能效。推进多种形式的能源多时效利用，实现生产工艺和能源供应的综合优化。鼓励风电、太阳能发电与企业能源供管系统综合集成，推动可再生能源就地消纳。

10. 构建云南能源互联网

随着新能源、智能电网、智慧城市、分布式能源、物联网、电动汽车、储能的快速发展，从发电到电网以及终端用电都将呈现多样性、变化大、发展快的新趋势，能源体系将面临更多问题和挑战。这些是能源互联网发展的内在因素。能源互联网的关键环节是可再生能源作为主要能源廉价供应，并合理联网调度、利用；支持超大规模分布式发电、储能及其他能源终端的接入平台。融合储能设施、物联网、智能用电设施等硬件及碳交易、互联网金融等衍生服务于一体的绿色能源网络发展，促进用户端智能化用能、能源共享经济和能源自由交易发展，培育基于智慧能源的新业务、新业态，建设新型能源消费生态与产业体系。

目前，全球有 Autogrid 公司、Sonnen 公司以及 Chargepoint 公司涉及能源互联网的第三次工业革命。云南应该放眼世界，积极探索建设云南自己的能源互联网。

5.3　轨道交通信号与控制技术创新及应用

5.3.1　轨道交通信号与控制技术创新及应用的意义

2014 年 4 月 30 日，昆明轨道交通 1 号线和 2 号线首期工程全线贯通，标志着昆明进入地铁时代。"十三五"规划期间，昆明将全面建成轨道交通 1、2、3、4、5、6 号线和 9 号线工程，运营里程达 236km，车站 149 座，主城区轨道交通网络结构基本形成。届时，昆明地铁日客运量将达到 253 万人次，地铁占公共交通出行比例将达到 33%。

沪昆、云桂高铁在 2016 年通车。由此，昆明将迈入高铁时代。高铁时代是一个大交通时代、大合作时代、大红利时代，必将深刻改变云南区域发展的时空观、边界观、区位观、资源观。高铁将促进云南加快改革开放，建设面向南亚、东南亚辐射中心。随着云南与周边省份和周边国家铁路互联互通，便捷的出行环境将刺激云南乃至周边地区的客货交流。昆明将逐步发展成为面向南亚、东南亚的铁路枢纽，云南将成为中国与东盟乃至印度洋沿岸国际贸易的枢纽，经济、社会、文化等的辐射中心，从改革开放的末梢变为前沿，通边达海，走向世界。

高铁、地铁运行速度高、运营间隔短，轨道交通信号与控制技术是保证列车运行安全和效率的基础。目前，云南在轨道交通信号与控制技术方面的技术基础比较薄弱，应加大引进力度，大力发展该项技术。

5.3.2 轨道交通信号与控制的技术创新

1. 列车运行控制系统

列车运行控制系统是轨道交通行车系统的"中枢与神经"，旨在利用各种先进的技术和设备，保证列车以最小安全间隔距离运行，以达到最大的运输能力。

1) 高铁 CTCS 系统

CTCS 是 Chinese Train Control System 的缩写，即中国列车运行控制系统，它以分级的形式满足不同线路运输需求，在不干扰机车乘务员正常驾驶的前提下，有效地保证列车运行的安全。CTCS 是在欧洲列车运行控制系统(Europe Train Control System，ETCS)的基础上，结合中国的国情提出的。

目前，高铁上主要配备的是 CTCS2/3 级系统，适用于最高运营速度 350km/h 的高速动车组。北京全路通信信号研究设计院集团有限公司是国内主要的 CTCS 系统解决方案供应商。

2) 地铁 CBTC 系统

CBTC(communication based train control system，基于无线通信的列车控制系统)不依靠轨道电路向列控车载设备传递信息，而是利用通信技术实现"车地通信"并实时地传递"列车定位"信息。通过车载设备、轨旁通信设备实现列车与车站或控制中心之间的信息交换，完成速度控制。系统通过建立车地之间连续、双向、高速的通信，使列车命令和状态可以在车辆和地面之间进行实时可靠的交换，并确定列车的准确位置及列车间的相对距离，保证列车的安全间隔。目前，CBTC 技术几乎被海外企业垄断，如法国的阿尔卡特、阿尔斯通，德国的西门子，加拿大的庞巴迪，合资企业卡斯柯信号有限公司。由国外引进的 CBTC 系统成本大约为每公里 1000 万～1300 万元。据测算，若国产化之后，成本将可以减低 20%～30%。国内的北京交控科技有限公司对 CBTC 技术进行了国产化，2010 年底，该技术在北京地铁亦庄线实验成功。

2. 列车运行系统子模块

列车运行控制系统由地面设备和车载设备构成，由列控中心、计算机联锁系统、调度指挥系统、自动闭塞系统、应答器系统等多个模块组成。

1) 列控中心

列控中心是基于安全计算机控制系统的高铁地面安全控制核心设备。作为设置于各车站或中继站的列控安全系统，它与轨道电路、计算机联锁、临时限速服务器、其他站的列控中心、应答器地面单元、CTC(centralized traffic control，列车调度集中指挥控制系统)

和信号集中检测系统连接，通过地面其他系统提供的轨道占用、联锁进路、线路限速等信息，产生列车行车许可命令，并通过轨道电路和有源应答器，传输给车载子系统，保证其管辖范围内的所有列车运行安全。

2)计算机联锁系统

计算机联锁系统负责处理进路内的道岔、信号机、轨道电路之间安全联锁关系，接受ATS(automatic train supervision，自动列车监控系统)或者操作员的控制指令，向 ATP、ATS 输出联锁信息。

3)调度指挥系统

调度指挥系统实现对列车在车站和区间运行的实时监视，动态调整、自动生成列车运行三小时阶段计划，实现列车调度命令的自动下达和实际运行图的自动描绘；实现分界口交接列车数、列车运行正点率、行车密度、早晚点原因、重点列车跟踪等实时宏观统计分析，并形成相关统计报表；显示铁路路网、沿线线路、车站、救援列车分布等主要技术资料和气象资料，为铁路事故救援、灾害抢险、防洪等提供决策参考。

4)自动闭塞系统

自动闭塞系统是保障列车行车安全的重要信号控制系统。当列车在某一区间因停电、熄火等原因，主动或被动停车，其轨道区间就会向后续列车发出信号，后续列车就会及时降速并停下来，避免两车碰撞。

5)应答器系统

应答器用于向列车控制系统传送线路基本参数、线路速度、特殊定位、列车运行目标数据、临时限速、车站进路等固定和实时可变的信息。随着列车运行速度不断提高，应答器设备成为高速列车控制系统中的重要基础设备。

3. 磁悬浮技术

磁悬浮技术指利用电磁感应原理，以直线电机驱动车辆，使列车克服重力悬浮或吸浮于轨道运行的一种技术。由于列车悬浮于轨道，不产生轮轨摩擦，只受空气阻力影响，高速磁悬浮列车的时速是既有高铁的 2 倍以上，与飞机差不多，因此被比喻为"贴地飞行"。高速磁悬浮的最大优点是速度快、爬坡能力强、铁路选线空间大。

5.3.3　发展轨道交通信号与控制技术的建议

在轨道交通信号与控制技术方面，云南省基础较为薄弱，相关单位及企业少，建议通过引进相关人才和企业，开展以下研究。

1. 完善基于 CBTC 的列控系统标准体系

地铁基于 CBTC 列控系统，标准不统一，不同的线路有不同的解决方案，这影响了地铁的跨线运营。法国的阿尔卡特、阿尔斯通，德国的西门子，加拿大的庞巴迪，合资企业卡斯柯信号有限公司，国内的北京交控科技有限公司等在 CBTC 技术的研发和应用方面都处于世界领先地位。云南可结合昆明目前多条地铁线路同时在建的现状，引进这些单位和企业开展 CBTC 系统标准的研究，完善基于 CBTC 的列控系统标准体系，为多条线路的开通运营提供技术支持。

2. 推进列车运行系统相关设备产品的产业化

轨道交通信号设备的产品种类较多，如列控中心、计算机联锁系统、调度指挥系统、自动闭塞系统、应答器系统、无线闭塞中心、无线通信网络等。目前，在这些子模块方面有商用产品的公司有：北京全路通信信号研究设计院集团有限公司、卡斯柯信号有限公司、北京交大思诺科技股份有限公司、中兴通讯、中国通号等。云南省可引进这些著名的轨道交通信号设备公司，推进相关产品的产业化，为省内和南亚、东南亚的轨道交通建设提供技术支持。

3. 推进时速 400km/h 及以上跨国客运装备产业化

为提高高速列车跨国联运互联互通能力、安全保障能力、综合效能和综合舒适性，通过研制时速 400km/h 及以上高速客运装备，为实现"一带一路"沿线国家的互联互通提供技术支撑。时速 400km/h 及以上高速客运装备项目于 2016 年 11 月启动，目前该项目由中国中车股份有限公司牵头，中国中车长客股份有限公司具体组织实施。该项目目前处于世界领先水平，云南省可引进中车股份有限公司在云南设立研发基地，推进时速 400km/h 及以上跨国客运装备产业化。

4. 推进时速 600km/h 磁悬浮交通系统的产业化

2016 年 11 月，我国高速磁悬浮交通系统关键技术研究项目在青岛启动。该项目于 2016 年 7 月由科技部批准立项，分别由中车青岛四方机车车辆股份有限公司和中车株洲电力机车有限公司开展高速、中速磁悬浮交通系统关键技术研究。云南可利用区域优势，和这些企业合作，开展高速磁悬浮系统的研发，推进时速 600km/h 磁悬浮交通系统的产业化。

5.4　通信技术创新与应用

5.4.1　通信技术创新与应用的意义

当前，"一带一路"、长江经济带、孟中印缅经济走廊等多项国家发展战略在云南省交汇，云南省成为开放的前沿和战略枢纽。随着与南亚、东南亚互联互通的加速，开放的空间正在打开。云南省积极利用国际、国内两个市场，发挥通江达海的区位优势，着力打造路网、航空网、能源保障网、水网、互联网五大基础设施网络，努力建设面向南亚、东南亚辐射中心。根据"十三五"规划，到 2020 年，云南将基本建成面向南亚、东南亚的国际通信枢纽和区域信息汇集中心。通信技术是建设通信枢纽和区域汇集中心的基础。

5.4.2　通信技术创新

1. 卫星通信技术

卫星通信就是地球上(包括地面和低层大气中)的无线电通信站利用卫星作为中继而进行的通信，主要发展方向是配合地面通信网络构建天地互联网，实现全球无缝覆盖。

通信卫星分为两类：一类是固定业务卫星，一般用于广播电视、宽带数据传输，需要用抛物面天线(锅)进行信号接收；另一类是移动通信卫星，一般用于移动通话和移动数据业务，可以用手持机接收，比较灵活。未来固定业务卫星将向高功率、高通信、高频率发展，从 C、Ku 频段向 Ka 频段扩展，使车联网、卫星到户等成为可能。利用移动通信卫星，可在高铁、飞机上实现 WIFI 接入，有很大发展空间。

2016 年 8 月，中国发射首颗移动通信卫星"天通一号 01 星"，之后，中国航天科技集团公司推出了首部使用天通系统的智能手机。"天通一号"智能手机能覆盖中国陆地与整个南海，该手机专为紧急通信设计，能够服务于野外地质勘探人员和偏远地区的救灾人员，或者在地面通信网络遭遇自然灾害或事故时发挥作用。中国电信是我国基础电信运营商中唯一拥有卫星移动通信牌照的运营商，独家运营"天通一号 01 星"地面业务，可以为客户提供"天、地、空一体"的全方位通信保障服务。预计在 2025 年，我国移动通信卫星系统的终端用户将超过 300 万。

2. 航空通信技术

航空通信分为地空通信和地面通信。除了与空中飞行的航空器进行通信，地空通信也包括机场场面通信的部分，因此也被称为航空移动通信。地面通信过程中的各方通常位于固定的位置，故也称为航空固定通信。

在民用航空通信领域，值得关注的技术是空中 WIFI。未来，乘坐飞机时可能不仅可以开手机，还能打电话、上网聊天、听音乐。借助一个安装到飞机上的"机载通信系统"，这些场景均能得以实现。该技术一方面接入三大电信运营商客户的移动终端，另一方面与中继(即卫星、对空基站)系统连接，实现与地面系统的通信，并建立用户代理应答功能、与机载广播娱乐系统的连接等。

3. 光纤通信技术

光纤通信是以光作为信息载体，以光纤作为传输媒介的通信方式，它将电信号转换成光信号，再透过光纤将光信号进行传递。光纤通信具有损耗低、容量大、保密性好等优点。光纤通信已经成为当今最主要的有线通信方式。

光纤技术主要应用在以下方面。

(1)通信应用。光纤通信大量运用于因特网、有线电视和(视频)电话。

(2)医学应用。光导纤维内窥镜可以导入心脏和脑室，测量心脏血压值，血液中所含氧气的饱和度、体温等，可以帮助医生检查胃、食道等疾病。光导纤维连接的激光手术刀已成功应用于医学，同样也可用于光敏法，帮助治愈癌症患者。

(3)传感器应用。传感器的应用包括生活中路灯的光敏传感器、红外传感器、汽车中的温度传感器及交通测速雷达传感器。

4. 5G 技术

5G 技术，也称第五代移动通信技术。中国、韩国、日本、欧盟等都投入资源研发 5G 网络。5G 技术的研究主要包括：5G 无线技术、5G 网络与业务、5G 关键设备(仪表等)模块及平台 3 个部分。

(1)5G 无线技术。开展 5G 系统样机、终端芯片样片研发；进行组网技术研发与标准化，包括 5G 多接入融合组网、无线接入与回传一体化、高低频融合组网等。

(2)5G 网络与业务。进行网络关键技术与标准化，包括网络切片、新型移动性管理、网络边缘计算、前传与回传技术、无线网络虚拟化；开展 5G 网络安全总体架构与标准化、5G 与信息中心网络融合技术研发等。

(3)5G 关键设备(仪表等)模块及平台。支持大规模信道模拟器和终端模拟器等仪表开发，支持 5G 终端功放芯片样片研发、5G 技术研发试验测试系统、知识产权战略及专利评估、广播电视与移动通信融合网络研究等。

5. 量子通信技术

量子通信是指利用量子纠缠效应进行信息传递的一种新型通信方式。量子通信具有传统通信方式所不具备的绝对安全特性，不仅可用于军事、国防等领域的国家级保密通信，还可用于涉及秘密数据和票据的电信、证券、保险、银行、工商、地税、财政以及企业云存储、数据中心等领域和部门，未来市场容量极大。中国科学技术大学的潘建伟教授在量子通信研究和应用方面已取得重大突破。

2016 年 8 月，我国将世界首颗量子科学实验卫星墨子号发射升空，这使我国在世界上首次实现卫星和地面之间的量子通信。墨子号是中国科学院空间科学先导专项首批科学实验卫星之一。其主要科学目标是进行星地高速量子密钥分发实验，并在此基础上进行广域量子密钥网络实验，以期在空间量子通信实用化方面取得重大突破；同时，在空间尺度上进行量子纠缠分发和量子隐形传态实验，在空间尺度上验证量子力学理论。该工程还建设了包括南山、德令哈、兴隆、丽江 4 个量子通信地面站和阿里量子隐形传态实验站在内的地面科学应用系统，与量子卫星共同构成天地一体化量子科学实验系统。

目前在建的"京沪干线"项目光纤约长 2000km，计划于 2016 年底建成。其中，上海到合肥的量子干路已于 2016 年 11 月 16 日开通，该量子通信网络将连接北京、上海等城域网络，将通过技术验证等，实现网上银行数据远程灾备、金融机构信息数据采集等应用示范。

目前，墨子号运转良好，量子通信网络正在变成现实。

5.4.3　发展通信技术的建议

目前，云南省在通信技术的研发与新技术的推广应用方面相对落后，为实现"十三五"规划把云南建设成为国际通信枢纽的目标，可通过引进人才，加大与相关单位企业的合作，开展以下技术的研究和产业化。

1. 推进通信卫星的全面应用

云南应加强卫星大众化、区域化、国际化应用，加快卫星遥感、通信与导航融合化应用，利用物联网、移动互联网等新技术，创新"卫星+"应用模式。面向防灾减灾、应急、海洋等领域需求，开展典型区域综合应用示范。面向政府部门业务管理和社会服务需求，开展现代农业、新型城镇化、智慧城市、智慧海洋、边远地区等卫星综合应用示范。积极布局海外市场，建立"一带一路"空间信息走廊。

2. 推进光纤通信的应用产业化

云南应研究基于光纤通信的医学应用、传感器技术，推进光纤通信的应用产业化。另外，可结合云南电力行业的特点，开展基于光纤通信的电力应用系统。武汉理工光科股份有限公司是中国最大的光纤传感技术研究开发与生产基地，它为公路隧道火灾监测、重要场所周界入侵防范、大型桥梁健康监测与综合管养、智能电网、重大装备状态监测与故障诊断等多种不同应用场景提供了一系列完整先进的综合解决方案，云南可与其在技术以及应用方面开展广泛合作。

3. 推进 5G 相关产品及应用平台的试验

云南应开发 5G 系统概念样机，支撑 5G 技术研发试验，满足增强移动宽带场景、低时延高可靠场景、低功耗大连接应用场景。开发 5G 终端芯片核心模块，研究基于业务需求的 5G 新型移动性管理架构和关键技术解决方案，开发 5G 新型移动性管理技术验证原型系统。开展 5G 与信息中心网络融合的网络架构、新型编址与路由、标识与地址分离、网络虚拟化等关键技术的研发，构建 5G 与信息中心网络试验平台，完成关键技术验证和评估。

目前，参加 5G 技术研发试验的单位包括中国信息通信研究院、中国移动、中国联通、中国电信、日本都科摩、华为、中兴、大唐、爱立信、三星、诺基亚、上海贝尔、英特尔、高通、展讯、罗德施瓦茨、是德科技、星河亮点等国内外企业，涵盖运营商、设备制造企业、芯片和仪表企业等产业链的各个环节。

云南可结合建设国际通信枢纽的目标，与以上单位在 5G 相关技术的研发方面开展广泛合作，推进 5G 的相关产品及应用平台的试验，为国际通信枢纽的建设奠定技术基础。

4. 统筹布局量子通信关键技术研发，推动量子通信应用

在量子通信技术方面，国内中国科学技术大学潘建伟院士研究组的工作处于国际领先水平。云南可借助丽江作为量子通信地面站的机会，加强与相关单位企业的合作，开展相关基础研究，推动量子通信应用。

5.5　虚拟现实技术创新与应用

5.5.1　虚拟现实技术创新与应用的意义

2014 年是虚拟现实元年，虚拟现实尚处于初创时期，远未达到成熟阶段。在未来，虚拟现实技术要实现普及，就要在虚拟现实技术的核心内容上有所突破，即在动态虚拟环境建模、实时三维图形生成和显示技术、适人化、智能化人机交互设备和分布式虚拟现实技术上有所突破。这些技术的进步，会让人机交互使用最自然的视觉、听觉、触觉和自然语言，能够让虚拟现实的交互性效果得到有效提高。虚拟现实技术将带领人类进入一个前所未有的多样感知的仿真世界，甚至将成为人与人之间互动的媒介，对众多行业具有颠覆性的影响。

云南具有绚丽多姿的自然风光、丰富多彩的民族风情、古朴悠远的历史文化、气候宜人的生态环境和地处南亚及东南亚辐射中心的区位之利，素有"彩云之南，万绿之宗"的美誉。云南在信息化发展中，可开展虚拟现实技术创新，加快旅游、交通和展馆等产业的发展，提高旅游文化内涵，发展交通导航的虚拟可视化，促进展馆的虚拟化定位和展示。

5.5.2　虚拟现实技术创新

针对仿真训练和文化科技等领域的应用需求，云南应突破球面全景建模、复杂场景动态演化、实时角色植入与虚实合成、人群实时剧情交互等全景互动关键技术，构建具有高真实感的全景互动的虚拟现实技术。

1. 动态环境建模技术

虚拟环境的建立是虚拟现实技术的核心内容。动态环境建模技术的目的是获取实际环境的三维数据，并根据应用的需要，利用获取的三维数据建立相应的虚拟环境模型。三维

数据的获取可以采用 CAD 技术(有规则的环境)，而更多的环境则需要采用非接触式的视觉建模技术，两者的有机结合可以有效地提高数据获取的效率。

2. 球面全景建模技术

针对球面全景应用要求，应研究机载、车载和手持便携等设备获取的多源数据处理与建模技术，自然现象与动植物快速精细建模与表现技术，融合图形图像的表观模型建模及交互表现方式，研制 3D 全景建模工具。

3. 智能化语音虚拟建模

虚拟现实建模是一个比较繁复的过程，需要大量时间和精力。如果将虚拟现实技术与智能技术、语音识别技术结合起来，可以很好地解决这个问题。对模型的属性、方法和一般特点的描述通过语音识别技术转化成建模所需的数据，然后利用计算机的图形处理技术和人工智能技术进行设计、导航和评价，将基本模型用对象表示出来，并逻辑地将各种基本模型静态或动态地连接起来，最后形成系统模型。在各种模型形成后进行评价，给出结果，并由人直接通过语言来进行编辑和确认。

4. 实时三维显示技术

在生成三维图像方面，关键是怎样才能够做到实时生成。为了达到实时的目的，至少要保证图像的刷新率不低于 15 帧/s，最好是高于 30 帧/s。在不降低图像的质量和复杂度的前提下，如何提高刷新频率将是该技术的重要研究内容。另外，虚拟现实技术还依赖于传感器技术和立体显示技术的发展，现有的虚拟设备还不能够让系统的需要得到充分满足，需要开发全新的三维图像生成和显示技术。

5. 全息成像技术

"十三五"国家战略性新兴产业发展规划指出：适应沉浸式体验、智能互动等趋势，加强内容和技术装备协同创新。虚拟现实的交互能力依赖于立体显示和传感器技术的发展，现有的虚拟现实还远远不能满足系统的需要。例如，数据手套有延迟大、分辨率低、作用范围小、使用不便等缺点；虚拟现实设备的跟踪精度和跟踪范围也有待提高。同时，显示效果对虚拟现实的真实感、沉浸感，都需要通过高清晰度来实现。全息成像技术也称虚拟成像技术，是利用干涉和衍射原理记录并再现物体真实三维图像的记录和再现技术。全息成像过程是通过多次曝光在同一张底片上记录多个不同的图像，在相干激光照射下，利用衍射原理再现物体光波信息。全息成像技术不同于平面荧幕投影仅仅在二维表面通过透视、阴影等效果实现立体感，它是真正呈现 3D 的影像，可以从任何角度观看影像的不同侧面。然而，全息技术需要在激光照射下才能拍摄，后期成像制作成本过高。对于电影、电视剧之类的生活娱乐的应用还为时过早。

6. 分布式虚拟现实技术

网络分布式虚拟现实将分散的虚拟现实系统或仿真器通过网络联结起来,采用协调一致的结构、标准、协议和数据库,形成一个在时间和空间上互相耦合的虚拟合成环境,参与者可自由地进行交互作用。目前,分布式虚拟交互仿真已成为国际上的研究热点,相继推出了 DIS、MA 等相关标准。网络分布式虚拟现实技术在航天中极具应用价值。例如,国际空间站的参与国分布在世界不同区域,分布式虚拟现实技术训练环境不需要在各国重建仿真系统,这样不仅减少了研制费及设备费用,而且也减少了人员出差的费用和异地生活的不适。

5.5.3　虚拟现实技术创新应用

1. 虚拟现实系统工具开发

虚拟现实应用的关键是寻找合适的场合和对象,即如何发挥想象力和创造力。选择适当的应用对象可以大幅度地提高生产效率、减轻劳动强度、提高产品开发质量。为了达到这一目的,必须研究虚拟现实的开发工具,如虚拟现实系统开发平台、分布式虚拟现实系统平台的开发等。突破多视角高清内容的高速自动生成技术、实时角色植入与虚实合成技术、用户人群实时交互技术,研制多线索数字脚本编辑与内容制作平台。集成项目研究成果,面向安全生产、仿真训练、文化科技等领域需求,开发大型全景互动系统。目前在虚拟现实应用系统工具开发方面,云南省内没有相关公司,甚至国内都少有类似的公司,因此云南省可以引进非常具有技术实力的 Google 公司的相关产品和服务,服务于云南虚拟现实技术的应用和内容制作。

2. 交互性培训

虚拟现实最广泛的应用是利用其交互性和沉浸性进行培训,为参与培训者提供一个和真实环境完全一致的虚拟环境,通过人机交互设备和虚拟场景里所有物件进行交互,体验实时的物理反馈,进行多种培训操作,可以显著降低培训费用和危险系数。虚拟环境还可以根据难度系数的改变或提示的改变来改变,它也可以暂停进行讨论,还可以记录下全部过程。虚拟现实新手培训最著名的应用是战斗仿真器,还有用于潜水、外科手术和麻醉的仿真器。虚拟现实可以为医学院的学生学习解剖学和生理学提供动态的媒介,虚拟现实还可以用于训练外科医生进行复杂的外科手术;虚拟现实还可用于对灾难事件(如飞机失事、地震等)的模拟响应及飞行员和汽车司机的驾驶训练。目前,云南省有 13 个机场和多家医院,对航空专业人才培养和众多医学院学生培养的需求日益突出,利用虚拟现实技术进行各种培训,可以显著降低培训费用和培训风险,云南可以引进国外具有相关技术实力的产品和服务。

3. 定位和导航

虚拟现实技术可以帮助用户在不熟悉的或复杂的环境中导航。目前，在虚拟环境下的导航是作为真实环境下的准备，虚拟现实常常用于为现存的物理空间提供精确的表示，但是用户的感觉在虚拟环境和真实环境中还是不同。例如，用户在虚拟环境下对大小和距离的感觉与在实际环境下是不同的。虚拟现实技术也是大型数据库的理想导航工具，搜寻是一件智力活动，为了找到需要的信息，需要循环地比较查询结果。学会在不熟悉的环境下导航，对有障碍的人是有帮助的。虚拟现实还可以帮助有严重学习障碍的儿童培养生活技能，例如在虚拟商店里购物和付款，在虚拟城市的街道上认识交通安全。目前，云南省内没有相关的公司，可以和国内技术型公司合作，如与百度公司的百度地图合作，以实现在云南南博会和旅游文化等领域的示范应用。

4. 三维景区营销

旅游宣传是旅游产业的排头兵，在旅游产业中占有极为重要的地位。但目前云南省旅游业的宣传形式单调，局限于新闻稿、旅游广告、巡回展览、旅游研讨会等既定模式，而且宣传资料都有风景多、人情少、静态多、动态少等不足。旅游网站、旅行社网站通过建立虚拟旅游视景系统，可以对现有旅游景观进行虚拟旅游，对于旅游消费者，可以全景式地了解风景区概貌，以及更直观地了解各景点地形地貌以及旅游线路，同时借助网络，既宣传了旅游资源又方便了消费者，起到预先宣传、扩大影响力和吸引游客的作用。通过虚拟三维景区建立及网络发布对旅游区进行科学的模拟和演示，将景区从二维"抽象"到三维影像，加速游客对风景区的认识过程，以刺激旅游动机，引导旅游客流，实现旅游增效。虚拟现实技术将对旅游营销领域产生巨大冲击，传统的旅游营销只能通过文字、图纸来展示，通过你说我听来了解产品，而虚拟现实技术则真正实现了旅游互动营销。未来的旅游营销模式不再是单纯的语言交流，而是通过多媒体互动的方式，实现一种"真实"的用户体现。云南可以借助虚拟现实技术进行三维景区的建设，向全国乃至世界展现云南的自然风光之美、丰富多彩的民族风情之美、古朴悠远的历史文化之美、气候宜人的生态环境之美，进而宣传云南，进行旅游文化产业的营销。

5. 虚拟场景再现

通过虚拟现实技术对古代建筑、遗址、文物等进行复原、仿真、再现、展示和保存，将虚拟现实技术引入景区保护领域。虚拟现实可以缓解这些景区经济效益与遗产保护的矛盾。由于有人数限制，很多景区可以制作数字化的参观方式，避免游客对景区造成伤害。许多很有参观和研究价值的地方、许多发生过重大历史事件的场景，都被封闭着，无法与游客见面，而利用虚拟现实技术，不仅可以对文物进行很好的保护，而且可以跨越时间和空间的限制，再现历史场景，进入那些由于条件限制而不能进入的地方，使每一件文物回到其历史位置。利用虚拟现实技术，可以真实再现已经不存在的景观。如通过重现古代社会的建筑文明，人们可以徜徉于古建筑之间，欣赏千年前古建筑的原貌，感受古代文明的辉煌，对于喜欢探幽寻古的游人来说，这也是难得的视觉享受。云南可以借助虚拟现实技术进行虚拟场景再现，将云南的动植物、热带森林公园、民族风情和文化古镇等虚拟再现，进行景区保护。

6. 虚拟旅游

"十三五"国家战略性新兴产业发展规划指出：以企业为主体，产、学、研、用相结合，构建数字文化创意产业创新平台，虚拟旅游正是适合云南省旅游文化产业的数字文化创意创新平台。所谓虚拟旅游，指的是建立在现实旅游景观基础上，利用虚拟现实技术，通过模拟或超现实景，构建一个虚拟的三维立体旅游环境，网友足不出户，就能在三维立体的虚拟环境中遍览万里之外的风光美景，形象逼真，细致生动。应用计算机技术实现场景的三维模拟，借助一定的技术手段使操作者感受目的地场景。坐在电脑椅上就能身临其境地游览全世界的风景名胜，还能拍照留念——这就是时下在众多白领中风行的"虚拟旅游"，通过阅读和互动体验的虚拟游戏方式实现线上旅行，并且为线下旅行提供指导。这种新鲜的旅行方式，成为众多旅游爱好者的新选择。通过虚拟旅游，不仅可以扩大旅游景点的影响力，达到吸引游客的目的，而且能够为没有条件到旅游景点的游客提供一个空间。因此，虚拟游览具有临场性、自主性、超时空性、多感受性、交互性、经济性、安全性等优点，不受时间、空间、经济条件、环境条件的限制，可以满足游客游览和审美的需求。

鼓励互联网企业与旅游景点企业联合建设旅游景观在线虚拟体验平台，为客户提供旅游景观和现代信息通信技术相结合的在线 3D 旅游服务，提供足不出户、极致感受的体验盛宴。建立虚拟旅游解说播客团队，以服务出售的形式向客户提供景点历史背景、逸闻趣事、风土人情等在线解说服务，实现景点文化网络传播效应。打通虚拟旅游、购物消费、文化创意消费等三大平台融合通道，实现实景虚拟体验平台与旅游购物商城、特色文化产品在线创意设计平台互联互通，为客户提供全方位集旅游体验、在线购物、文化创意为一体的身临其境的感受。虽然现在进入虚拟现实技术产业的公司很多，国外有 Google、Facebook 和苹果等大公司，国内有深圳市虚拟现实科技有限公司和昆明埃舍尔科技有限公司等，但从云南省的发展来看，扶持省内公司比较有利，可以带动省内相关技术产业共同发展，埃舍尔科技有限公司是一家比较有技术实力的省内公司，建议加大云南省旅游产业与埃舍尔科技有限公司的合作与交流。

5.6 多媒体信息技术创新与应用

5.6.1 多媒体信息技术创新与应用的意义

媒体的演变是先从文字开始的。文字是最早可记录的媒体呈现的形态，是一种单一的媒体形态，到现在也应用非常广泛；第二种形态就是交互式复合媒体，复合媒体是包括两种以上形态的媒体技术，我们常用的是视听媒体，类似电影这样的技术；第三种媒体形态是多媒体技术，多媒体技术是在计算机发明以后，把视、听相结合产生的一种交互式的复合媒体。

移动终端、大数据云计算、人工智能、物联网、VR/AR（augmented reality，增强现实技术）等新技术都在推动多媒体技术的发展，社会化媒体的发展和移动化的发展能够很好地支撑媒体技术的发展和创新。在多媒体信息时代，用户分析与匹配的场景化、智能化将更加精准，新闻生产将向机器化、智能化与分布式方向发展，新闻传播将向泛在化、智能化与新闻体验的临场化的方向发展，互动反馈将向传感化与智能化方向发展。

在媒体呈现技术的演变中，每一个媒体呈现形态的发展都是一个很大的进步，尤其对多媒体信息技术来说，它对媒体呈现技术是一个革命性的节点，它对各个涉及媒体呈现的行业都会有本质上的冲击。在这个多媒体信息技术革命性的时间节点上，开展多媒体信息技术创新，以实现云南多媒体信息行业的跨越式发展。

5.6.2　多媒体信息技术的创新

多媒体信息时代会给整个新闻产业带来变化。过去都靠人工采集新闻信息，未来有可能通过机器自动完成，包括新闻的写作、用户的发现和匹配这样的过程，会更多地从智能角度去进行场景化的匹配。新闻的分发会变得无所不在，而且会通过一种临场化的方式让观众观看新闻。

1. 音频识别与合成技术

目前，大多主流的语音识别解码器已经采用基于有限状态机的解码网络，该解码网络可以把语言模型、词典和声学共享音字集统一集成为一个大的解码网络，大大提高了解码的速度，为语音识别的实时应用奠定了基础。随着互联网的快速发展，以及手机等移动终端的普及应用，目前可以从多个渠道获取大量文本或语音方面的语料，这为语音识别中的语言模型和声学模型的训练提供了丰富的资源，使得构建通用大规模语言模型和声学模型成为可能。在语音识别中，训练数据的匹配和丰富性是推动系统性能提升的最重要因素之一，但是语料的标注和分析需要长期的积累和沉淀，随着大数据时代的来临，大规模语料资源的积累将提到战略高度。将机器学习领域深度学习研究引入语音识别声学模型训练，使用带 RBM（restricted boltzmann machine，受限玻尔兹曼机）预训练的多层神经网络，将会大大提高声学模型的准确率。但是，仅凭上述深度学习技术的创新，要想推动汉语识别技术的产品重大突破是远远不够的。深度学习技术必须和行业专业理论相结合，才能以质变的方式提升工业产品技术，结合决策树聚类、跨词解码技术和区分度训练等一系列传统技术，才能带来汉语语音识别工业产品技术的实质性提升。语音识别技术现在正处于大规模爆发的边缘，未来更多的终端会逐步进入语音操作时代。在此背景下，语音识别技术的研发必将发生深刻的变革。

2. 视频分析与识别技术

视频内容分析技术通过对可视的监视摄像机视频图像进行分析，具备对风、雨、雪、落叶、飞鸟、飘动的旗帜等多种背景的过滤能力，通过建立人类活动的模型，借助计算机的高速计算能力，使用各种过滤器，排除监视场景中非人类的干扰因素，准确判断人类在视频监视图像中的各种活动。实际环境中的光照变化、目标运动复杂性、遮挡、目标与背景颜色相似、杂乱背景等都会增加目标检测与跟踪算法设计的难度。序列图像包含大量信息，要保证目标跟踪的实时性要求，必须选择计算量小的算法。鲁棒性是目标跟踪的另一个重要性能，提高算法的鲁棒性就是要使算法对复杂背景、光照变化和遮挡等情况有较强的适应性，而这又要以复杂的运算为代价。视频分析技术实质是一种基于数字化图像、图像分析和计算机视觉的算法。一方面，智能视频将继续数字化、网络化、智能化的进程；另一方面，智能视频监控将向着适应更为复杂和多变的场景发展，向着识别和分析更多的行为和异常事件的方向发展，向着更低的成本方向发展，向着真正"基于场景内容分析"的方向发展，向着提前预警和预防的方向发展。监控系统的数字化、网络化及芯片、算法的发展都与视频分析密切相关。使用带预训练的多层神经网络进行视频识别和分析模型的训练，提高模型的识别率，准确判断人在视频中的各种活动。

3. 裸眼 3D 技术

"十三五"国家战略性新兴产业发展规划指出：加大空间和情感感知等基础性技术研发力度，加快裸眼三维图形显示(裸眼 3D)、交互娱乐引擎开发、文化资源数字化处理、互动影视等核心技术创新发展。计算机屏幕是二维的，之所以能欣赏到如实物般的三维图像，是因为在计算机屏幕上色彩灰度的不同而使人眼产生视觉上的错觉，从而将二维的计算机屏幕感知为三维图像。裸眼 3D 显示有着真实感、立体感、无须佩戴专用眼镜等优势，所以在用途方面也不仅仅局限于家庭娱乐，在广告应用方面也取得了极为出色的宣传效果。现有的裸眼 3D 技术尚未成熟，达不到消费者们的日常需求，但是裸眼 3D 显示技术在众多领域的发展前景和便利性，也是目前较为成熟的眼镜式 3D 显示技术无法比拟的。例如，在空间宽敞的公共场所中，机场、楼体大屏幕、公交车上的移动多媒体等公共设施上，如果采用 3D 显示设备，就必须首选裸眼 3D 技术产品。对比如此巨大的市场发展空间，裸眼 3D 技术可以说是未来 3D 技术发展的一个方向。相信在不久的将来，采用裸眼 3D 技术的系列产品可以降低成本而批量生产，随之节目源也不再成为难题，相信采用裸眼 3D 技术的显示产品最终会成为行业的主流产品。

4. 文本信息的分析和挖掘技术

研究媒体文本信息的结构组织、内容分析、事件提取、异构媒体关联分析和群体行为演化等，涉及媒体大数据的深度分析技术、媒体大数据内容呈现技术和面向社交网络的群体分析技术。媒体大数据的深度分析技术，指在大数据集上建立多层次、多角度的语义描述模型，研究媒体大数据的概念表示、事件提取、多角度语义表述、结构组织、内容分析的多层次结构化描述方法，形成多个媒体内容深度分析的概念模型，为媒体大数据的内容理解奠定基础。媒体大数据内容呈现技术，指在分析用户的属性、兴趣偏好、行为特征等信息的基础上，通过领域知识构建和社会需求发现，建立用户的兴趣模型；在媒体内容聚类、关联和挖掘基础上，提供符合用户特定需求的多层次、多维度的媒体信息聚合与呈现。聚合信息来源覆盖新闻、论坛、博客、微博、社交网站等网络媒体，提高热点事件信息提取的准确率。面向社交网络的群体分析技术，指在社交网络数据信息融合的基础上，提出新型搜索模式与群体推荐方法，研究社交网络中个体角色、信息传播规律、群体行为演化的分析与预测技术，实现社交网络信息的高效获取和态势感知。在真实社交网络环境下，采用上述技术，可提高千万级用户动态社交数据的增量分析速度，也能提高基于用户偏好的预测及信息推荐方法的准确率。

5. 多模态媒体信息理解技术

研究异构媒体关联分析与表达、基于上下文的多模态特征融合、异构媒体相似性计算等问题，建立异构媒体的语义关联和统一表示，实现跨媒体的内容挖掘和异构媒体的统一管理。多模态媒体信息理解技术，从文本、音频和视频中抽取不同模态的信息，进行异构媒体数据的挖掘，获取包括字面含义和说话人情绪状态在内的全面意图信息。

6. 聊天机器人技术

近年来，聊天机器人受到学术界和工业界的广泛关注。一方面，聊天机器人是图灵测试的一种实现方式，而图灵测试是人工智能领域"王冠上的明珠"；另一方面，微软推出基于情感计算的聊天机器人小冰，百度推出用于交互式搜索的聊天机器人小度，进而推动了聊天机器人产品化的发展。聊天机器人系统可以看作是机器人产业与"互联网+"的结合，符合国家的科研及产业化发展方向。聊天机器人的核心在于：如何通过机器学习更多的知识？如何保证用户的问题都可被机器人回答？如何将泛化的问题归一化至知识库中的标准问法？如何高效地检索出答案？这些核心点落地到技术上就是语音识别与合成、机器学习、大数据、自然语言处理、用户意图理解、搜索引擎技术等的综合利用。

5.6.3　多媒体信息技术创新应用

1. 特定人群语音识别系统开发

语音识别的应用领域非常广泛，可以用在诸如工业控制、语音拨号系统、智能家电、声控智能玩具等许多领域。另外，可以利用语音识别技术，开发具有少数民族语音识别、方言识别等功能的系统。目前，国外的应用一直以苹果的 Siri 为龙头，而国内方面，搜狗语音助手、紫冬口译、百度语音等系统都采用了最新的语音识别技术，云南省相关科研单位和企业应加强与百度、搜狗等公司的交流与合作。

2. 视频安全检测系统开发

视频分析与识别就是使用计算机图像视觉分析技术，通过将场景中背景和目标分离，进而分析并追踪在摄像机场景内出现的目标。视频分析与识别系统通过智能型操作系统，将视频数据的检索、提取、摘要、标注、轨迹分析和识别等视频侦查流程集成到一套专业系统中，使烦琐复杂的视频侦查过程更为简易快捷，可应用在大边防安全检测、公安刑侦、异常交通流量分析、互联网非法视频检测等方面。国内有腾讯、乐视传媒、暴风科技和川大智胜等技术型公司从事视频分析系统的研发与应用，云南省相关科研单位和企业应加强与腾讯和川大智胜等公司的交流与合作。

3. 网络媒体智能服务平台

"十三五"国家战略性新兴产业发展规划指出：鼓励企业运用数字创作、网络协同等手段提升生产效率。搜集、整合与管理网络媒体用户的大数据，通过分类与挖掘，建立多维度、分层次的需求模型；研发满足大规模用户并发访问的网络异构媒体大数据存储、管理与分析系统，构建高可靠性的基于媒体内容的智能服务平台，实现关键技术验证和基于语义的媒体智能服务示范。网络媒体公司众多，国外有 Google 和 Facebook 等大公司，国内有腾讯、乐视传媒和北京暴风科技股份有限公司等技术型公司。从云南省的发展来看，扶持省内公司比较有利，但是省内没有这样的技术公司，只能着眼于国内，腾讯是国内比较有技术实力的网络媒体信息技术公司，建议加大云南省信息、媒体产业与腾讯公司的合作与交流。

4. 家庭智能系统开发

利用多模态媒体信息理解技术，开发适合家庭的智能家居系统、家庭服务机器人、家庭聊天机器人和智能驾驶系统等。

5. 问答机器人客服

问答机器人客服是一种人机结合的服务模式，可大大降低企业客服成本。智能客服机器人的核心在于：①如何通过人工客服的回答学习更多的知识？如何通过其他数据渠道获取更多客户以及客户所在行业的问答知识数据，以保证用户的问题机器人都知道如何回答？②用户的问题通常都是泛化的，问法多种多样，如何将泛化的问题归一化为知识库中的标准问法？③明确用户意图之后，如何高效地检索出答案？这 3 个核心点落地到技术上就是机器学习、大数据、自然语言处理、用户意图理解、搜索引擎技术。基于中文客服的机器人技术，国内已经出现了不少智能客服机器人，比如赢思软件的小 i、爱博的小 A 和小强等。云南省相关科研单位和企业应加强与赢思软件和爱博等公司的合作与交流，以提高云南省旅游、地铁、高铁和航空等领域的科技水平和服务水平。

5.7　生物信息技术创新与应用

5.7.1　生物信息技术创新与应用的意义

国家近几年对生物信息技术领域的研究投入呈快速上升趋势。国家"863"计划在生物和现代农业技术领域专门设有生物信息技术主题,国家自然科学基金委员会将该主题列为重要发展方向,国家"973"计划也已开始对该主题立项。"十三五"国家战略性新兴产业发展规划提出:要加快生物产业创新发展步伐,培育生物经济新动力。把握生命科学纵深发展、生物新技术广泛应用和融合创新的新趋势,以基因技术快速发展为契机,推动医疗向精准医疗和个性化医疗发展,将生物经济加速打造成为继信息经济后的重要新经济形态。生物信息技术创新将是云南省生物信息技术产业乃至生物产业得以快速发展的重要基础。

5.7.2　生物信息技术创新

1. 第三代基因组测序技术

相比于第二代基因组测序,第三代基因组测序具有如下优势。

(1)第三代基因测序读长较长,如 Pacific Biosciences 公司的 PACBIO RS II 的平均读长达到 10kb,可以减少生物信息学中的拼接成本,也节省了内存和计算时间。

(2)直接对原始 DNA 样本进行测序,从作用原理上避免了 PCR 扩增带来的出错。

(3)拓展了测序技术的应用领域。第二代测序技术大部分应用基于 DNA,第三代测序技术还有以下两个应用是第二代测序技术所不具备的:①直接测 RNA 的序列,RNA 的直接测序,将大大降低体外逆转录产生的系统误差;②直接测甲基化的 DNA 序列。实际上DNA 聚合酶复制 A、T、C、G 的速度是不一样的。正常的 C 或者甲基化的 C 为模板,DNA 聚合酶停顿的时间不同,根据这个不同的时间,可以判断模板的 C 是否甲基化。

(4)第三代测序技术在 ctDNA、单细胞测序中具有很大的优势,ctDNA 含量非常低,第三代测序技术灵敏度高,能够监测 1ng 以下;在单细胞级别,第二代测序技术要把 DNA提取出来打碎测序,第三代测序技术直接对原始 DNA 测序,实现细胞裂解原位测序。

2. 基因芯片技术

基因芯片是以 DNA 为探针的生物芯片,DNA 探针与标记后的生物样品进行杂交,通过检测杂交信号来实现对待测生物样本中的多种病原体核酸进行并行、高效、准确的判定,为医学诊断提供重要依据。随着生物芯片在疾病诊断中的逐渐应用,基因芯片技术作为最具发展潜力的新一代疾病诊断技术体系,被看作是"保证一生健康的指南针"。将来的基因芯片技术可将整个生化检测分析过程缩微到芯片上。

基因芯片技术在一些领域逐步被第二代测序技术替代，但是芯片有自己的优势：技术较为成熟，样本处理和数据分析相对测序更加简单、快速，且在快速筛选上有较大优势。具体应用如下：在大规模样本的固定位点基因检测速度上有很大优势，在基因表达检测上对中低表达峰度的基因检测可靠性更高，在基因拷贝数变化的研究方面速度较快，成本相对较低。微流控芯片技术的引入可以实现检测自动化和一体化，整体效率有较大提升。

3. 基因表达谱数据分析技术

尽管基因芯片技术已经取得长足的发展，但仍然存在着许多难以解决的问题，例如技术成本昂贵、复杂、检测灵敏度较低、重复性差、分析范围较狭窄等。这些问题主要表现在样品的制备、探针合成与固定、分子的标记、数据的读取与分析等方面。在基因芯片研究中，探针制备、点样、杂交和扫描等步骤已形成较成熟的方法，而在数据处理方面仍没有令人满意的解决办法。

基因芯片数据分析就是对从基因芯片高密度杂交点阵图中提取的杂交点荧光强度信号进行的定量分析，通过有效数据的筛选和相关基因表达谱的聚类，最终整合杂交点的生物学信息，发现基因的表达谱与功能可能存在的联系。如何解读芯片上成千上万个基因点的杂交信息，将无机的信息数据与有机的生命活动联系起来，阐释生命特征和规律以及基因的功能，是生物信息学研究的重要课题。基因芯片的数据分析方法从机器学习的角度可分为监督分析和非监督分析。具体技术有：①差异基因表达分析，基因芯片可用于监测基因在不同组织样品中的表达差异，例如在正常细胞和肿瘤细胞中；②聚类分析基因或样本之间的相互关系；③判别分析，以某些在不同样品中表达差异显著的基因作为模版，通过判别分析就可建立有效的疾病诊断方法。

5.7.3 生物信息技术应用

1. 构建高通量基因测序平台

目前，我国正在制定"精准医疗"战略规划，这一规划或将被纳入"十三五"重大科技专项，这预示着在中国，精准医学正驶入高速发展的快车道，而基因测序是精准医疗核心关键技术。云南省可引入 Illumina 先进的高通量基因测序平台，助推精准医疗。Illumina 公司的测序仪 Hiseq 2000 和 Hiseq 2500 具有高准确性、高通量、高灵敏度和低运行成本等突出优势，可以同时完成传统基因组学研究(测序和注释)以及功能基因组学(基因表达及调控、基因功能、蛋白/核酸相互作用)研究。Cnkingbio Illumina Hiseq 4000 系统为超高通量设计，拥有更高通量，可以更快获取结果，同时不受 hiseq X Ten 应用领域的限制，可广泛应用于基因组测序、转录组测序和外显子组测序等各个领域。

舜喜再生医学(云南省干细胞库)是第一批国家级基因检测示范中心，具有云南省通量最大的测序平台，拥有 Illumina 的 Hiseq 3000 与 IScan 平台，可以提供十五大类疾病易感性检测与近 200 种药物的用药指导，包括心脑血管疾病，代谢性疾病等。目前，其已与昆明医科大学附属第一医院合作共建了风湿免疫病基因检测中心，与昆明市妇幼保健院合作共建了新生儿基因检测中心。

云南可在目前所具备的基因测序、基因芯片生产、基因检测基础上，进一步引入 Illumina 公司 Cnkingbio Illumina Hiseq 4000 超高通量平台，支持舜喜再生医学向前发展，建立基因检测中心，推进基因测序在遗传病诊断、产前筛查与诊断、遗传诊断以及肿瘤诊断与治疗等领域的应用。

2. 推进基因芯片的开发和生产

目前，云南省在基因芯片的生产和检测应用上具备一定的基础。昆明寰基生物芯片开发有限公司于 2011 年进入云南海归创业园，在入园后快速完成了基础平台建设，建成了占地 3000m^2 的昆明寰基医学检验所和基因芯片生产基地。其基因芯片检测中心是云南省首个基因芯片检测中心，设计检测规模达到每年 70 万份。寰基医学检验所的病症诊断基因芯片系列产品集成了多项成熟的生物高新技术，具有多靶点、重复测试、平行对照等特点，实现了检测模式、检测通量、检测成本等全方位的突破。

上海欧易生物医学科技有限公司的基因芯片技术平台先后获得世界著名基因芯片公司美国 Affymetrix 公司、美国 Agilent 公司的服务资质认证和授权。

因此，可支持昆明寰基生物芯片开发有限公司与 illumina 公司、上海欧易生物医学科技有限公司展开合作，推进基因芯片的开发与生产。

3. 推进基因表达谱数据分析

《"十三五"国家战略性新兴产业发展规划》提出，要推进网络化基因技术应用示范中心建设，开展出生缺陷基因筛查、肿瘤早期筛查及用药指导等应用示范。

目前，云南省已对基因芯片应用于遗传性耳聋、分枝杆菌种、结核耐药、乙肝耐药的检测和临床诊断上展开过研究。例如，云南省开展采用基因芯片检测技术手段检测地中海贫血基因。采用基因芯片检测在全国属于领先水平，能检测 22 个基因位点，比其他方法检测的位点更全面、准确，效果更好，能覆盖全国大部分地中海贫血的基因点。中国科学院昆明动物研究所赖仞研究团队与昆明医科大学第一附属医院何黎教授团队等开展合作，用活性多肽微分子探针研究银屑病分子机制，取得重要进展。

因此，可对云南省内在基因表达谱数据分析方面有较高水平的研究机构给予政策支持，推动基因表达谱数据分析技术在生物学与医学中的基础研究、疾病诊断、新药开发、环境保护等方面的应用。

4. 构建云南动植物和真菌基因数据库

在全球生物多样性面临严峻挑战的当前，基因库在物种保护方面发挥着不可取代的作用。通过基因技术，人类可以挽救濒危物种，甚至"复活"已经灭绝的物种，这无疑对于生态平衡、人类科学研究甚至动植物研究、植物医药领域起到积极作用。

云南动植物和真菌基因库是人们为了保护濒危物种和筛选优良基因物种而建立的庞大的动植物和真菌基因仓库。这一基因库通过收集云南动植物和真菌的样本，例如血液样本、种子样本，运用高科技获取其 DNA 信息，通过研究和分析，筛选出各品种的遗传标记，并克隆保存在-196℃的液氮中。一旦这类物种灭亡，科学家即可提取相关基因，进行培养并使其重获新生。目前，这一技术发展不断成熟，可行性与日俱增。

在未来，随着相关科学技术的不断进步与成熟，基因库工程在濒危物种保护方面必会发挥不可取代的重要作用。

5.8 医疗信息技术创新与应用

5.8.1 医疗信息技术创新与应用的意义

"十三五"国家战略性新兴产业发展规划指出：要深化生物医学工程技术与信息技术融合发展，加快行业规制改革，构建移动医疗、远程医疗等诊疗新模式，促进智慧医疗产业发展，提升我国生物医学工程产业整体竞争力。医学信息技术创新的目的，是建立多层次医学知识库体系和安全、稳定、可操作的大数据共享平台，以临床应用为导向，形成重大疾病的风险评估、预测预警、早期筛查、分型分类、个体化治疗、疗效和安全性预测及监控等精准防诊治方案和临床决策系统，形成可用于精准医学应用全过程的生物医学大数据参考咨询、分析判断、快速计算和精准决策的系列分类应用技术平台，为提升人口健康水平、减少无效和过度医疗、避免有害医疗、遏制医疗费用支出快速增长提供科技支撑。

新兴的信息技术将帮助云南省加快在医疗健康领域的协作与创新，带来全新的医疗健康理念与服务模式，促进医疗健康信息化基础设施的发展，让医疗健康资源更加高效、合理地流动与配置。

5.8.2 医疗信息技术创新

1. 远程医疗技术

远程医疗是指以计算机技术、遥感、遥测、遥控技术为依托，对医疗条件较差的边远地区进行远距离诊断、治疗和咨询。目前，远程医疗技术已经从最初的电视监护、电话远程诊断发展到利用高速网络进行数字、图像、语音的综合传输，并且实现了实时的语音和高清晰图像的交流，为现代医学的应用提供了更广阔的发展空间。远程医疗的核心技术包括以下内容。

（1）多媒体数据库技术。远程医疗所处理的医学信息，包括高分辨率的静态和动态图像、声音、文字、生理参数和辅助信息，这些信息需要合理地储存于存储介质中。

（2）电子病历技术。电子病历将传统的纸质病历完全电子化，提供电子存储、查询、统计、数据交换传输重现的数字化的病人医疗记录。电子病历不仅包括纸质病历的内容，而且还包括声像、图文等信息。

（3）网络技术。互联网是一个实用的巨大信息资源，加之卫星通信技术的不断发展，为远程医疗的发展开辟了另一渠道。远程医疗系统可以采用多种通信网络，如宽带多媒体异步通信网、卫星网、公共数据网等。

（4）医学影像处理技术。医学图像信息在患者信息中一般占有较大的比例，而且信息量大，医学图像信息的采集和传输是远程医疗技术中的难点。

（5）视频会议技术。符合国际电信联盟 ITU-T 标准的视频会议系统能大大提高远程会诊的质量。

2. 移动医疗技术

移动医疗技术是以移动通信技术为平台，以提供各种贴身的医疗服务，提高患者以医疗体验为目的的新技术，包括射频技术、传感器技术、无线局域网技术等。移动医疗技术正在快速发展，并不断推出新的应用程序、终端设备和其他工具，较前沿的技术包括以下三个方面。

（1）手机终端移动医疗新技术。目前，针对 iPhone 和 iPad 推出的移动医疗新技术主要有：查看医学数字影像资料，查看心血管系统、泌尿生殖系统、骨骼系统、神经系统、消化系统和其他肌肉系统的 iPhone 应用程序，血压监测系统，实时心电图测量数据，医疗的人体图谱，糖尿病管理系统，电子病历系统，药物查询系统，黑色素瘤搜索，医生移动录音，医疗语言翻译，自救程序，医疗信息在线数据库，卡路里计数器，宝宝 3D 监测信息，3D 健身系统。

（2）超声诊断技术移动应用。将移动超声探头插入智能手机中，可以实现手持式超声显像。同时，它还可以进行远程诊断，扫描的图像可以通过手机网络或 WIFI 进行传输。

（3）物联网技术。物联网技术包括跌倒探测器、电子床单、癫痫报警、GPS 定位、探测器、湿度传感器等。这些设备一旦被触发便会立刻报警，以文字的形式发送给医疗服务提供者。

3. 医疗健康大数据处理技术

医疗健康大数据处理技术，包括医疗健康大数据标准化和集成、融合技术，生物大数据表述索引、搜索与存储访问技术，疾病大数据处理技术，基于区域医疗与健康大数据处理技术，组学大数据中心和知识库构建与服务技术。

（1）医疗健康大数据标准化和集成、融合技术。研究组学数据、医疗数据和健康数据集成融合关键技术，研究开发组学、医疗和健康数据信息模型与集成引擎，研究基于国内外标准规范的消息、文档等接口实现技术，基于下一代互联网技术网络安全技术和高吞吐量传输技术。

（2）生物大数据表述索引、搜索与存储访问技术。重点研究生物大数据资源描述和并行访问技术，基于语义的生物大数据资源检索、生物医疗数据关联搜索等技术。

（3）疾病大数据处理。开展医疗大数据的处理、存储、分析、应用研究，为提高重大疾病的诊治水平提供大数据支撑。

（4）基于区域医疗与健康大数据处理。通过处理、存储、分析、整合，构建面向健康服务的知识库及支撑平台，并提供应用服务。

（5）组学大数据中心和知识库构建与服务技术。重点研究个人基因组可视化技术，组学注释与疾病风险评估技术，建立组学大数据知识库及搜索引擎、数据挖掘和可视化分析平台。

5.8.3　医疗信息技术应用

1. 发展远程医疗

2006 年，云南全省范围内实施了"远程可视医疗县县通工程"，工程投资 1.03 亿元（其中省政府投入 8670 万元），并于 2006 年 9 月建成了覆盖全省 16 个州（市）、129 个县（市、区）、215 家医院的远程可视医疗网络，服务人口达 4500 万人。项目实施至今，完成远程医疗服务 100 余万例次，远程医学教育服务 150 多万例次，取得良好的经济和社会效益。

目前，中国远程医疗行业主要有 7 家领先企业，分别为安徽汇智信息技术有限公司、海纳医信软件科技有限责任公司、北京蓝卫通科技有限公司、西安华海盈泰医疗信息技术有限公司、东软集团股份有限公司、云南山灞远程医疗股份有限公司以及解放军总医院远程医学中心。目前，云南省广泛使用东软远程医疗和山灞远程医疗的产品。

云南山灞远程医疗股份有限公司经过多年的钻研，已掌握了"医疗信息网络一体化的软件技术"、"高清动态图像的采集"、基于 DSP（digital signal processing，数字信号处理）芯片的"图像压缩传输的优化算法"、相对低带宽条件下达到医学诊断质量的图像传输及显示、医学信息完整采集、高容量医学影像存储及管理、专业远程医疗附属设备研发、对病人的信息进行加密等为核心的创新技术；形成了具有自主知识产权的专业产品系列，开发、集成和生产了 80 多种远程医疗设备、附属设备、数字医疗设备、远程医学教育设备等硬件产品；开发了 HIS（hospital imformation system，医院信息系统）、LIS（laboratory information management system，实验室信息系统）、RIS（radiology information system，放射科信息系统）、PACS（picture archiving and communication system，医学影像档案的存储和传输系统）、EMR（electronic medical record，电子病历）等医疗信息化软件产品，与远程医疗系统设备完整结合，可为云南省各级医院提供综合信息化解决方案。

东软远程医疗以远程会诊咨询服务组织和提供远程医疗解决方案为主要业务方向，致力于为全国各级医疗机构、医学专业人员和广大患者提供远程医疗服务和技术支持。自 2001 年正式开通，东软远程医疗年会诊量已达万余例，成为国内有着广泛影响的远程医疗业务运营平台。

为进行云南医疗信息技术创新，针对远程医疗系统，可以继续支持山灞远程医疗的产品向前发展，引入东软集团在健康服务领域的"熙康"远程会诊平台，面向各级医院提供远程医疗会诊系统建设方案，帮助各级医院组建自己的远程会诊中心。

2. 发展移动医疗

目前在全球医疗行业采用的移动应用解决方案，可基本概括为无线查房、移动护理、药品管理和分发、条形码病人标识带的应用、无线语音、网络呼叫、视频会议和视频监控。病人在医院经历过的所有流程，从住院登记、发放药品、输液、配液/配药中心、标本采集及处理、急救室/手术室，到出院结账，都可以用移动技术予以优化。移动应用能够高度共享医院原有的信息系统，并使系统更具移动性和灵活性，从而达到简化工作流程、提高整体工作效率的目的。

国内的移动医疗 App 已达 2000 多款，其功能大致可分为寻医问诊类、健康知识传播类、医药产品电商应用类。目前，云南省各大医院广泛使用的移动医疗 App 包括春雨掌上医生、大象就医、云医网、滇医通等产品。可进一步推广这些移动医疗 App 产品，向用户提供包括预约挂号、候诊排队提醒、在线缴费、查取报告和缴纳住院费等在内的一些基本功能，同时开发软硬件结合的移动医疗创新产品。

3. 精准医学平台建设

精准医疗涉及长周期、大范围的数据统计和分析。目前，云计算、大数据技术的发展，能够迅速提升医疗数据分析利用能力，使得大量多样的信息能够被快速、精确地处理。

药明康德新药开发有限公司与 DNA 数据管理分析在线工具提供商 DNAnexus 合作，推出全球首个一体化精准医学平台。同时，药明康德携手华为，拟创建中国精准医疗云平台。精准医疗领域实力较强的还有华大基因、美年大健康两家企业。云南省可引进这些企业的先进技术，建立整合临床信息和生命组学数据的精准医学大数据中心，及面向重大疾病应用和转化的精准医学数据库系统平台。

4. 发展医学新型服务模式

"十三五"国家战略性新兴产业发展规划的生物技术惠民工程提出：开发智能化和高性能医疗设备，支持企业、医疗机构、云南研究机构等联合建设第三方影像中心，开展协同诊疗和培训，试点建立居民健康影像档案。云南可与第三方服务型企业，如上海润达医疗、美年健康牵头，进行产学研医合作，由云南各级医疗机构、医疗器械制造商、信息技术开发商共同参与医学新型服务模式的建设。建立完整的基于大数据、云平台的医学影像新型服务模式解决方案，建立设备、院内、院间协同工作规范；建立可自动获取信息、智能提取分析数据、生成规范化报告、可持续更新的医学影像设备(包含所有医学影像设备)智能数据库。可具体解决以下问题。

(1)医学影像新型服务模式解决方案。提出医学影像新型服务模式解决方案，重点解决装备网络协同共享、影像大数据建模与挖掘、设备信息智能提取、数据安全、三级诊疗服务协作等问题。

(2)心脑血管疾病诊疗新型服务模式解决方案。提出心脑血管疾病诊疗新型服务模式解决方案，系统加强基于数字减影血管造影 X 射线成像系统、颈动脉超声、心电图、脑电图、监护仪等设备(不含体外诊断设备)的心脑血管疾病诊疗云服务技术应用规范、设备智能数据库研究，建设公共平台(不含第三方检验中心)。

(3)放射治疗新型服务模式解决方案。提出放射治疗新型服务模式解决方案，系统加强放射治疗云服务技术应用规范、放疗设备数据库研究。建设基于云放疗计划系统的放疗计划中心及远程治疗网络体系。

5.9 智慧"云上云"的技术选择

5.9.1 发展智慧"云上云"的意义

发展智慧"云上云"，旨在充分发挥互联网在资源配置中的优化和集成作用，将互联网技术深度融合于经济社会各领域之中，从而形成新的生产方式、产业形态、商业模式和经济增长点。在生产制造和公共服务领域，云计算、物联网、大数据等技术同传统的制造、能源、交通、教育、医疗等产业的结合越来越紧密，通过人、机、物的泛在互联，提供智能化的生产和服务，提升资源配置和交易的效率，推动传统产业创造出新的价值。在居民消费领域，搜索引擎、社交网络、网络购物等互联网技术和应用，深刻改变了人们的衣、食、住、行和生活娱乐方式，不断催生新型的服务业态和服务模式。

5.9.2 智慧"云上云"的技术创新

1. 云计算应用服务开发环境关键技术

针对云计算应用服务的特点，云南应研究云计算应用服务开发环境的体系架构、应用的开发模式、应用运行时、在线开发与交付、动态调度、一键式部署、在线维护与演化、服务质量保障，以及多 PaaS 平台的迁移等关键技术，研制面向典型领域的 PaaS 平台。

2. 高通量计算机体系结构

云计算、大数据等新兴应用的快速发展，给计算机体系结构带来前所未有的挑战，急需从根本上改变体系结构设计理念。传统计算机设计理念均以"低延迟"为导向，但是云计算、大数据的应用需要同时满足大量用户的大规模数据处理要求，更需要"高通量"的数据采集、数据处理和数据存储能力。因此需要把计算机体系结构中的整个数据通路，包括片上网络、片内存储、访存机制、内存、互联网络、输入/输出通路，都从"延迟导向"变成"通量导向"，并支持可编程的处理粒度与机制。构建高通量计算机，必须增强对数据通路中不确定性的控制能力，才能使其成为高效的低熵系统。

3. 面向第三方的云平台可信评测技术

研究从第三方角度如何验证、审计和评测云平台的可信性,包括可信评测模型与体系结构,面向第三方的云平台可信证据收集,云平台可信性远程验证与审计方法、协议,云平台可信评测方法的定量分析、测试和评价等。

4. 云计算环境中恶意行为检测技术

研究面向云环境的恶意行为检测技术、云平台问责和追溯技术、虚拟机自省技术 VMI(virtual machine introspection,虚拟机内省)、数据主权边界检测技术、面向云环境的取证技术等,防止云平台被恶意利用。

5. 基于信息流的云安全追责、管控技术

研究以数据安全为中心的多粒度全程式信息流追责和管控技术。实施程序级、系统级、网络通信级三层管控,研究从系统历史访问控制日志、已有策略中挖掘安全标记的方法。研究信息流控制策略的形式化验证技术,实现策略分析的自动化。

6. 云数据隐私保护技术

研究在云提供商不完全可信的条件下,如何既能保证租户数据的隐私性,又能利用云平台的计算和存储能力。研究基于密文数据的索引、访问和搜索技术,隐私感知的混合云数据存取技术,基于功能加密的密文计算技术,面向云环境的密文数据共享和分发技术等。

5.9.3 智慧"云上云"的技术应用

按照"云上云"计算技术体系的统一部署,云南积极推动阿里云计算中心、北斗导航等项目落地,加强与中国电信、中国移动、中国联通等企业的对接,做好"云上云"网络覆盖和支撑工作,推动"云上云"行动计划;加强与中国科学院计算技术研究所合作,研究基于高通量计算机体系结构,构建高通量计算机体系结构的云数据中心;加强与阿里巴巴、百度、腾讯等国内在云计算领域实力较强的行业龙头企业合作,实现云计算在金融、医疗、公共交通、能源、制造、政府机构等领域更加广泛的应用。

1. 云计算关键技术应用与系统

按照"云上云"计算技术体系的统一部署,结合云计算核心软件和支撑平台的技术需求,云南需要重点突破混合云管理、云端和终端资源的自适应协同与融合、云服务开发与部署等云计算软件关键技术。

1) 云计算应用服务开发环境及平台

搭建云计算应用服务开发环境的体系架构,基于应用的开发模式、应用运行时、在线开发与交付、动态调度、一键式部署、在线维护与演化、服务质量保障以及多 PaaS 平台的迁移等关键技术,开发面向典型领域的 PaaS 平台。开发的平台应支持主流网络应用编程语言(如 HTML、PHP、JSP、Java、ASP 等)。

2) 混合云关键技术与系统

研究混合云体系结构和统一管理模型、跨云的应用程序及迁移、跨域的资源部署与调度、多种类云管理框架接入与集成等关键技术。研制混合云管理系统,构建私有云支撑内部业务,构建公有云开展对外服务。

3) 云端和终端资源自适应协同与调度平台

研究应用软件按需消费云端和终端资源的自适应软件体系结构、应用代码及其执行在云端和终端之间的动态迁移、应用数据在云端和终端的分离访问、存储及一致性保障、云端和终端资源协同管理、遗产应用的自动化重构与混合组装;研制运行支撑平台和工具,可自动重构 Java 应用,平台可支持十万应用实例的并发运行。

2. 基于高通量计算机体系结构的云数据中心

过去几年,中国科学院计算技术研究所体系结构研究团队在"973"计划项目、国家自然科学基金项目的支持下,对高通量计算机体系结构展开了相关研究,并取得了一系列初步成果,主要涉及 3 个代表性技术。①资源按需管理可编程体系结构(programmable architecture for resourcing on demand,PARD)借鉴了软件定义网络 SDN(software defined network,软件定义网络)的思想,在计算机体系结构中增加了可编程的控制平面,增强控制能力以降低系统熵;②高通量众核处理器 DPU(distributed processing unit,分散处理单元)通过增加硬件资源强实时分配机制、访存接口快速直达通道以及访存全局调度机制来降低系统熵,提高处理通量;③消息式内存使用"包访存"取代传统内存的"总线访存",从而使内存系统能像网络那样以数据包为单位进行处理,更利于增加控制能力以降低系统熵。

基于高通量计算机体系结构的云数据中心能降低云计算的成本,也会进一步促进云计算的快速发展,因此高通量计算机是未来的发展主流。

3. 云安全的可信服务及其示范应用

针对目前的云计算平台有可能被恶意利用及云服务提供商不被信任的问题,在研究云计算平台的可信与可控安全支撑关键技术,及其可信服务和安全监测工具基础上,实现和构建基于可信可控技术的云计算安全支撑平台,达到对云平台可信性的第三方评估能力以及对恶意利用云平台进行的检测、管控和审计功能。

研究在所有权和控制权分离的云计算模式下,如何给用户提供可信的云服务。研究基于管理权限细分的可信云服务技术,基于可验证计算的云计算可信性检测和验证,云提供商和租户互可信的系统记录和重放技术,云服务合同 SLA(service-level agreement,服务等级协议)的合规性检测技术,虚拟机可信迁移技术等。针对典型云计算平台的实际使用场景,通过示范应用进行成果验证。

5.9.4　行业"云上云"的建议

1. 政务云

围绕政务体制机制创新的要求,构建与城市管理发展水平相适应的智慧化政务办公、审批、服务平台,积极推进阳光政务建设,解决传统电子政务建设中的跨部门协同效率低下、分散采购带来的重复投入、紧急情况下因厂商众多造成响应延迟等问题。为政府精准决策、公务员高效办公提供支撑,为企业和公众提供丰富、便利的服务。

(1)云南省政务云为混合云架构,包含公有云平台及政务私有云平台。公有云平台承担社会公众服务的内容,如政府网站等;政务私有云平台承担政府内部服务的内容,如业务应用系统等,为省政务服务网、省级政务部门应用系统提供基础设施支撑。

(2)云南省政务云采用省、市两级架构。省级政务云主要为省级单位服务,也可为有需要的地方提供云计算服务;市级政务云为本地(含县、市区)单位提供云计算服务。

(3)根据省政务外网标准,云南省政务云分为资源共享专区和公众服务专区,资源共享专区主要承载数据交换、资源共享、行政审批等服务,公众服务专区主要承载公众服务类业务。公众服务专区首选部署在公有云内,也可部署在政务私有云内。

(4)政务云资源共享专区通过安全隔离措施访问公有云(互联网)、公众服务专区;各单位政务外网的业务系统应根据服务对象逐步迁移至省级政务云或公有云上,实现集中集约部署。政务私有云平台为省政务用户专用,该平台的主机、存储、数据库、系统软件、网络等物理资源不提供给其他用户使用。

(5)部署在省政务私有云内的行政审批等业务应用,通过云节点与各厅、局、办与市县现有业务系统进行数据交互,云节点承担前置机中间件的角色,集计算、存储、网络功能于一体,省政务私有云平台对其进行统一的管理与监控。

(6)建议省级政务云和市级政务云通过高速宽带云网络进行互联互通,并与省政务外网互为备份。省政务云网络按照省政务外网标准建设。

2. 工业云

工业云通常指基于云计算架构的工业云平台和基于工业云平台提供的工业云服务,涉及产品研发设计、实验、仿真、工程计算、工艺设计、加工制造及运营管理等诸多环节。针对工业企业的需求,云南省工业云平台使企业实现产品创新设计的同时,可实现企业信息流程的集成,消除信息孤岛,重用既有资源。针对不同规模的工业企业,云南省工业云平台支持公有云和私有云混合应用模式，既支持大型企业的私有云应用，也支持中小企业的公有云应用。

(1)基于工业云服务，获得云化的工业设计、加工工艺分析、装配工艺分析、模具设计、机械零部件设计与性能分析、电磁场模拟等服务，从而大幅缩短产品升级换代周期，降低设计与制造成本，提高产品性能。

(2)工业企业的订单管理、主生产计划、备料等诸多环节均可依托工业云平台的企业资源计划(enterprise resource planning，ERP)、经销商管理系统(dealer management system，DMS)、产品生命周期管理(product lifecycle management，PLM)等企业管理工具来提升管理效能。

(3)基于工业云服务平台，对生产设计、企业经营管理及用户交互中各种数据进行充分挖掘，利用大数据为企业研发、生产、营销、交易和服务等活动提供服务。

(4)可建设中小企业管理信息服务平台，主要包括中小企业人力资源数据管理服务、财务数据服务，其主要利用数据库技术完成对人力资源的查询、评价和管理，对财务数据的操作涉及安全性及保密性，可提供技术性保障措施。

(5)建设中小企业金融、科技信息服务平台，为中小企业提供融资服务、技术推介、成果转化等服务。

3. 农业云

云南省农业云平台包括农业种植智能监管平台、农田水利智能灌溉监控平台、水产养殖智能测控平台、畜禽养殖智能测控平台、云南特色农产品互联网交易平台、农村信息服务平台、专家服务平台和农业大数据云计算中心。

(1)建设农业种植智能监管平台，建设基于环境感知、实时监测、自动控制的网络化农业环境监测系统，实时采集农作物、名贵中草药、花卉种植的温湿度、光照、土壤水分、农作物长势图像等监测数据，实现农业种植的实时监测、自动化控制与管理。

(2)建设农田水利智能灌溉监控平台，构建天地一体的农业物联网测控系统，实时监测土壤水分数据、农田气象环境数据，形成以灌溉预报所需参数信息采集与传输系统为基础、节水灌溉预报为核心的节水灌溉预报系统，达到科学指导农田无线灌溉智能控制，提高水资源的利用率。

(3)建设水产养殖智能测控平台，建立水环境监测站、水质控制站、现场及远程监控中心实现对水质参数的准确检测、数据的可靠传输、信息的智能处理以及控制机构的智能控制，实现水产养殖科学管理。

(4)建设畜禽养殖智能测控平台，建立畜禽养殖环境监测站、现场及远程监控中心，实现对畜禽养殖环境、喂养饲料等信息的监测、数据的可靠传输、实现畜禽的科学养殖、疫情监控及管理。

(5)建设云南特色农产品互联网交易平台，建设农产品电子商务交易平台，转变现有农产品流通渠道，即农户—批发商—菜场—消费者的模式。利用建设的特色农业电子商务平台，让特色农产品、花卉、名贵中草药等产品直接对接消费者，让农民和消费者及时掌握农产品市场需求及价格动态，解决特色农产品难卖和难买的供求矛盾，不仅满足消费者对于高品质农产品的需求，而且让农产品卖出好价格，从而引导云南省特色农业生产往高品质、安全方向发展。

(6)建设农村信息服务平台，通过移动互联网为农民提供政策、市场、科技、保险等生产生活信息服务，实现农资采购、农业咨询、农业种植技术培训、经营模式等环节，为农民提供一站式服务。

(7)建设专家服务平台，建设农业专家资源库、农业科技专家知识库，构建农民与专家在线交流互动平台，在农业种植、畜禽养殖技术方面为农民提供在线培训和技术指导服务。

4. 交通物流云

长期以来，由于信息交流不畅、资源利用率低等因素，云南省物流成本较高，严重制约云南省各产业的发展。充分利用云计算、大数据处理、北斗导航等技术，发挥互联网信息集聚优势，建设物流信息共享平台、智能仓储系统、智能物流配送调配系统，加强东盟自由贸易区智能物流园区建设，提高物流效率，降低物流成本，是实现"弯道超车"、后发赶超、实现跨越式发展，进一步巩固云南省面向南亚、东南亚辐射中心地位的关键。

(1)建设物流信息共享服务平台，充分整合铁路、公路、水运、航运通道信息，物流企业运力信息以及生产企业、销售企业、消费者物流需求信息，构建面向社会的一体化物流信息共享服务平台，统筹优化社会物流资源配置。整合仓储、运输和配送信息，实现物流全程监测、预警，提高物流过程的安全性、可靠性和响应速度，更好地满足 B2B(business-to-business，企业对企业)、B2C(business-to-customer，商对客)、O2O(online-to-offline，线上对线下一体化)、C2B(customer-to-business，消费者对企业)等商业模式的物流服务需求。建立物流信息交换开放标准体系，构建互通省际、下达市县、兼顾乡村的物流信息互联网络，实现各类可开放数据的对接服务，促进物流信息充分共享和互联互通。

(2)建设智能仓储系统，利用二维码、无线射频识别等物联网感知技术和大数据技术，实现仓储设施与货物的实时跟踪和网络化管理，实现库存信息的可视化管理和高度共享，提高货物调度效率。利用智能化物流装备提升仓储、运输、分拣、包装等作业效率，提高各类复杂订单的出货处理能力，缓解库存压力。利用云计算和大数据处理等技术为管理者提供多方位、直观的信息统计和决策支持服务，提升仓储运管水平和效率。

(3)建设智能物流配送系统，利用北斗导航、物联网、云计算、大数据、移动互联等技术实现运输工具与物流园区、仓储设施、配送网点等信息的互联互通，实现物流信息全程的跟踪追溯和调度管理，实现人员、货源、车源等信息的高效匹配，降低货车空驶率，提高配送效率。利用互联网、移动互联技术实现物流信息共享服务平台与社区自提柜、代收服务点与乡村配送网点的互联互通，为消费者提供安全、便捷、个性化的物流配送服务。结合云南省实际，探索利用北斗导航、卫星通信等技术手段以及智能热气球、无人机等高科技智能产品，实现对边远高寒地区的配送服务，解决物流配送"最后一公里"问题。

(4)建设智能物流园区，在东盟自由贸易区内，建设集信息共享服务、智能仓储和智能配送于一体的智能物流园区，为跨境物流运输配送提供安全、高效、便捷的服务支持。利用云计算、大数据处理等互联网技术，整合东盟各国商务、外事、银行、交通、税务、海关、检验检疫以及行业组织信息资源，建立东盟国家统一的数据交换和支付平台，实现跨境物流通关查验、费用结算、跨境车辆认证的一站式服务。利用移动互联、二维码、无线射频识别技术，实现对跨境商品，特别是跨境食品生产加工、运输、存储和流通销售各环节的全面监控和追溯管理，确保安全。利用机器翻译、语音识别、语音合成等智能信息处理技术，为跨境物流运输提供法律文书翻译、语音同声翻译等个性化服务支持，提高物流通关效率。

通过以上技术平台，有效整合铁路、公路、水运、航运主管部门、物流企业、生产企业、销售企业、消费者等物流产业链上下游环节以及商务、外事、银行、交通、税务、海关、检验检疫等行政管理部门信息资源，实现各类信息高效地互联互通，构建高效物流服务平台。在物流企业与生产企业、消费者之间搭建信息共享的桥梁，提高货物流转效率，降低物流成本，有力推动各产业发展。同时通过智能化、个性化的物流服务体系向企业和消费者提供更加多样的仓储、物流及配送服务选择，为"互联网+"背景下的各类新兴产业和新型服务模式提供物流保障支持，助力各行各业的改革创新。同时，相关技术平台也可以在交通规划设计、产业调控、安全追溯等方面为政府及行业主管部门提供有效的数据统计及决策支持服务。

5. 医疗云

云南的偏远山区医疗设施简陋，医务人员资源相对匮乏。此外，公共医疗管理系统不完善，医疗成本高、渠道少、覆盖面窄等问题困扰着当地民众，尤其以"效率较低的医疗体系、质量欠佳的医疗服务、看病难且贵的就医现状"为代表的医疗问题成为社会关注的主要焦点。借助互联网发展基于互联网的医疗卫生服务，建设医学影像、健康档案、检验报告、电子病历等医疗信息共享服务平台，建设医疗行业大数据研究和应用平台；利用移动互联网提供便捷的医疗服务；充分利用互联网、大数据等手段，建设重大疾病和突发公共卫生事件预防监测预警网络，对缓解医疗资源不平衡问题，提升云南省医疗服务水平具有重要意义。

(1)建设医疗信息数据中心和信息共享服务平台。利用互联网和云计算平台，构建医学影像、健康档案、检验报告、电子病历等医疗信息数据中心和共享服务平台，推进跨医院的医疗数据共享交换标准体系建设。完善医院、社区医疗服务站(点)、药店等医疗服务机构的信息采集、存储、处理、提取及数据交换系统，提高医疗信息质量。扩大数据采集存储范围，统一数据存储和交换标准，建立统一的省级医疗信息数据中心和共享服务平台，完善跨医疗机构的医疗数据共享标准，促进跨医院和跨区域开展医疗服务。

(2)利用互联网推进医疗便捷服务。鼓励企业与医疗机构合作建立医疗网络信息平台，加强区域医疗卫生服务资源整合，利用移动互联网提供在线预约诊疗、候诊提醒、划价缴费、诊疗报告查询、药品配送等便捷服务，积极探索互联网延伸医嘱、电子处方等网络医疗健康服务应用。利用互联网推进中小城市和农村地区开展基层检查、上级诊断等远程医疗服务，在条件较好的地区推进远程数字化高清手术系统，改进落后地区医疗条件。发展可穿戴医疗设备，结合物联网和移动互联网技术，推进慢性病的监测、诊疗服务。鼓励有资质的医学检验机构、医疗服务机构联合互联网企业，发展基因检测、疾病预防等健康服务模式。结合医疗信息数据中心和信息共享服务平台，面向公众提供居民健康档案查阅、建康状况跟踪、健康疗养规划、健康教育与咨询服务，实现医疗信息增值服务。

(3) 建设医疗行业大数据研究和应用平台。探索基于医疗行业大数据研究和应用平台，通过全面分析病人特征数据和疗效数据，比较多种干预措施的有效性，找到针对特定病人的最佳治疗途径。探索基于医疗行业大数据的临床决策支持系统，加强非结构化数据的分析能力，使用图像分析和识别技术，识别医疗影像(X射线、CT、MRI)数据，使用自然语言处理技术，挖掘医疗文献数据，建立医疗专家数据库，提高工作效率和诊疗质量。通过医疗大数据建模和分析，探索药物临床安全性、有效性、潜在的副作用和整体试验结果预测方法。

(4) 建设重大疾病和突发公共卫生事件监测预警网络。充分利用互联网、大数据和机器学习等手段，结合医疗信息数据中心和信息共享服务平台，建立重大疾病和突发公共卫生事件监测预警网络，提高重大疾病和突发公共卫生事件防控能力。针对大规模医疗数据，开展医疗数据分析和数据挖掘，为医疗和卫生管理一体化服务、疾病预防决策、疫情监控提供参考。

基于以上平台，采集医学影像、健康档案、检验报告、电子病历等数据，构建智慧医疗服务平台，促进医疗信息在各医疗单位和部门实现数据的互联互通。为基于移动互联网的医疗便捷服务奠定基础，促进在线预约诊疗、候诊提醒、划价缴费、诊疗报告查询、药品配送等便捷医疗服务的进一步推广；为医疗管理部门提供医疗数据分析、数据挖掘和预测服务，提高重大疾病和突发公共卫生事件的防控能力；面向医生提供针对病人的个性化医疗服务，面向药物研发提供基于医疗大数据分析药物试验结果预测服务。

6. 旅游云

旅游云的建设目标是以大数据为基础理念，集合基础网络、综合管控系统、应急指挥调度系统、公共无线网络、视频监控系统、门禁闸机系统、停车场管理系统、门户网站、电子商务平台、自动售取票系统、自助导游导览系统、游客流量监控预警系统、微信平台、手机 App 等旅游信息化高、中、低不同层级和不同平台的应用系统为一体，面向传统旅游业体系化转型，提升业态管理、服务、营销水平，带动传统旅游企业转型发展和非旅游企业作为新兴业态新生力量跨行业融合发展的产业发展。项目特别突出其带动性和产业发展性，主要涉及信息化项目建设、旅游业态转型、旅游产品升级、旅游方式转变、新兴产业培育、资源重组整合、企业快速发展、人才队伍培养等多个方面。由此逐步实现数据资源"聚、通、用"，将数据资源转化为新型互联网旅游产品，实现旅游大数据的产业化发展，而不再是传统的单一旅游信息孤岛项目。

(1) 整合旅游行业资源与数据，建设旅游资源数据中心。统一旅游信息采集和共享标准，面向旅游管理部门、景区(景点)、旅行社、酒店，以及相关旅游企业，结合互联网自动采集和人工收集方式，采集景区的景点介绍、交通、住宿、餐饮、游记、攻略、特色产品等信息，建立以旅游信息数据库和数据交换系统为核心的资源数据中心，为旅游相关应用和服务提供较为全面的数据基础。

(2)建设智慧旅游信息服务平台。利用互联网、物联网、地理信息系统和移动互联网等技术，加强智慧景区、智慧酒店、智慧旅游企业和智慧游客系统建设，完善旅行社、景区、风情文化、商旅、天气、交通信息旅游信息服务，完善酒店住宿、电子门票等预定服务。提供本地化、个性化、实时化的旅游服务，提供语音、短信等定位导览和自助导览服务，提供高效投诉处理、紧急救援服务。为导游提供行程信息、地图导航、导游词、航班信息等便捷的服务。建立健全云南省旅游交通安全、旅游食品安全监督检查信息服务平台。完善旅游安全服务规范，利用互联网平台加强旅游从业人员上岗前安全风险防范及应急救助技能培训。利用互联网促进建立、完善旅游相关企业和从业人员诚信体系建设，建立旅游服务质量监督信息平台。依托旅游资源数据中心和智慧旅游信息服务平台，加强智慧景区、智慧旅游企业建设。

(3)整合旅游商品信息和资源，建设智慧旅游电子商务平台。整合各旅游企业、景区商品信息和资源，依托互联网、移动网络，利用北斗卫星导航系统、实时视频系统和虚拟现实技术，建设智慧旅游电子商务平台，实现旅游产品在线分销和结算，形成以旅游线路、土特产、酒店、旅游租车、景区票务为主的旅游商品、服务的在线交易平台，实现各种在线营销活动(门票赠送、抽奖、投票评选、游记分享等)。结合移动互联网、地理信息系统和智能推荐技术，实现个性化、有针对性的旅游营销推广平台，建立旅游推广、营销的数据分析和决策支持系统。

(4)建设旅游数据监测和分析平台。充分利用互联网、物联网、监控设备和移动网络技术，建设旅游数据监测分析网络，实现对旅游数据的自动监测和实时数据统计。整合各景区门禁、运营商基站定位和视频监控设备数据，建设分布式旅游数据采集系统，建设平安景区监控系统。结合交通流量、路况、拥塞、事故、安全等各种交通信息，建立运营车辆调度系统和旅游交通信息支持保障系统。基于历史数据、预订数据，实时监测等数据，利用互联网和大数据分析技术，建立景区实时流控告警、旅游安全预警和旅游趋势分析服务平台。

7. 教育云

云南省农村学校办学条件普遍差于城镇学校，城镇教育与北京、上海、广州等大城市的教育相比差距很大，偏远山区农村学校的教育资源更差。由于教育设施简陋、教师资源匮乏，再加上大量山村小学被撤并，在不少"一山一水一家"的边远山区，适龄儿童上学成了大难题。利用互联建设教育资源公共服务平台和教育管理公共服务平台，实现发达城市教学资源的网络共享，达到优化教育成本，实现资源均衡的目的。通过移动互联网带动中国教育均衡的大发展，并与传统教育结合，实现线上与线下教育的结合。通过搭建互联网教育信息平台，实现数据间的互联互通。

(1)建设全省数字教育资源共享平台，探索新型教育服务供给方式。根据市场需求开发数字教育资源，提供网络化教育服务，包括基础教育、职业教育教学网络资源，电子教案资源，电子题库资源，数字图书馆资源，实践环节课程三维动画资源，为推动云南省教育新模式变更提供优质教学资源保障。

(2)建设个性化教育服务平台。基于已构建的数字教育资源平台，借鉴当前国际上最流行的慕课教育模式，建设云南省教育网络服务平台，实现根据学生个性化需求进行在线课程学习、在线练习、数字图书查询等服务，扩大云南省优质教育资源覆盖面，促进云南省教育公平。

(3)建设学分兑换平台。建立网络学习学分认定与学分转换等制度，实现高校课程学分在不同学校之间的认定及转换，使高校优质课程教学资源共享范围最大化，使学生个性化教育服务范围及规模最大化，加快推动高等教育服务模式变革。

(4)建设云南教育在线交流平台，为探索基础教育、职业教育等教育公共服务提供新方式。利用社交网络技术建设云南教育在线交流平台，实现学生与教学名师在线咨询与答疑，以及学生之间的在线学习交流服务。

基于已构建的云南省数字化教育资源、个性化教育服务平台、学分兑换平台及教育在线交流平台，构建云南教育互联网大数据服务平台。鼓励学校利用构建的数字教育资源及教育服务平台，探索云南省网络化教育新模式，扩大优质教育资源覆盖面，促进教育公平，为学生提供最优质的网络课程教学服务、在线考试与答疑服务、数字图书资源查询服务。通过学分兑换平台，为学生所学课程在不同学校之间的学分互认和兑换服务，解决学生跨校选课、共享优质教学资源的问题。利用云计算、大数据分析技术对学生的学习行为进行智能分析，挖掘学生对课程的学习兴趣、学习能力、课程学习难易程度等，为课程教学质量分析与评价、教学名师遴选、优秀学生评选提供科学的决策依据，为企业招聘提供优秀人才资源推荐服务，为学生升学及创新、创业提供个性化指导服务。

参 考 文 献

陈思远，等，2016. 基于可穿戴设备感知的智能家居能源优化[J]. 计算机研究与发展，(3)：704-715.

程耀东，周旭，王聪，2015. 基于媒体大数据的智能服务平台技术研究[J]. 现代电视技术，(4)：26-29.

戴红芬，吴斌，金伟伟，2016. 基于 Unity3D 虚拟现实技术的心血管介入仿真模拟系统[J]. 中国胸心血管外科临床杂志，(11)：1092-1098.

范义文，罗传文，2011. 3S 理论与技术[M]. 哈尔滨：东北林业大学出版社.

郭启勇，2016. 中华临床医学影像学 医学影像信息学与质量控制分册[M]. 北京：北京大学医学出版社.

洪梁溪，2016. 三层交换机中 VLAN 的应用[J]. 信息与电脑(理论版)，(10)：1-2.

侯一民，周慧琼，王政一，2017. 深度学习在语音识别中的研究进展综述[J]. 计算机应用研究，34(8)：2241-2246.

华为，2015. 2015 年年报[OL]. http://www.huawei.com/cn/press-events/annual-report/2015.

黄志雨，嵇启春，陈登峰，2011. 物联网中的智能物流仓储系统研究[J]. 自动化仪表，32(3)：12-15.

计时鸣，黄希欢，2015. 工业机器人技术的发展与应用综述[J]. 机电工程，32(1)：1-13.

焦李成，2017. 量子计算、优化与学习[M]. 北京：科学出版社.

荆芒，刘云，张昕，2016. 虚拟现实技术在医学领域的应用[J]. 智慧健康，2(10).

李联宁，2013. 物联网安全导论[M]. 北京：清华大学出版社.

李勤，等，2017. 虚拟现实技术在机械安全领域的应用展望[J]. 自动化博览，33(2)：14-16.

李婷，2014. 指尖上的革命 移动智能终端[M]. 北京：电子工业出版社.

李兴新，等，2016. 移动互联网时代的智能终端安全[M]. 北京：人民邮电出版社.

李学刚，2016. 基于分布式数据库的新闻出版综合服务平台构建思考[J]. 信息系统工程，(6)：124-127.

刘峰，等，2007. 基于 RSS 的分布式新闻博客搜索引擎设计[J]. 现代图书情报技术，2(1)：29-32.

刘凤举，2012. 多媒体信息技术[M]. 哈尔滨：哈尔滨地图出版社.

刘化君，刘传清，2010. 物联网技术[M]. 北京：电子工业出版社.

马法尧，牟绍波，黄雷，2016. 提升高端装备制造业开放式创新能力的影响因素及对策[J]. 经济纵横，369(8)：82-85.

苗强，岳俊玲，2011. 烟草行业基于智能 PDA 点巡检手段的应用[J]. 中国设备工程，(10)：23-25.

牟小俐，邓毅，汪洋，2007. 面向 21 世纪的柔性制造模式——模块化生产[J]. 科技管理研究，27(9)：190-192.

尼古拉. 吉桑，2016. 跨越时空的骰子量子通信、量子密码的背后原理[M]. 周荣庭，译. 上海：上海科学技术出版社.

彭利标，2014. 移动通信设备(第三版)[M]. 北京：电子工业出版社.

强静仁，等，2017. 智能家居基本原理及应用[M]. 武汉：华中科技大学出版社.

冉隆科，2016. 生物信息学最佳实践[M]. 北京：科学出版社.

任岩，等，2016. 基于 3D 虚拟现实技术的风电场全数字化巡检及监测平台[J]. 可再生能源，34(10)：1497-1502.

萨沙，等，2014. 自然计算 DNA、量子比特和智能机器的未来[M]. 北京：人民邮电出版社.

史忠植，2011. 高级人工智能(第三版)[M]. 北京：科学出版社.

斯科特. 苏利文，2017. 可穿戴设备设计[M]. 北京：中国电力出版社.

谭珲，2015. 低功耗蓝牙与智能硬件设计[M]. 北京：北京航空航天大学出版社.

王婧，2012. 裸眼 3D 技术及其应用[D]. 南昌：南昌大学.

王梅，何敏，2016. 医学信息技术应用[M]. 北京：中国水利水电出版社.

王思，颜慧慧，王凤霞，2016. 国外虚拟现实技术在旅游中应用的研究综述[J]. 科技广场，(5)：155-161.

王田苗，陶永，2014. 我国工业机器人技术现状与产业化发展战略[J]. 机械工程学报，50(9)：1-13.

王文韬，谢阳群，李力，2016. 虚拟现实技术在图书馆中的应用前景分析[J]. 图书馆，(5)：10-14.

王喜文，2011. 云计算与云设备[J]. 信息化建设，(5)：19-20.

王知津，马晓瑜，2013. 搜索引擎个性化信息服务探讨[J]. 图书馆，(1)：31-35.

魏翼飞，等，2014. 通信设备与网络绿色节能技术未来无线通信网络[M]. 北京：北京邮电大学出版社.

吴华，等，2014. 量子通信现状与展望[J]. 中国科学：信息科学，(3)：296-311.

吴楠，等，2015. 通用量子计算机：理论、组成与实现[J]. 计算机学报，(12)：2429-2445.

吴韬，2017. 加快云南互联网基础设施建设问题研究[J]. 中共云南省委党校学报，(1)：126-131.

吴韬，2017. 云南省推进大数据产业发展政策研究[J]. 长江丛刊，(27)：136-137.

肖清旺，等，2017. 物联网智能终端设备识别方法[J]. 电信科学，(2)：3-8.

肖自乾，陈经优，符石，2017. 大数据背景下智能交通系统发展综述[J]. 软件导刊，16(1)：182-184.

徐金祥，冲蕾，2010. 城市轨道交通信号基础[M]. 北京：中国铁道出版社.

徐玉如，等，2006. 智能水下机器人技术展望[J]. 智能系统学报，1(1)：9-16.

许艳萍，等，2016. Android 智能终端安全综述[J]. 通信学报，(6)：169-184.

燕梅，2014. 三维虚拟现实技术在旅游业的应用和发展研究[J]. 农业网络信息，(12)：72-74.

杨波，等，2016. 基于 TrustZone 的可信移动终端云服务安全接入方案[J]. 软件学报，(6)：1366-1383.

杨良斌，等，2017. 近 10 年来国际网络安全领域研究现状与趋势的可视化分析[J]. 情报杂志，(1)：92-100，207.

姚春梅，等，2011. 量子纠缠在量子信息处理中的应用[M]. 长沙：中南大学出版社.

尹浩，等，2013. 量子通信原理与技术[M]. 北京：电子工业出版社.

约翰·格里宾，2017. 量子计算 从"巨人计算机"到"量子位元"[M]. 长沙：湖南科学技术出版社.

张成岗，贺福初，2002. 生物信息学方法与实践[M]. 北京：科学出版社.

张国强，等，2016. 高能效互联网传输技术研究[J]. 通信学报，(5)：158-168.

张焕国，等，2016. 网络空间安全综述[J]. 中国科学：信息科学，(2)：125-164.

张俊竹，陈昱甫，尹铂，2016. 虚拟现实技术在数字展示设计中的应用研究[J]. 设计，(5)：111-113.

张力，黄影平，2016. 实时双目立体视觉系统的实现[J]. 电子科技，29(3)：68-70.

张美琴，张凯，2017. 虚拟现实技术在旅游资源开发与保护中的应用研究[J]. 科教导刊：电子版，(30)：232-233.

张威，鲍丽娜，2014. 可快速定位的视频流媒体大数据存储系统[J]. 科学技术与工程，14(1)：239-243.

张文卓，2016. 划时代的量子通信——写给世界第一颗量子科学实验卫星"墨子号"[J]. 物理，(9)：553-560.

张新钰，2017. 量子通信[M]. 北京：科学普及出版社.

张玉清，2016. 云计算环境安全综述[J]. 软件学报，(6)：1328-1348.

张占龙，罗辞，何为，2005. 虚拟现实技术概述[J]. 计算机仿真，22(3)：1-3.

赵沁平，等，2016. 虚拟现实技术研究进展[J]. 科技导报，34(14)：71-75.

赵中堂，2018. 智能家居的技术与应用[M]. 北京：中国纺织出版社.

郑静，2017. 物联网+智能家居移动互联技术应用[M]. 北京：化学工业出版社.

中国电子技术标准化研究院，等，2016. 大数据标准化白皮书[M].

中国电子技术标准化研究院，等，2016. 物联网标准化白皮书[M].

周志华，2016. 机器学习[M]. 北京：清华大学出版社.

Akeem O A, Ogunyinka T K, Abimbola B L, 2012. A framework for multimedia data mining in information technology environment[J]. International Journal of Computer Science & Information Security, 10 (5): 31-37.

Babu R V, Tom M, Wadekar P, 2016. A survey on compressed domain video analysis techniques[J]. Kluwer Academic Publishers, 75 (2): 1043-1078.

Bae H S, Lee H J, Lee S G, 2016. Voice recognition-based on adaptive MFCC and deep learning for embedded systems[J]. Journal of Institute of Control Robotics & Systems, 22: 1542-1546.

Boulos M N K, et al., 2017. From urban planning and emergency training to Pokémon Go: applications of virtual reality GIS (VRGIS) and augmented reality GIS (ARGIS) in personal, public and environmental health[J]. International Journal of Health Geographics. 16 (1): 7.

Huang Y C, et al., 2016. Exploring the implications of virtual reality technology in tourism marketing: an integrated research framework[J]. International Journal of Tourism Research, 18 (2).

Kovar J, et al., 2017. Virtual reality in context of industry 4. 0 proposed projects at Brno University of Technology[J]. international Conference on Mechatronics-mechatronika.

Li L, et al., 2017. Application of virtual reality technology in clinical medicine[J]. American Journal of Translational Research, 9 (9): 3867.

Li S, Xu L D, Zhao S, 2015. The Internet of Things: a Survey[M]. Amsterdam: Kluwer Academic Publishers.

Shi Z, et al., 2012. A survey of swarm robotics system[C]. Advances in Swarm Intelligence.

Thomas E, Zaigham M, Ricardo P, 2014. 云计算概念、技术与架构[M]. 龚奕利，等，译. 北京：机械工业出版社.

Zhu W, Fan G, 2016. Application of computer virtual reality technology in virtual tour[J]. Inderscience Publishers, 6: 273-282.

Wang C, 2011. Application of virtual reality technology in digital tourism[J]. Third international Conference on Multimedia Information Networking & Security: 537-541.

Washburn A, 2018. A new virtual reality for 3D technology in the utility industry[J]. IEEE Power & Energy Magazine, 16 (2): 96-98.

Yuan M, 2016. Design and implementation of portable 3C product appearance simulation based on 3D virtual reality technology[J]. Modern Electronics Technique.

Zhao Y M, Hao J J, Wang H Y, 2016. Visual analysis of evolution of virtual reality technology in educational application Research[J]. e-Education Research.

附录

云南信息工业发展企业名录

一、国内外信息工业知名企业

（一） 国内外信息设备制造知名企业

1. IBM

1) 简介

IBM 为计算机产业的长期领导者，在大型/小型机和便携机方面的成就最为瞩目。其创立的个人计算机标准，至今仍被沿用和发展。2004 年，IBM 将个人电脑业务出售给中国电脑厂商联想集团，正式标志着从"海量"产品业务向"高价值"业务全面转型。另外，IBM 还在大型机、超级计算机(主要代表有深蓝、蓝色基因和 Watson)、UNIX、服务器方面领先业界。软件方面，IBM 软件集团产品分为软件行业解决方案以及中间件产品。

2) 主要产品及业务

目前，IBM 服务器产品包括：基于 Intel 架构的服务器 xSeries、基于 AMD 架构的服务器、BladeCenter 刀片服务器、UNIX 服务器 pSeries、中型企业级服务器 iSeries、大型主机 zSeries。此外，还有专业图形工作站，如 A Pro 系列、M Pro 系列、Z pro 系列以及 T221 超高分辨率平面显示器。存储技术产品：磁盘存储系统、磁带存储、网络存储、存储软件。零售终端产品包括：商业收款机、POS 软件。软件产品包括 Information Management、Lotus、Rational、Tivoli、WebSphere 五大家族。

2. 英特尔(Intel)

1) 简介

英特尔公司，是美国一家主要研制 CPU 处理器的公司，是全球最大的个人计算机零件和 CPU 制造商，它成立于 1968 年，具有 46 年产品创新和市场领导的历史。1971 年，英特尔推出了全球第一个微处理器，从此之后微处理器所带来的计算机和互联网革命，改变了整个世界。英特尔公司在 2015 年世界 500 强中排在第 182 位。

2) 主要产品及业务

英特尔不仅在微处理器方面表现优秀，而且在显示设备方面有 60% 的市场占有率，如 GMA900 集成显卡、GMA950 集成显卡、GMA3000 集成显卡系列，在低端电脑中更是常见。其声卡产品主要有 Intel（R）Display Audio、Intel 82801G（ICH7）高保真音频、Intel AC97 Audio。另外，英特尔在 2012 年底推出 50 款新型超极本，并且把其中许多超极本的重点放在企业用户方面，从消费者市场扩展到商用市场，并且为渠道伙伴配备实现这种转变的设备。

3. 苹果

1) 简介

苹果公司是美国的一家高科技公司，由史蒂夫·乔布斯、斯蒂夫·沃兹尼亚克和罗·韦恩 3 人于 1976 年 4 月 1 日创立，总部位于加利福尼亚州的库比蒂诺。苹果公司在 2016 年世界 500 强中排名第 9 名。2016 年 7 月 20 日，《财富》发布了最新的世界 500 强排行榜，苹果公司名列第 10 名。

2) 主要产品及业务

苹果公司主要的硬件产品有：智能手机 iPhone，笔记本型电脑 PowerBook、iBook、MacBook、MacBook Pro、MacBook Air，桌上型电脑 Mac Pro、iMac，小型桌面电脑 Mac mini，平板型电脑 iPad、iPad mini，个人数字音乐播放器 iPod classic、iPod、iPod nano、iPod shuffle、iPod mini、iPod Hi-Fi、iPod touch，显示器 Apple Cinema Display、Apple Thunderbolt Display，服务器 Mac Pro server、Mac mini server，电脑视讯配件 iSight，网络连接设备 AirPort Extreme，家庭视听网络连接器 Apple TV。此外，苹果公司的电脑产品已从 2006 年起全面采用英特尔处理器，但 iPad 和 iPhone 等 iOS 移动设备则采用苹果公司自行设计的 A 系列 ARM SoC 处理器。

4. 思科

1) 简介

思科公司是全球领先的网络解决方案供应商，依靠自身技术和对网络经济模式的深刻理解，成为网络应用的成功实践者之一。与此同时，思科正在致力于为无数的企业构筑网络间畅通无阻的"桥梁"，并用敏锐的洞察力、丰富的行业经验、先进的技术，帮助企业把网络应用转化为战略性的资产，充分挖掘网络的能量，获得竞争的优势。

2) 主要产品及业务

硬件产品以路由器、交换机、IOS 软件为主，还有宽带有线产品、板卡和模块、内容网络、网络管理、光纤平台、防火墙、网络安全产品、VPN 设备、网络存储产品、视频系统、IP 通信系统、远程会议系统、无线产品、服务器等。软件产品包括：思科腾讯通，是思科和腾讯公司共同推出的集成原 RTX 腾讯通的即时通信界面和思科企业级统一通信服务的解决方案。用户通过思科腾讯通可以了解联系人状态，拨打高清视频和音频电话，召开在线会议或视频会议，使用可视语音邮件等。思科 IOS，即思科网络操作系统，用于其大多数路由器和交换机产品。此外，还有网络会议软件 WebEx，数据中心 Nexus 系列交换机操作系统 NX-OS 等产品。

5. 三星

1）简介

三星公司是韩国的知名公司之一，成立于 1938 年，目前是韩国最大的企业集团。三星在全世界 68 个国家拥有 429 个据点 23 万员工，业务涉及电子、金融、机械、化学等众多领域。旗下子公司包含：三星电子、三星 SDI、三星 SDS、三星电机、三星康宁、三星网络、三星火灾、三星证券、三星物产、三星重工、三星工程、三星航空和三星生命等。其中 3 间子公司被美国《财富》杂志评选为世界 500 强企业。此外，三星电子是最大的子公司，是全球第二大手机生产商、全球营业收入最多的电子企业，2009 年全球 500 强企业中，三星电子排名第 40 位。

2）主要产品及业务

三星在中国主要经营产品包括：三星手机、电视、数码影音、电脑办公及 BSV（Boshiv Video，博视工研显示设备）液晶拼接屏等产品。三星电子主要产品为消费型电子、DRAM 与 NAND Flash。三星 SDI 主要生产太阳能电池、燃料电池、能源储存等。三星 SDS 主要业务为 IT 相璃基板、等离子过滤器、显像管和玻璃。三星航空主要产品为生产三星贝尔 427，为贝尔、波音等公司的产品提供服务。三星半导体主要产品为生产 SD 卡，三星重工主要产品为造船。三星工程主要产品为制造电子零件装备、军用飞机零组件。

6. 联想

1）简介

联想集团是 1984 年中国科学院计算技术研究所投资 20 万元人民币，由 11 名科技人员创办的，是中国一家在信息产业内多元化发展的大型企业集团和富有创新性的国际化的科技公司。从 1996 年开始，联想电脑销量一直位居中国国内市场首位；2004 年，联想集团收购 IBM PC 事业部；2013 年，联想电脑销售量居世界第一，成为全球最大的 PC 生产厂商。2014 年 10 月，联想集团宣布该公司已经完成对摩托罗拉移动的收购。自 2014 年 4 月 1 日起，联想集团成立了 4 个新的、相对独立的业务集团，分别是 PC 业务集团、移动业务集团、企业级业务集团、云服务业务集团。

2）主要产品及业务

作为全球电脑市场的领导企业，联想从事开发、制造并销售可靠的、安全易用的技术产品及优质专业的服务，帮助全球客户和合作伙伴取得成功。联想公司主要生产台式电脑、服务器、笔记本电脑、智能电视、打印机、掌上电脑、主板、手机、一体机电脑等商品。

7. 华为

1）简介

华为公司于 1987 年正式注册成立，是一家生产销售通信设备的民营通信科技公司，总部位于广东省深圳市龙岗区坂田华为基地。华为的产品主要涉及通信网络中的交换网络、传输网络、无线及有线固定接入网络和数据通信网络及无线终端产品，为世界各地通信运营商及专业网络拥有者提供硬件设备、软件服务和解决方案。华为的产品和解决方案已经应用于全球 170 多个国家，服务全球运营商 50 强中的 45 家及全球 1/3 的人口。2016年，研究机构 Millward Brown 编制的 BrandZ 全球 100 个最具价值品牌排行榜中，华为从 2015 年的排名第 70 位上升到第 50 位。

2）主要产品及业务

华为聚焦 ICT（information communications technology，信息通信技术）基础设施领域，围绕政府及公共事业、金融、能源、电力和交通等客户需求持续创新，提供可被合作伙伴集成的 ICT 产品和解决方案，帮助企业提升通信、办公和生产系统的效率，降低经营成本。华为产品和解决方案包括移动、宽带、IP、光网络、网络能源、电信增值业务和终端等领域，致力于提供全 IP 融合解决方案，使最终用户在任何时间、任何地点都可以通过任何终端享受一致的通信体验，方便人们的沟通和丰富人们的生活。

8. 中兴

1）简介

中兴通讯股份有限公司是全球领先的综合通信解决方案提供商，中国最大的通信设备上市公司。中兴通讯为全球 180 多个国家和地区的顶级运营商（如中国移动 ChinaMobile、美国沃达丰 Vodafone、德国电信 Telekom、西班牙电信 Telefónica 等）提供创新技术与产品解决方案，通过全系列的无线、有线、业务、终端产品和专业通信服务，满足全球不同运营商的差异化需求。

2）主要产品及业务

中兴通讯主要产品包括：2G/3G/4G/5G 无线基站与核心网、IMS（IP multimedia subsystem，IP 多媒体子系统）、固网接入与承载、光网络、芯片、高端路由器、智能交换机、政企网、大数据、云计算、数据中心、手机及家庭终端、智慧城市、ICT 业务，以及航空、铁路与城市轨道交通信号传输设备。

9. 小米

1）简介

北京小米科技有限责任公司成立于 2010 年 4 月，是一家专注于智能产品自主研发的移动互联网公司。"为发烧而生"是小米的产品概念。小米公司首创了用互联网模式开发手机操作系统、发烧友参与开发改进的模式。

2）主要产品及业务

小米专注于高端智能手机、互联网电视以及智能家居生态链建设，在互联网电视机顶盒、互联网智能电视，以及家用智能路由器和智能家居产品等领域颠覆了传统市场。小米公司旗下生态链企业已达 22 家，其中紫米科技的小米移动电源、华米科技的小米手环、智米科技的小米空气净化器、加一联创的小米活塞耳机等产品均在短时间内迅速成为影响中国电子产品市场的明星产品。

10. 迈瑞

1）简介

迈瑞公司是中国领先的高科技医疗设备研发制造厂商，同时也是全球医疗设备的创新领导者之一。迈瑞产品以卓越的品质和服务赢得 95%以上的三甲医院和各级医疗机构的青睐，如北京 301 医院、北京大学人民医院、复旦大学附属中山医院、上海瑞金医院等。时至今日，迈瑞公司在全球范围内的销售已扩展至 190 多个国家和地区。

2）主要产品及业务

迈瑞公司始终致力于临床医疗设备的研发和制造，产品包含生命信息与支持、临床检验及试剂、数字超声、放射影像四大领域。从 1998 年的中国第一台准全自动三分群血液细胞分析仪，到 2011 年的中国第一台具有网织红细胞、有核红细胞检测功能的五分类血液细胞分析仪 BC-6800，再到全自动血液分析流水线和免疫生化互联，迈瑞体外诊断业务涵盖血液、生化、免疫分析系统，并逐步向实验室自动化与整体解决方案方向迈进。迈瑞 1996 年进入影像领域，陆续推出中国第一台拥有完全自主知识产权的全数字黑白超、台式彩超和便携式彩超。迈瑞以一系列先进的前沿科技，包括 ZST 成像技术、3T 传感器技术、Echo Boost、iLive 和单晶体传感技术，为心脏及妇产科领域应用提供高级解决方案，跻身高端影像技术领导者阵营。

（二） 国内外信息数据制造知名企业

1. 微软

1）简介

微软公司是一家总部位于美国的跨国科技公司，也是世界 PC 机软件开发的先导，由比尔·盖茨与保罗·艾伦创办于 1975 年，公司总部设立在华盛顿州的雷德蒙德（Redmond，邻近西雅图），以研发、制造、授权和提供广泛的电脑软件服务业务为主。最著名和畅销的产品为 Microsoft Windows 操作系统和 Microsoft Office 系列软件，目前是全球最大的电脑软件提供商。

2）主要产品及业务

（1）系统软件。Windows 是被称为"视窗"的图形操作系统，有很多版本。桌面版最新版本是 Windows 10，服务器最新版本是 Windows Server 2012R2，Windows 几乎预装在所有的个人电脑上。

（2）手机系统。Windows Phone 是微软发布的一款手机操作系统，它将微软旗下的 Xbox LIVE 游戏、Zune 音乐与独特的视频体验整合至手机中。最新系统为 Windows Phone（现为 Windows 10 Mobile）。

（3）应用软件。Internet Explorer（简称 IE）是为全世界所广泛使用的 Windows Internet Explorer 浏览器系列。

Microsoft Office 是微软公司开发的一套基于 Windows 操作系统的办公软件套装。常用组件有 Word、Excel、Powerpoint 等。最新版本为 Office 365（Office 2016）。

Windows Media Player 是一个用于播放音频和视频的程序，简称 WMP。微软也生产一系列参考产品，例如百科全书和地图册，使用 Encarta 的名称。

微软还开发用于应用系统开发的集成开发环境，命名为 Microsoft Visual Studio。

Games For Windows 是微软的新计划，其中就有著名的 XBOX 360，DirectX 10 等。

必应（Bing）是一款由微软公司推出的网络搜索引擎，前身为 Live Search。

2. Google（谷歌）

1）简介

Google 是一家美国的跨国科技企业，致力于互联网搜索、云计算、广告技术等领域，开发并提供大量基于互联网的产品与服务。

2）主要产品及业务

Google 研发的产品种类繁多，有搜索引擎、Google Web API、Book Search、Google glass、Gmail、Blogger、adsense、Orkut、Notebook、浏览器、Google Web Accelerator、Google Mars、Google Maps、Google Moon、Google SketchUp、Google 网页目录、Google Answers、Google Talk、Google Local、Google Scholar、Google Special、Friend Connect、Google Video、iGoogle、拼音输入法、Google Earth、Google Street View、Google Wave、Google chrome OS、Google 翻译、Android、Boutiques 网上商城、Google Ngram Viewer、自动驾驶汽车、Google Flight Explorer、谷歌钱包、Google Reader、安全密钥、Google Play 应用商店、谷歌购物等。

3. Oracle（甲骨文）

1）简介

甲骨文是全球最大的企业级软件公司，总部位于美国加利福尼亚州的红木滩，1989 年正式进入中国市场。2013 年，甲骨文已超越 IBM，成为继 Microsoft 后全球第二大软件公司。

2）主要产品及业务

（1）服务器及工具。

数据库服务器：2013 年最新版本为 Oracle 12C。

应用服务器：Oracle Application Server。

开发工具：OracleJDeveloper、Oracle Designer、Oracle Developer 等。

（2）企业应用软件。

企业资源计划（ERP）软件已有 10 年以上的历史。2005 年，甲骨文公司并购了开发企业软件的仁科软件公司（PeopleSoft），以增强其在这方面的竞争力。

客户关系管理（CRM）软件、自 1998 年开始研发。2005 年，甲骨文公司并购了开发客户关系管理软件的希柏软件公司（Siebel）。

（3）Oracle 职业发展力计划（Oracle WDP）。Oracle WDP 全称为 Oracle Workforce Development Program，是甲骨文公司专门面向学生、个人、在职人员等群体开设的职业发展力课程。

4. 百度

1）简介

百度公司是全球最大的中文搜索引擎、最大的中文网站，2000 年 1 月由李彦宏创立于北京中关村，致力于向人们提供"简单、可依赖"的信息获取方式。2015 年 11 月 18 日，百度与中信银行发起设立百信银行。2016 年 7 月 15 日，百度在西安成立"百金互联网金融资产交易中心"。

2）产品介绍

网页搜索：作为全球最大的中文搜索引擎公司，百度一直致力于让网民更便捷地获取信息，找到所求。用户通过百度主页，可以瞬间找到相关的搜索结果，这些结果来自百度超过数百亿的中文网页数据库。

垂直搜索：秉承"用户体验至上"的理念，除网页搜索外，百度还提供 MP3、图片、视频、地图等多样化的搜索服务，给用户提供更加完善的搜索体验，满足多样化的搜索需求。

百度快照：全新的浏览方式，解决了因网络问题、网页服务器问题及病毒所导致无法浏览的问题。它的原理就是只加载网上的文字、图片和超链接。而快速版的百度快照则不加载图片，因此标准版快照和快速版快照所显示出来的效果略有不同。

社区产品：信息获取的最快捷方式是人与人直接交流，为了让那些对同一个话题感兴趣的人们聚集在一起，方便地展开交流和互相帮助，百度贴吧、知道、百科、空间等围绕关键词服务的社区化产品也应运而生，而百度 Hi 的推出，更是将百度所有社区产品进行了串联，为人们提供一个表达和交流思想的自由网络空间。

百度云：百度云是百度公司在开放自身的核心云能力（包括云存储、云计算和大数据智能）的基础上，为广大开发者和最终用户提供的一系列云服务和产品。其服务的对象包括开发者和个人用户两大群体。

百度移动：面对互联网从 PC 端向移动端转型的浪潮，百度也正不断把 PC 领域的优势向移动领域扩展。

百度视频：百度视频专注于 PGC（professional generated content，专业生产内容、专家生产内容）内容平台建设，同时继续向网民提供全网视频搜索与聚合服务。以百度视频为核心的 PGC 内容生态、以爱奇艺为核心的在线影视娱乐内容生态、以糯米电影为核心的"线下电影+演出"生态，构成百度打造文化娱乐内容生态的三大主线。

百度百众：百度百众是百度旗下致力于服务创业者和投资者的互联网私募股权投融资平台，主打创业生态，归属于百度新业务事业群组，已上线 4 个融资项目。

5. 腾讯

1）简介

深圳市腾讯计算机系统有限公司成立于 1998 年 11 月，由马化腾、张志东、许晨晔、陈一丹、曾李青 5 位创始人共同创立，是中国较大的互联网综合服务提供商，也是中国服务用户最多的互联网企业之一。

2）主要产品及业务

（1）社交网络事业群（social network group，SNG）。

QQ：QQ 是腾讯公司推出的一款基于互联网的即时通信平台，其主要用户平台为电脑端及手机端，支持在线聊天、语音通话、视频、在线（离线）传送文件等全方位通信社交功能。

腾讯开放平台：腾讯开放平台是腾讯为广大开发者提供的一个大舞台。合作伙伴开发的游戏和应用程序可以利用腾讯开放平台提供的各种 OpenAPI，获得 QQ、QQ 空间、朋友网、腾讯微博等多个社交平台的开放能力，给应用带来巨大的流量和收入。

广点通：广点通是腾讯效果广告平台，依托腾讯优质流量资源，通过专业数据处理算法，为用户提供成本可控、效益可观的价值链闭环。

腾讯云：腾讯云致力于打造最高质量、最佳生态的公有云服务平台。

QQ 音乐：QQ 音乐是腾讯公司推出的网络音乐平台，是中国互联网领域领先的正版数字音乐服务平台，同时也是一款免费的音乐播放器。

（2）互动娱乐事业群（interactive entertainment group, IEG）

腾讯游戏：全球领先的游戏开发和运营机构，也是国内最大的网络游戏社区。

腾讯文学：腾讯文学正式亮相于 2013 年 9 月 10 日，并于 2014 年 4 月 16 日宣布以子公司形式独立运营。

腾讯动漫：腾讯动漫于 2012 年 3 月 21 日正式成立，成为腾讯互动娱乐推出的首个泛娱乐实体平台，以版权为核心，以培育原创为特色，包含漫画、动画、游戏、周边等内容，打造全动漫产业链。

腾讯电影+：腾讯互动娱乐以"品牌""文化""内容"多维度交互为目标，在文化产业融合中积极探索，尝试与影视产业、戏剧产业跨界联姻，通过与一流电影人、戏剧制作人携手合作，促进电影、戏剧与游戏的跨界艺术融合，为腾讯互动娱乐用户创造更加丰富的文化内涵和用户体验，为社会贡献优质的互动娱乐内容和服务。

（3）移动互联网事业群（mobile internet group，MIG）。

腾讯电脑管家：腾讯电脑管家是腾讯公司推出的一款免费安全软件，能有效地预防和解决计算机上常见的安全风险。

腾讯手机管家：腾讯手机管家是腾讯旗下一款永久免费的手机安全与管理软件。功能包括病毒查杀、骚扰拦截、软件权限管理、手机防盗及安全防护，用户流量监控、空间清理、体检加速、软件管理等高端智能化功能。

QQ 浏览器：QQ 浏览器是由腾讯公司自主研发的免费浏览器，依托腾讯的大数据优势和社交属性，致力于通过智能化的服务，满足用户在移动互联网时代个性化的信息获取需求，拥有 PC 端和手机端的多个版本。

腾讯地图：腾讯地图是由腾讯公司提供的一项免费的地图服务，能够为用户提供准确的地点查询、周边搜索服务，同时为用户提供高质量的实时路况、导航和街景服务，腾讯地图提供的零流量模式地图是目前国内公认最省流量的地图。

应用宝：应用宝是腾讯旗下的安卓应用商店，同时也是中国增长最快的安卓应用商店。

(4)网络媒体事业群(online media group，OMG)。

腾讯网：腾讯网是中国最大的中文门户网站。根据 Alexa 的网站排名，腾讯网按流量排名全球第 7 位。

腾讯视频：腾讯视频是中国最大的在线视频平台，拥有丰富的优质流行内容和专业的媒体运营能力，是聚合热播影视剧、优质独家出品内容、体育赛事、大事件、新闻资讯等为一体的综合视频内容平台。

腾讯微博：腾讯微博是基于社交网络建立的社会化媒体平台，兼具"媒体"与"社交网络"属性。

微视：微视是腾讯网络媒体事业群下一款独立移动应用，是基于开放关系链的短视频分享社区。

(5)微信事业群(Wei Xin group，WXG)。

微信：微信是腾讯公司于 2011 年初推出的一款可以发送图文信息、语音视频信息、支持多人语音对讲等功能的移动社交软件。

QQ 邮箱：QQ 邮箱是腾讯公司网络平台服务的重点产品。

Foxmail：Foxmail 客户端在 2005 年加入腾讯公司后，持续进行优化和发展，除基础的邮件管理功能外，还有全文检索、邮件档案、支持 IMAP4 协议、待办事项等特色功能，为邮件用户不断提供更好的体验。

(6)企业发展事业群(corporate development group，CDG)。

财付通：财付通是由腾讯公司推出的中国领先在线支付应用和服务平台，致力于为互联网个人和企业用户提供安全、便捷、专业的在线支付服务。

腾讯产业共赢基金：腾讯产业共赢基金是腾讯公司按照国际惯例设立的企业创业投资平台。

(7)技术工程事业群(technology and engineering group，TEG)。

技术工程事业群为腾讯提供互联网行业全方位的运营解决方案和服务支持，运营着亚洲最大的网络、服务器集群和数据中心，拥有业内领先的基础架构云运营平台、云数据处理平台、互联网海量应用支撑服务平台，为亿级用户提供云计费服务和安全保障。

6. 浪潮

1）简介

浪潮集团是中国本土综合实力较强的大型 IT 企业之一、国内领先的云计算领导厂商、先进的信息科技产品与解决方案服务商。浪潮集团旗下拥有浪潮信息、浪潮软件和浪潮国际 3 家上市公司，业务涵盖系统与技术、软件与服务、半导体三大产业群组，为全球 80 多个国家和地区提供 IT 产品和服务。浪潮集团在 2014 年中国软件业务收入百强企业中排名第 5 位，2015 年中国企业 500 强中排名第 244 位，是 2014 年度全球增长最快服务器企业。

2）主要产品及业务

(1) 浪潮 EXPRESS 管理软件。浪潮 EXPRESS 管理软件处理适用于各行业企业的业务处理，可满足中小型企业深化内部管理的需要，完成复杂的财务核算及管理功能。

(2) 浪潮 GS 企业管理软件。浪潮 GS 企业管理软件是浪潮基于多年服务于大型集团企业信息化建设的经验，并充分吸取国内外著名管理软件的设计思想，专为集团型客户量身定做的一套数据集中、管理集中、决策集中的全面解决方案。

(3) 浪潮商务智能(business intelligence，BI)。浪潮商务智能是通过对数据的收集、管理、分析以及转化，使数据成为可用的信息，从而获得必要的洞察力和理解力，更好地辅助决策和指导行动。

(4) 浪潮税务行业软件。浪潮建安业、房地产业税源控管系统是以"信息管税"理念为导向，以建安业、房地产业项目管理为核心，通过互联网，应用信息化手段采集纳税人开发、经营等的项目基本信息以及项目发票、项目申报、项目经营情况等信息，并采集第三方信息，以"建安房地产项目"为中心建立信息库，进而对项目的各类信息进行分析比对，开展项目纳税评估，实现"关联登记、信息共享、全程控管、一体化管理"的目标，最终实现对建筑业、房地产业的科学化、专业化、精细化管理。

(5) 浪潮电子政务行业软件。浪潮政务审批平台 ECGAP 基于对行政审批信息化的深刻理解和把握，在平台化理念指导下，着力研发出政务审批平台，满足政府行政审批的需要，用来解决政府 G2G、G2B、G2C、G2E 等各种应用的综合解决方案。

(6) 浪潮信息安全软件。浪潮 SSR 服务器安全加固系统是基于先进的 ROST 技术(操作系统加固技术)理论，从系统层对操作系统进行加固的安全产品，通过对文件、目录、进程、注册表和服务的强制访问控制，有效地制约和分散了原有系统管理员的权限，能够把普通的操作系统从体系上升级，使其符合国家信息安全等级保护服务器操作系统安全的三级标准。

(7) 浪潮金融行业软件。浪潮排队机产品主要由取号机、呼叫器、显示终端及语音合成系统组成。浪潮自助设备监控管理系统 Power View 是浪潮集团最新开发的面向银行的综合监控管理系统。

(8) 广电行业软件。浪潮 NetMedia 网上电视系统 V2.0 提供电视台对所有视频节目实现基于因特网的 MPEG4、RM 格式的信号采集、编码压缩、自动上传、格式转换、节目点播、节目直播、用户管理、DRM(digital rights management，数字版权管理)加密、用户计费、系统监控等功能，提供电视节目上网 24 小时自动实现直播、点播的功能。

7. 京东

1)简介

京东是中国最大的自营式电商企业，2015 年第一季度在中国自营式 B2C 电商市场的占有率为 56.3%。目前，京东集团旗下设有京东商城、京东金融、拍拍网、京东智能、O2O及海外事业部。

2)主要产品及业务

(1)京东商城。京东商城首次上线的商品逾 5000 种，涉及多个产品品类，支持货到付款等服务，真正能帮用户实现购物的"多、快、好、省"。

(2)京东金融。2015 年 4 月 28 日，京东金融宣布网银钱包更名为京东钱包，"网银+"更名为京东支付，京东金融还提出围绕京东支付体系，为用户提供全方位金融解决方案。京东金融主要有两大拳头产品，分别为京东众筹、京东白条。

(3)京东云。依托京东商城电商优势而开发的京东电商云平台，基于其产业链优势，构建一个庞大的电商云生态系统。京东技术副总裁兼首席科学家何刚表示，2013 年京东集团已经形成了以"京东宙斯""京东云鼎""京东云擎""京东云汇"四大解决方案为核心的技术体系，完整的电商云服务链条已经形成，目前正在调动各种资源培育京东电商应用生态。

(4)JIMI 机器人。JIMI(JD instant messaging intelligence)是京东自主研发的人工智能系统，它通过自然语言处理、深度神经网络、机器学习、用户画像、自然语言处理等技术，能够完成全天候、无限量的用户服务，涵盖售前咨询、售后服务等电子商务的各个环节，堪称京东用户的购物伴侣。

(5)"211 限时达"。当日上午 11:00 前提交的现货订单(部分城市为上午 10 点前)，以订单出库完成拣货时间点开始计算，当日送达；23:00 前提交的现货订单(以订单出库后完成拣货时间点开始计算)，次日 15:00 前送达。

(6)"次日达"。在一定时间点之前提交的现货订单(以订单出库后完成拣货的时间点开始计算)，将于次日送达。除"211 限时达"服务外，京东"次日达"服务还覆盖全国248 座城市。

(7)"极速达"。"极速达"配送服务是为用户提供的一项个性化付费增值服务，如用户选择"极速达"配送服务，需通过"在线支付"方式全额成功付款或"货到付款"方式成功提交订单后，并勾选"极速达"服务后，京东会在服务时间的 3 小时内将商品送达的一项服务。该业务覆盖北京、上海、广州、成都、武汉、沈阳 6 个城市。

(8)自提柜。京东自提柜可以提供全天不间断的自提服务，用户只需在下单时选择"自助式自提"的配送方式，所购商品则会第一时间送至自提柜，随后京东系统自动发送短信提示消费者取货。取货时，消费者仅需输入订单号和提货码，或直接扫描提货二维码，即可完成身份验证，在按提示完成 POS 机刷卡支付后，便可开柜取货。而龙江银行在每个网点都会配备服务人员，进行导购宣传，帮助消费者使用自提柜服务。

8. 阿里巴巴

1）简介

阿里巴巴网络技术有限公司于 1999 年在中国杭州创立。阿里巴巴集团经营多项业务，另外也从关联公司的业务和服务中取得经营商业生态系统上的支援。

2）主要产品及业务

淘宝网：淘宝网创立于 2003 年 5 月，是注重多元化选择、价值和便利的中国消费者首选的网上购物平台。淘宝网展示数以亿计的产品与服务信息，为消费者提供多个种类的产品和服务。

天猫：天猫创立于 2008 年 4 月，致力于为日益成熟的中国消费者提供选购顶级品牌产品的优质网购体验。

聚划算：聚划算于 2010 年 3 月推出，主要通过限时促销活动，结合众多消费者的需求，以优惠的价格提供优质的商品。

全球速卖通：全球速卖通创立于 2010 年 4 月，是为全球消费者而设的零售市场，其用户主要来自俄罗斯、美国和巴西。世界各地的消费者可以通过全球速卖通，直接以批发价从中国批发商和制造商处购买产品。

阿里巴巴国际交易市场：阿里巴巴国际交易市场是阿里巴巴集团最先创立的业务，是领先的跨界批发贸易平台，服务全球数以百万计的买家和供应商。小企业可以通过阿里巴巴国际交易市场，将产品销售到其他国家。

阿里云计算：阿里云计算创立于 2009 年 9 月，致力开发具有高度可扩展性的云计算与数据管理平台。阿里云计算提供一整套云计算服务，以支持阿里巴巴集团网上及移动商业生态系统的参与者，当中包括卖家及其他第三方客户和企业。

支付宝：支付宝创立于 2004 年 12 月，是阿里巴巴集团的关联公司，主要为个人及企业用户提供方便快捷、安全可靠的网上及移动支付和收款服务。支付宝为阿里巴巴集团旗下平台所产生的交易以及面向第三方的交易，提供中国境内的支付及担保交易服务。此外，支付宝是淘宝网及天猫买家和卖家的主要结算方式。

菜鸟网络：中国智能物流骨干网(或称浙江菜鸟供应链管理有限公司)是阿里巴巴集团的一家关联公司的全资子公司，致力于满足未来中国网上和移动商务业在物流方面的需求。中国智能物流骨干网经营的物流信息平台，一方面为买家及卖家提供实时信息，另一方面向物流服务供应商提供有助其改善服务效率和效益的信息。

9. 金山软件

1）简介

金山软件股份有限公司创建于 1988 年，是中国领先的应用软件产品和服务供应商。总部在北京，公司机构分别设立在珠海、北京、成都、大连，并在日本设有分公司。现金山软件股份有限公司旗下有猎豹移动、金山办公、西山居、金山云 4 家子公司。

2）主要产品及业务

金山软件股份有限公司的产品线覆盖桌面办公、信息安全、实用工具、游戏娱乐和行业应用等诸多领域，自主研发了适用于个人用户和企业级用户的 WPS Office、金山词霸、剑侠情缘等系列知名产品。

10. 华大基因

1）简介

华大基因是一个专门从事生命科学研究的科技前沿机构，采用以学、研、用为主的科研方式，涉及医学、农业、畜牧、濒危动物保护等分子遗传层面的科技研究。华大基因坚持"以任务带学科、带产业、带人才"，先后完成了国际人类基因组计划"中国部分"（1%）、国际人类单体型图计划（10%）、水稻基因组计划、家蚕基因组计划、家鸡基因组计划、抗 SARS（severe acute respiratory syndrome，严重急性呼吸综合征）研究、炎黄一号等多项具有国际先进水平的科研工作，在《Nature》和《Science》等国际一流的杂志上发表多篇论文，为中国和世界基因组科学的发展做出了突出贡献，奠定了中国基因组科学在国际上的领先地位。

2）主要产品及业务

华大科技依托多种成熟技术平台，服务于生命科学研究的各个领域，为全球从事生命科学研究的科研人员提供高质量、行业领先的基因组学测序服务、基因分型、转录组学测序服务、表观组学测序服务、蛋白质谱分析服务、Sanger 测序及 Oligo 合成、生物云计算等标准化的生物技术外包服务。

二、云南省重点引进知名企业及关键产品

（一）　云南省重点引进的信息设备制造企业

1. 美国 EMCORE 公司

1）简介

EMCORE 公司于 1984 年在美国新泽西州注册成立，公司下属的 4 个事业部分别从事数据和模拟光纤通信模块和元器件、卫星通信系统、空间用高效率太阳能电池以及民用地面太阳能电池系统。

2）技术平台（或重点产品）

EMCORE 公司主要生产基于化合物半导体的芯片级器件、光学元件子系统和系统。

2. 中国科学院半导体材料科学重点实验室

1）简介

中国科学院半导体材料科学重点实验室是 1990 年 9 月 15 日经中国科学院批准，1991 年 3 月正式向国内外开放的院级重点实验室。

2）技术平台（或重点产品）

技术平台有低维半导体结构材料（量子阱、量子线和量子点材料）、光电功能集成芯片材料、宽禁带半导体材料、半导体光伏材料、半导体纳米团簇材料、自旋电子材料、特种薄膜材料以及空间微重力等特殊条件下制备材料。

3. 广州吉特科技有限公司

1）简介

广州吉特科技有限公司的主要产品有仓库管理机器人及系统应用，为仓库管理提供机器人解决方案，提升人工效率，并大幅降低管理费用，提高分拣的准确度。

2）技术平台（或重点产品）

技术平台有仓库分拣发货系统，仓库管理机器人及系统应用。

4. 沈阳机床集团有限责任公司

1）简介

沈阳机床集团有限责任公司主要生产基地分布在中国的沈阳、昆明以及德国的阿瑟斯雷本，公司的中高档数控机床已成批量进入汽车、国防军工、航空航天、轨道交通等重点行业的核心制造领域。

2）技术平台（或重点产品）

主导产品为金属切削机床，包括两大类：一类是数控机床，包括数控车床、数控铣镗床、立式加工中心、卧式加工中心、数控钻床、高速仿形铣床、激光切割机、质量定心机及各种数控专用机床和数控刀架等；另一类是普通机床，包括普通车床、摇臂钻床、卧式镗床、多轴自动车床、各种普通专机和附件。

5. 武汉奋进智能机器人公司

1）简介

武汉奋进智能机器人有限公司是集工业云机器人和工业物联网的技术研发、产品制造、销售及服务于一体的创新型高新技术企业。

2）技术平台（或重点产品）

奋进公司自主研发生产的工业云机器人，已在汽车制造、铸造、锻造、制砖、家装、化工等行业广泛应用。

6. 苏州科沃斯商用机器人有限公司

1）简介

苏州科沃斯电器有限公司主要致力于家庭服务机器人的研发、制造和销售。

2）技术平台（或重点产品）

重点产品：科沃斯商用服务机器人和科沃斯地宝可扫地机器人。科沃斯地宝被评为"清洁覆盖率最好"的机器人吸尘器产品。

7. 前向启创数码技术有限公司

1）简介

前向启创数码技术有限公司是一家专注于高级驾驶辅助系统（advanced driver assistance system，ADAS）的方案提供商。

2）技术平台（或重点产品）

重点产品有车道偏离预警系统、前车避撞预警系统、行人避撞预警系统和自动辅助驾驶预警系统。

8. 北京中科寒武纪科技有限公司

1）简介

北京中科寒武纪科技有限公司的宗旨是打造各类智能云服务器、智能终端以及智能机器人的核心处理器芯片。

2）技术平台（或重点产品）

寒武纪科技是全球第一个拥有成熟产品的智能芯片公司,拥有终端和服务器两条产品线。

9. 安徽华米信息科技有限公司

1）简介

安徽华米信息科技有限公司主要从事电子产品开发、销售,嵌入式计算机软硬件开发、销售,网络工程,通信工程,信息技术咨询及技术服务。

2）技术平台（或重点产品）

重点产品有华米手表、小米手环。

10. 北京捷通华声科技股份有限公司

1）简介

北京捷通华声科技股份有限公司是一家专注于智能语音、智能图像、语义理解等人工智能技术的研究与应用，全面发展人工智能云服务的高新技术企业。

2)技术平台(或重点产品)

重点产品有灵云全方位人工智能平台。

11. 广州中科恺盛医疗科技有限公司

1)简介

广州中科恺盛医疗科技有限公司成立于 2008 年 10 月,是一家致力于小动物活体荧光成像及显微 CT 等无创可视化成像技术研发和生产的专业供应商。

2)技术平台(或重点产品)

重点产品为具有自主知识产权的多模态多光谱分子影像平台。

12. 日本奥林巴斯集团

1)简介

奥林巴斯集团已成为日本乃至世界精密、光学技术的代表企业之一,事业领域包括医疗、生命科学、影像和产业机械。

2)技术平台(或重点产品)

重点产品包括内窥镜与其他医疗设备,内窥镜市场占有率世界第一。

13. 沈阳沈大内窥镜有限公司

1)简介

沈阳沈大内窥镜有限公司是国内最早的医用硬管内窥镜研发和生产企业。公司现有产品覆盖了泌尿科、妇科、普外科、骨科、耳鼻喉科、肛肠科以及工业生产等领域。

2)技术平台(或重点产品)

"软性内窥镜一次性防护系统"是该公司为避免医源性交叉感染开发的世界首创产品,将开创内窥镜临床的新局面。公司生产的各种硬性内窥镜及配套产品已达 1000 余个品种和规格。

14. 上海澳华光电内窥镜有限公司

1)简介

上海澳华光电内窥镜有限公司专业生产医用光纤内窥镜、医用电子内镜、工业光纤内窥镜、工业电子内镜以及各类内窥镜周边配套产品。医用方面产品包括电子胃镜、肠镜、纤维胃肠镜、支气管鼻咽喉镜以及高度整合的一体式和功能强大的分体式图像处理控制中心等。

2)技术平台(或重点产品)

重点产品包括 AQ-100、VME-2800、VME-2200、VME-2000 等多种胃镜,BNF-4、BNF-5、BNF-6 等多种电子鼻咽喉镜,BBF-4、BBF-5、BBF-6 等多种电子支气管镜。

15. 中国科学院自动化研究所

1）简介
中国科学院自动化研究所是中国最早成立的国立自动化研究机构。
2）技术平台（或重点产品）
技术平台为多模态分子成像技术。

16. 深圳迈瑞生物医疗电子股份有限公司

1）简介
深圳迈瑞生物医疗电子股份有限公司是全球领先的医疗设备与解决方案供应商。
2）技术平台（或重点产品）
重点产品有生命信息监护仪、临床检验仪器、数字超声诊断系统等。

17. 华自科技股份有限公司

1）简介
华自科技股份有限公司主营业务是为水利水电、电力及工业用户提供自动化整体解决方案。
2）技术平台（或重点产品）
重点产品：水电站自动化系统、泵站自动化系统、水利信息化系统、变电站保护测控系统、智能配电自动化系统、水处理自动化系统、工业过程控制系统、新能源（太阳能光伏发电）应用解决方案等。

18. 威胜集团有限公司

1）简介
威胜集团有限公司是中国能源计量设备、系统和服务供应商，是中国首家在境外上市的能源计量与能效管理专业集团。
2）技术平台（或重点产品）
重点产品有电能表、智能水表、气表、超声波热量表等全系列先进计量表计，电能量数据采集终端，电能质量监测、控制装置，水、气、热数据采集终端，以及电能量负荷管理系统，电、水、气、热能源计量综合管理系统，远程自动化抄表系统，节能 120 服务模式。

19. 东方汽轮机有限公司

1）简介
东方汽轮机有限公司、东汽投资发展有限公司隶属于中国东方电气集团公司，是我国研究、设计、制造大型电站汽轮机的高新技术国有骨干企业和四川省重大技术装备制造基地的龙头企业。

2）技术平台（或重点产品）

主导产品是电站汽轮机。

20. 合肥为民电源有限公司

1）简介

合肥为民电源有限公司是专业从事风力、太阳能发电控制器、正弦波逆变电源等产品的研发、生产和销售的高新技术企业。

2）技术平台（或重点产品）

重点产品有风光互补控制器、光伏控制器、离网逆变器、风光互补控制逆变器和光伏控制逆变器等。

21. 安科瑞电器股份有限公司

1）简介

安科瑞是一家为企业提供用电数据服务的集成商。

2）技术平台（或重点产品）

重点产品有网络电力仪表、中压保护装置、电量传感器。

22. 国电南瑞科技股份有限公司

1）简介

国电南瑞科技股份有限公司作为专业从事电力和工业控制自动化软硬件开发及系统集成服务的高科技企业，主要为客户提供电网调度自动化、变电站自动化、轨道交通及电气保护自动化、电力市场技术支持、电能量计量计费、配电自动化、农电自动化、火电厂及工业控制自动化等专业的全方位解决方案。

2）技术平台（或重点产品）

主要的产品系列有：发电环节系列、产品输电环节系列、产品变电环节系列、产品配电环节系列、产品用电环节系列、产品调度环节系列、产品轨道交通系列、产品工控环节系列产品等。

23. 天威保变电气股份有限公司

1）简介

天威保变电气股份有限公司大力实施"科技兴企"战略，努力提高企业核心竞争力，相继研发出多台具有国际先进水平、在中国变压器发展史上名列"第一"的变压器产品。

2）技术平台（或重点产品）

重点产品包括以多晶硅、太阳能电池生产为主的完整的光伏产业链，以风电整机、风电叶片产品为主的风力发电设备制造体系。

24. 华润万东医疗装备股份有限公司

1）简介
华润万东医疗装备股份有限公司是中国医疗器械行业的骨干企业。
2）技术平台（或重点产品）
产品涵盖医用 X 射线诊疗设备、磁共振成像设备等多个门类。

25. 东软医疗系统有限公司

1）简介
东软医疗系统有限公司成立于 1998 年，是东软集团股份有限公司的全资子公司，是中国领先的医疗设备、医疗 IT 解决方案和健康服务的供应商。
2）技术平台（或重点产品）
在医疗设备产品与服务领域，公司拥有系列的 CT、磁共振、数字 X 射线机、彩超、全自动生化分析仪、放射治疗设备、核医学成像设备等产品。在医疗 IT 解决方案领域，公司提供 PACS/HIS/LIS/EMR/RIS、远程医疗会诊系统、计算机辅助检测 CAD、社区卫生服务信息系统、区域医疗协同平台、网络医疗健康社区服务平台等软件产品与服务。在健康服务领域，公司提供"熙康"这一全新的家庭健康动态监护与专业健康管理服务，致力于专业健康服务走进家庭。

26. 上海微创医疗器械有限公司

1）简介
上海微创医疗器械有限公司是一家中国领先的高端医疗器械集团，致力于通过不断创新向市场提供能挽救并重塑患者生命或改善其生活质量的高性价比医疗方案。
2）技术平台（或重点产品）
产品主要覆盖心血管介入产品、骨科医疗器械、糖尿病及内分泌医疗器械、电生理医疗器械、大动脉及外周血管介入产品、神经介入产品、外科手术等领域。

27. 康凯科技（杭州）股份有限公司

1）简介
康凯科技（杭州）股份有限公司提供专业的高品质 WIFI 信息平台与技术服务。
2）技术平台（或重点产品）
康凯科技的高品质 WIFI"大数据"采集、传输、运营平台具有覆盖范围广、接入用户多、吞吐能力强、高可靠性和灵活网络管理等特点。

28. 苏州新海宜通信科技股份有限公司

1）简介

苏州新海宜通信科技股份有限公司是国家火炬计划重点高新技术企业、江苏省高新技术企业和江苏省知识产权重点保护单位。

2）技术平台（或重点产品）

该公司专注研发生产三大系列产品、FTTx 通信系列、软件外包与软件服务、视频及互联网系列产品。

29. 中天科技集团

1）简介

中天科技集团电信、电力两轮并驱，涉足投资、置业、酒店服务等行业。

2）技术平台（或重点产品）

中天科技集团主营的光纤通信和电力传输产品已形成近百个系列、上千个品种，囊括了我国光电线缆的最新产品和技术，填补了国内多项空白。

30. 德国 Aixtron 公司

1）简介

德国 Aixtron 公司成立于 1983 年，由亚琛工业大学半导体技术研究所的成员创建，是一家专门为半导体芯片制造业生产设备的制造商。

2）技术平台（或重点产品）

德国 Aixtron 公司是世界上仅有的两家能够生产氮化镓 LED 芯片的企业。该公司提供的设备可以制造先进的电子和光电子应用元件，而这些元件的利用范围包括 LED 应用、显示技术、数据存储、数据传输、能源管理和转化、通讯、信号灯和照明技术以及其他尖端技术。

31. 昆明联诚科技股份有限公司

1）简介

昆明联诚科技股份有限公司围绕智慧交通行业，构建路联网、车联网为一体的智慧交通产业链和公路智慧交通、城市智慧交通为一体的业务链，致力于智慧交通软硬件产品研发、系统集成及工程实施、科研及技术咨询、信息增值服务 4 类业务。

2）技术平台（或重点产品）

公司研发了 30 多个软硬件产品，典型硬件产品有交通区域控制器、IP 紧急电话和广播、无极调光控制器等 6 项，典型软件产品有视频联网监控平台等 13 项，整体解决方案有“数字化隧道整体解决方案”等 4 项。自主研发的数字化隧道整体解决方案及其配套产品获得国家交通部一等奖。

32. 深圳市中智科创机器人有限公司

1）简介

深圳市中智科创机器人有限公司是中国安防技术有限公司(CSST)成员企业，自 2011 年起，CSST 与香港中文大学合作开展安保机器人技术研究，中智科创依托 CSST 深厚的安防、安保系统集成及运营服务根基，以及多年的机器人研发技术沉淀，聚焦安防安保服务领域，多种技术相互融合、不断创新，致力于成为全球领先的智能安保机器人及云安防平台综合运营商。

2）技术平台(或重点产品)

公司先后开发安保服务机器人、安保巡逻机器人等系列产品，并广泛应用于园区、金融、商业中心、社区、展馆、政务中心等行业，以机器人产品为核心，变革传统安防模式，提出"动静结合"的全方位、立体化新安防理念，打造安保服务新业态。

（二） 云南省重点引进的信息数据制造企业

1. 华大基因

1）简介

华大基因是一个专门从事生命科学的科技前沿机构，以学、研、用为主，涉及人类、医学、农业、畜牧、濒危动物保护等分子遗传层面的科技研究。

2）技术平台(或重点产品)

华大基因凭借先进的测序和检测技术、高效的信息分析能力、丰富的生物资源，搭建了先进的多技术平台。

2. 北京全路通信信号研究设计院集团有限公司

1）简介

北京全路通信信号研究设计院集团有限公司已成为中国轨道交通安全控制和信息技术领域的领先企业。

2）技术平台(或重点产品)

重点产品包括工程设计、工程咨询、应用科研、标准制定、工程勘测、工程总承包、试制生产和系统集成八大类几十项产品；在轨道交通自动化领域，成为保持国内领先技术服务和系统集成提供商。

3. 阿尔斯通

1）简介

阿尔斯通是全球轨道交通、电力设备和电力传输基础设施领域的领先企业，以创新环保的技术而闻名。

2）技术平台（或重点产品）

阿尔斯通在中国积极为本地和全球市场提供全面的轨道交通、发电和电力传输解决方案。

4. 德国西门子股份公司

1）简介

德国西门子股份公司是全球电子电气工程领域的领先企业。

2）技术平台（或重点产品）

西门子为客户提供多样化的解决方案，包括：火力发电技术、风能及可再生能源系统、电力传输和分配解决方案、高效用电、智能数据解决方案和电力服务等，并竭力帮助客户优化其能源业务，降低成本，使操作更高效、更安全。

5. 庞巴迪

1）简介

庞巴迪是一家总部位于加拿大魁北克省蒙特利尔的国际性交通运输设备制造商。

2）技术平台（或重点产品）

该公司构建了一套广泛而多样化的成功交通运输解决方案组合。各系列铁路运输和航空产品正广泛应用于中国市场。

6. 中兴通讯股份有限公司

1）简介

中兴通讯股份有限公司简称中兴通讯（ZTE），是全球第四大手机生产制造商、全球领先的综合通信解决方案提供商、中国最大的通信设备上市公司。

2）技术平台（或重点产品）

重点产品包括：2G/3G/4G/5G 无线基站与核心网、IMS、固网接入与承载、光网络、芯片、高端路由器、智能交换机、政企网、大数据、云计算、数据中心、手机及家庭终端、智慧城市、ICT 业务，以及航空、铁路与城市轨道交通信号传输设备。

7. 中国铁路通信信号集团公司

1）简介

中国铁路通信信号集团公司简称中国通号，是国务院国有资产监督管理委员会直接监管的大型中央企业。

2）技术平台（或重点产品）

中国铁路通信信号集团公司具有铁路、城市轨道交通通信信号系统集成、研发设计、设备制造、施工运维的完整产业链；是中国铁路通信信号系统制式、标准规范的编制单位，拥有世界先进的高速铁路列车运行控制系统技术和装备。

8. 华为技术有限公司

1）简介

华为技术有限公司是一家生产销售通信设备的民营通信科技公司。

2）技术平台（或重要产品）

产品主要涉及通信网络中的交换网络、传输网络、无线及有线固定接入网络和数据通信网络及无线终端产品，为世界各地通信运营商及专业网络拥有者提供硬件设备、软件服务和解决方案。

9. Illumina

1）简介

Illumina 公司是遗传变异和生物学功能分析领域的优秀的产品、技术和服务供应商，通过帮助客户加快实现生物信息的采集、分析和应用，改善人类健康。

2）技术平台（或重点产品）

Illumina 公司以测序业务闻名，而其在生物芯片方面的业务也具有不可忽视的优势和竞争力。

10. 美年大健康产业（集团）股份有限公司

1）简介

美年大健康产业（集团）股份有限公司始创于 2004 年，是中国预防性健康体检行业规模最大的服务提供商。

2）技术平台（或重点产品）

美年现有 MR、CT、DR、彩超、生化等大型设备 1000 余台，并创新研发了迈向 B2C 破冰之旅的高端个检 3650 产品，战略合作开发了记健康、优健康、大象医生、美因健康、掌中医、备孕帮等产业延伸服务。

11. 上海润达医疗科技股份有限公司

1）简介

上海润达医疗科技股份有限公司成立于 1999 年，是一家在上海证券交易所主板上市的企业，同时也是一家立足华东、辐射全国的医学实验室综合服务商，主营业务为通过自有综合服务体系向各类医学实验室提供体外诊断产品及专业技术支持的综合服务。

2）技术平台（或重点产品）

润达医疗一直致力于搭建中国体外诊断产品流通与服务平台，为国内各类型医疗机构提供高品质、全领域的体外诊断综合服务，满足国内各类型医疗机构的个性化需求，目前已成为国内体外诊断产品流通与服务行业的领先企业之一。

12. 云南舜喜再生医学工程有限公司

1）简介

云南舜喜再生医学工程有限公司是以昆明为再生医学总部基地，通过整合世界顶尖科技资源，与专业的医科大学、科学家团队合作，将其建成具有国际领先技术的干细胞和基因检测产业化基地。

2）技术平台（或重点产品）

核心业务为干细胞应用、基因检测、干细胞储存。

13.（Google）谷歌

1）简介

谷歌是一家位于美国的跨国科技企业，业务包括互联网搜索、云计算、广告技术等，同时开发并提供大量基于互联网的产品与服务，其主要利润来自 AdWords 等广告服务。

2）技术平台（或重点产品）

重点产品包括：Google 搜索引擎、Google Web API、Book Search、Google glass、Gmail、Blogger、Adsense、Orkut、Notebook、Picasa、谷歌浏览器 Chrome、谷歌地图、谷歌拼音输入法、谷歌地球、谷歌翻译、Android（安卓）、Google+（Google plus）、自动驾驶汽车、Google Ngram Viewer 等。

14. 腾讯

1）简介

腾讯是中国最大的互联网综合服务提供商之一，也是中国服务用户最多的互联网企业之一。

2）技术平台（或重点产品）

重点产品包括：云服务器、云数据库、CDN（content delivery network，内容分发网络）、域名注册等多种云服务等。

15. 深圳市虚拟现实科技有限公司

1）简介

深圳市虚拟现实科技有限公司是一家专注于智能穿戴设备、虚拟现实、增强现实等领域研发工作的虚拟现实科技公司，拥有超过 10 年的虚拟现实技术沉淀，是中国最早从事 VR 行业的公司之一。

2)技术平台(或重点产品)

重点产品包括： THREE GLASSES D1 开发者版、 THREE GLASSES D2、 THREE GLASSES 开拓者版。

16. 北京暴风科技股份有限公司

1)简介

北京暴风科技股份有限公司是目前中国最大的互联网视频播放平台,也是中国最具影响力和发展潜力的互联网企业。

2)技术平台(或重点产品)

重点产品包括暴风影音播放器、暴风超体电视、手机暴风、暴风魔镜、暴风魔眼、暴风看电影以及相关增值产品。

17. 沈阳中兴电力通信有限公司

1)简介

沈阳中兴电力通信有限公司是一家专业从事通信传输、数据通信网络的系统集成和组网工程及配套数据产品研发生产的高新科技企业。

2)技术平台(或重点产品)

重点产品包括通信传输、数据通信网络的系统集成和组网工程,以及配套数据产品。

18. 中国华能集团清洁能源技术研究院

1)简介

中国华能集团清洁能源技术研究院是中国华能集团公司直属的清洁能源技术研发机构。

2)技术平台(或重点产品)

重点产品包括近零排放燃煤发电、煤气化及煤基清洁转化、CO_2 捕集利用和封存、大型循环流化床锅炉、低质煤高效利用、水电、风电、太阳能发电、海洋能发电、生物质能发电、发电新材料、能源系统设计优化、页岩气和煤层气开发。

19. AutoGrid

1)简介

AutoGrid 于 2011 年成立于美国硅谷,是由前斯坦福大学智能电网研究室负责人 Amit Narayan 创办,并担任 AutoGrid 的 CEO 至 2012 年。作为一家服务于电力、能源行业的大数据公司,Autogrid 汇集了来自工程设计、通信、互联网、电力等不同领域的人才。

2)技术平台(或重点产品)

AutoGrid 的核心为其能源数据云平台——Energy Data Platform(EDP)。AutoGrid 的能

源数据平台 EDP 创造了电力系统全面、动态的图景。类似于高级搜索引擎或天气预报算法，AutoGrid 的能源数据平台挖掘电网产生的结构化和非结构化数据的财富，进行数据集成，并建立其使用模式，建立定价和消费之间的相关性，并分析数以万计的变量之间的相互关系。

20. 北京交控科技有限公司

1）简介

北京交控科技有限公司的主要经营范围系轨道交通安全系统及设备的研发、集成、生产、销售、咨询、培训和技术服务以及相关软硬件产品的开发与销售。

2）技术平台（或重点产品）

北京交控科技有限公司拥有先进的列车运行控制的核心技术，包括列车与地面信息双向传输技术、大容量的基于通信的 CBTC 系统的列车综合调度和指挥系统技术、城市轨道交通无人驾驶技术和城市轨道交通综合自动化技术等。

21. 昆明埃舍尔科技有限公司

1）简介

昆明埃舍尔科技有限公司是一家专注于虚拟现实多形态、多场景内容生成，并提供基于虚拟现实技术的多行业解决方案的创新型企业。

2）技术平台（或重点产品）

重点产品包括视频生成、沉浸式体验、动态环境建模、实时交互、智能传感器技术。

22. 科大讯飞股份有限公司

1）简介

科大讯飞股份有限公司成立于 1999 年，是一家专业从事智能语音及语言技术、人工智能技术研究、软件及芯片产品开发、语音信息服务及电子政务系统集成的国家级骨干软件企业。

2）技术平台（或重点产品）

科大讯飞在语音合成、语音识别、口语评测、自然语言处理等多项技术上拥有国际领先的成果。

23. 上海欧易生物医学科技有限公司

1）简介

上海欧易生物医学科技有限公司成立于 2004 年 5 月，专注于最前沿、最尖端的分子生物学技术在生命科学研究、人类健康（精准医疗）和农业分子育种领域的应用。2014年，欧易生物获评上海市高新技术企业。

2)技术平台(或重点产品)

欧易生物的技术服务涵盖了转录组研究服务、miRNA 检测技术服务、文库构建技术服务、SNP 检测技术服务、甲基化检测技术服务、蛋白研究技术服务、基因组研究技术服务、代谢组研究服务,拥有 50 多个单项的产品及服务。

24. 云南山灞图像传输科技有限公司

1)简介

云南山灞图像传输科技有限公司于 1998 年 5 月 08 日成立,经营范围包括远程可视系统及设备、电子产品、计算机、软件开发及系统集成等。

2)技术平台(或重点产品)

山灞远程医疗基础服务项目包括远程门诊、急诊类,远程会诊类,远程静态医学影像诊断类,远程动态医学影像诊断类,远程治疗类,远程手术指导类等其他远程服务类。

25. 药明康德新药开发有限公司

1)简介

药明康德新药开发有限公司是制药、生物技术以及医疗器械研发能力和技术平台全球领先的公司。药明康德向全球制药公司、生物技术公司以及医疗器械公司提供一系列全方位的实验室研发、研究生产服务,服务范围贯穿从药物发现到推向市场的全过程。

2)技术平台(或重点产品)

药明康德向全球制药公司、生物技术公司以及医疗器械公司提供一系列全方位的实验室研发、研究生产服务,包括分析服务、生物分析服务、工艺研究、工艺研发服务、API 生产服务、药物代谢及其动力学服务、研发生物学、药理学、制剂、毒理学、基因组服务、生物制剂生产服务、抗体及生物诊断试剂的生产和销售服务以及临床研发和产品注册服务等。

（F-5447.0101）

云南信息工业发展

技术创新研究

www.sciencep.com

ISBN 978-7-03-058773-2

E-mail：mengrui@mail.sciencep.com

定价：99.00元